¡ESCRIBA CON ESTILO!

IMPROVING WRITING SKILLS IN SPANISH

DAVID W. GURNEY, PH.D.

National Textbook Company
a division of NTC/Contemporary Publishing Company
Lincolnwood, Illinois USA

Published by National Textbook Company,
a division of NTC/Contemporary Publishing Company,
4255 West Touhy Avenue,
Lincolnwood (Chicago), Illinois 60646-1975 U.S.A.
© 1995 by NTC/Contemporary Publishing Company

7 8 9 0 ML 9 8 7 6 5 4 3

Acknowledgments

A book of any length implies a fairly long process from conception to publication. Not only the writing, editing, revision, and "bookmaking" take time, but also the waiting between various episodes of these activities. Such periods are marked by a variety of reactions as one awaits readers' comments and suggestions for revision, field test results and responses, and editorial comments and suggested revisions. One must be patient as responses are analyzed. In this context, having people around who are supportive of one's project and the dedication one must put into it are essential to its completion. Appreciation for this support goes, especially, to my wife who had to put up with the loss of my companionship while writing and revising the workbook. Somehow, I still found time to do various chores that she wanted done! Appreciation, also, goes in good measure to my daughters who kept the faith that the book would be published in spite of disappointing delays, and to other members of my family who gave me encouragement.

In addition to family members and their loyalty and support, I have received excellent assistance from a number of professionals whose reading and suggestions with the text and format were valuable; many of their suggestions were incorporated into the final version of the workbook. First, and perhaps most importantly, was a friend and colleague who did the first reading, Carol Kallina. Her insights as to level of language and many other aspects helped give the workbook its initial test. Another special person who had a major role in subsequent revisions was Dr. Heidi Hernández, who worked so diligently, intelligently, and kindly with me on almost every sentence in order to find just the appropriate direction to take the explanations and exercises when revisions were requested by the editors. Very competent readings were performed, in addition, by Pedro Ramos, a native speaker of Spanish with advanced knowledge of linguistics, and David Orozco, an Orlando high school teacher of Spanish. Another Spanish teacher, Patricia Vidal, made valuable use of some of the materials in her Spanish III class. In addition, I would like to acknowledge the help of others in various ways, such as reading, analysis, field test, suggestions, etc.: Patricia Bowman (Oviedo High School), Louise Borsoi (Lake Brantley High School), Jan Bonggren (Brevard District Foreign Language Coordinator), and Sylvia Andrade, an elementary bilingual education teacher. Several university Spanish students used the materials on independent study assignments and gave helpful feedback: Elaine Alonso, Sylvia Caratolli, and Michelle Reid.

Finally, my sincerest appreciation is extended to the editorial staff of the Foreign Languages Department at National Textbook Company for its essential role in bringing the workbook to completion.

— David W. Gurney, Ph.D.
University of Central Florida

Contents

Introduction/Rationale

For a number of years, attention at the national professional level has often focused on stimulating meaningful communicative competence in the teaching of foreign languages. However, studies reveal continued reliance on presentational instructional formats, including textbooks and workbooks.

If teachers are to meet the challenge of helping students develop communicative competence, materials that are characterized by situational or contextual grammar exercises—without reliance on English—must be available. They must encourage the use of complete sentences to stimulate students' awareness of natural, communicative contexts for new patterns and vocabulary. These materials should also provide opportunities for students to use new language patterns in order to describe their own experiences and those of others.

Too often, filling in blanks to complete sentences may be all that is required of a student. To be consistent with communicative competence, such exercises ought to have a communicative or cultural context, with choices for responding more freely.

Since language is a human behavior, a change in this behavior (namely, learning to be competent in a second language) implies practice with language patterns in a context that reflects people's daily lives. There must be a professional commitment to achieving meaningful experiences and to raising students' consciousness of the context and meaning of new language patterns and structures. Rivers (1975) describes language acquisition in terms of two learning stages: skill-getting and skill-using. These stages are integrated by the "bridge" of communication, the purpose of all language learning. Consistent with Rivers' rationale that communication, even pseudo-communication, should be evident in language practice from the very beginning, *¡Escriba con estilo!* presents situations that help students gain experience with the natural contexts of language use.

Since this is a workbook for advanced students, simplified, nonconceptual exercises are avoided, except for initial review of grammar concepts. Grammar is explained in stylistically appropriate Spanish. Examples reflect both young people's styles of living and cultural content from the Hispanic world. Meaning is provided by developmental sequences and analogy, instead of direct translation of models and practice items. The exercises were created to reflect natural situations and cultural references, as well as the essential aspects of the grammar.

A grammatical summary in English ("Grammar Note") is included at strategic points in each unit. Grammar components and formats in the workbook units create a context for grammatical patterns that students will practice. At the end of each unit, the grammar is summarized and presented for discussion in the contexts of culture and style.

Workbook Format

Following the grammar explanation in Spanish, each section of a unit begins with a simple exercise (*Práctica*). Students write the correct selections in blanks while focusing on the context of the grammatical pattern. This exercise is usually followed by a written activity, *Escenario*, for which students select the most appropriate words or phrases to complete paragraphs or dialogues. Ample opportunities for individual expression are provided by various exercises that ask students to write about themselves or others using sentence patterns from the exercises as models. Among the exercises for free expression are *Tarea escrita, Práctica avanzada,* and *Experiencias.* Students have ample opportunity to share perspectives, interpretations, and organization of experiences in the second language, in ways that closely match the purposes of writing in their own language. Such individualized practice with new language patterns promotes expansion of vocabulary, as well, because students find it necessary to search for new words in order to express their own ideas or experiences.

Another exercise, "Choices," allows students not only to reinforce the particular point of grammar but also to revise each sentence using different vocabulary. Subsequent exercises, *Respuestas,* use the new pattern in responses to questions or statements. In these exercises, English is used to reinforce or provide perspective on the context of the sentences to be supplied. Students are seldom asked to translate directly from English, which is why the clues in English are given in a jumbled order. Supplementary Spanish statements give clues to the appropriate grammatical form to be used in completing the responses. For example, one exercise item might present English words in a broken sequence along with a Spanish verb. The student then writes a Spanish sentence. This pattern of reinforcement is also used in the models for the exercises.

In a major section of each unit, another type of exercise is provided for students to work on developing style in Spanish *(¡Escriba con estilo!)* by analyzing and then duplicating sample selections from good writing in Spanish, gleaned from both fiction and nonfiction sources. This is the heart of the workbook and the reason for its title, *¡Escriba con estilo!* Underlined words in these exercises are primarily new or critical to the understanding of the style in the selections.

Student control of Spanish style begins when students rewrite the selections, changing only the underlined words, first retaining the sense or meaning of the original and then using the pattern of the selection to express their own ideas. Students will have to consult a good dictionary to complete this segment of the exercise.

A variety of professional writing models is then provided in the *Ejercicios.* Students are encouraged to work individually, in pairs, or in groups to select and revise the writing models. To facilitate the revision of the models, a simplified exercise precedes the *Ejercicios* to provide practice and to allow students to become familiarized with the main idea in each model. Typically, these simplified exercises have more than one blank to complete or choice to underline. Translations of the major selection in *¡Escriba con estilo!* and the writing models in the *Ejercicios* are provided in the *Apéndice: Traducciones de las selecciones de modo.*

The vocabulary section of each unit first presents words in groups of word families and clusters (some vocabulary words are from the exercises and style selections; others are new vocabulary). Students are asked to use some of the words in writing about their own topics. Then, other sets of word families, classified according to their part of speech, are presented. Next, words are presented according to their potential uses in sentences, by connotation and context. With each set of vocabulary words, students are asked to write about personal experiences on any topic they choose. In all cases, students are encouraged to look up words in the dictionary in order to expand their Spanish vocabulary.

The final section of each unit, "Grammar as Culture and Style," is a summary in English of the grammar used in the unit. The patterns are explained as cultural phenomena that reflect the language as it is used among people who share a common language, history, and customs. Focusing on the cultural behavior, rather than the grammar patterns and rules, fosters a deeper sense of how Spanish is used among Spanish-speaking people. Eventually, we want our students to become a part of the Spanish-speaking world.

In general, then, the rationale of *¡Escriba con estilo!* is based on the goal of creating broader consciousness of meaning in students' minds while developing the linguistic control to express that consciousness. Rules of grammar are described as cultural behavior, and students are encouraged to develop perspectives on how the structures are used by native speakers of the language.

¡Escriba con estilo! asks students to use language patterns to communicate their own experiences, but it also directs their responses. As students grow more comfortable with the structures of Spanish and become more capable of expressing their own thoughts, they can move to greater freedom in the use of the entire language.

I hope that you will facilitate a flexible approach to your students' analysis in the style selections, since different interpretations of style are always possible. The idea is to experiment with style. There are no exact answers for the exercises.

A Note to Students

The following paragraphs describe the format of the workbook and explain how to work with the various sections and exercises.

Forma y contexto

This section introduces you to the grammatical content of the unit and presents the cultural context in which Spanish-speaking people use the forms you will be studying or reviewing. Try to visualize how the human beings who use these forms are interacting.

Grammar Note

This section highlights essential aspects of the grammar rules. When the grammar pattern has many uses or is complicated, it is divided into subsections, each with its own grammar note and set of exercises. A summary in English is included at the end of each unit in the section called "Grammar as Culture and Style."

Exercises in the Units

The following types of exercises will help you develop your acquisition and control of style in Spanish, as reflected in various grammar patterns. As much as possible, the exercises are keyed to a cultural orientation and young people's interests and activities.

Práctica   In these exercises, you will write the appropriate form of the grammar pattern in the space provided in each sentence as shown in the examples. Pay attention to the context in which the pattern is used in the sentences. The purpose of these exercises is to show you the consistency of the pattern before you have to use it in original sentences. The examples give you a cultural context and a way to practice the proper form of the pattern in that context.

Escenario   The *Escenario* is a little more challenging. You will read an episode or dialogue related to culture or situations of everyday life, and then complete sentences by choosing the most appropriate words or phrases to complete the sentences.

Tarea escrita   In this exercise, you will write about a topic, usually concerning a suggested general subject, in order to practice the pattern presented in the unit. You are encouraged to compare your sentences with those of other students. Try to stay with the format of the pattern; if you have trouble doing so, you may want to develop a topic touched on in either the *Práctica* or the *Escenario*, instead of choosing your own.

Choices   This exercise asks you to fill in blanks with the proper form of the pattern. An additional Spanish statement often accompanies an exercise sentence to provide the context in which the grammar pattern is to be applied. Then you are asked to select other words to replace words in the sentence and to write a revised sentence on a separate sheet of paper.

Continuación This exercise provides even more practice. First, you read an episode that is related to culture or everyday life. Then you fill in blanks in the episode, choosing from a list of possible words or phrases (in alphabetical order, *not* in the order they will be used). You may substitute another verb, word, or phrase to complete a sentence, as long as the original meaning is retained.

Práctica avanzada Again, you have an opportunity to write sentences about topics of your choice. You may use a theme presented in the exercises, if you wish.

Respuestas In these exercises, you use the grammatical pattern to respond to a question or statement. Pay close attention to the context in which the pattern is to be used. In some cases, clues to the responses are in English, but the English words are given out of order to avoid direct translation. This exercise frequently combines the grammatical patterns that you have practiced separately in previous exercises in the unit. Also included are exercises in which you are given Spanish words to form into responses. In all cases, the initial question or statement in Spanish provides the context for the response.

Aplicación This exercise provides practice in composition. Here, you are given instructions on what to write, using the grammar pattern in the unit. In the left column, English statements provide the context, suggesting the type of sentence you are to write. In the right column are Spanish clues or phrases to help you.

Experiencias On a separate sheet of paper, you will write a short composition, often related to the topic in the *Aplicación* exercise.

¡Escriba con estilo!

This section is the "heart" of the unit because the exercises to this point have been leading toward your development of control of the patterns. This section focuses on the patterns with selections from Hispanic literature, contemporary sources (newspapers/magazines), and other authentic sources. You are asked to analyze the selections in terms of the "real-life" arrangements in which you find them. You will rewrite the selections with substitutions of synonyms. Then you will rewrite the selection, once retaining the meaning and sense of the original selection and again, fitting the style of the selection to express your own thoughts and experiences.

Práctica This exercise prepares you for the exercise to follow. Primarily it acquaints you with the style and vocabulary, as well as the main ideas, of the set of selections contained in the *Ejercicios*.

Ejercicios This section contains at least five real-life models of writing that demonstrate the use of the patterns being examined in the unit. In each model of writing, certain words have been underlined. Your task is to revise the selection, replacing the underlined words with synonyms or words that serve to express your own thoughts.

Translations of the selections in *¡Escriba con estilo!* and the *Ejercicios* may be found in the *Apéndice* in the back of the book.

Vocabulario

Many of the words in the exercises and style selections, as well as new words, are brought together in this section. They are illustrated according to their word categories or families. Working with the words in families or clusters will give you greater control and a sense of the relationships among similar groups of words. You will be asked to write something about yourself, as you did in the other exercises; however, the emphasis here is on the vocabulary, not the grammar pattern.

Grammar as Culture and Style

In the final section of each unit, the cultural context of the grammar (or expressions and vocabulary) is explained in English, and the major points are summarized. Sometimes lists of expressions and other elements not yet fully covered may also be included. This section is to help you develop your own understanding of grammar in a cultural context. Your teacher may suggest that you read the English section first.

Author's Note

By the time you have reached this level in your study of Spanish, you are already very familiar with many of the grammar patterns. Throughout the units in this book, there is an attempt to challenge your growing competence in Spanish in order to help you gain control of the language patterns.

At this point, you are ready to develop a sense of the stylistic features of the language, to use the language *con estilo*. Therefore, this workbook *reviews* the patterns of the language *with a cultural perspective* and encourages you to explore a very wide range of the cultural contexts. I hope that you will enjoy the challenge and the sense of competence that will result from your efforts.

SER Y ESTAR

I. Ser

La identidad

Forma y contexto

¿Cómo identificamos lo esencial de la vida? Pues, la palabra *ser* expresa todo. Utilizamos esta palabra para identificar a una persona, una cosa, una acción, un asunto o una idea. Además, la utilizamos para describir cualidades o características de tamaño, de familia, de posesiones, de nacionalidad, y así por el estilo. También, hablamos de la hora, la fecha y el día con esta palabra. Examine los ejemplos, prestando atención a las distintas identidades expresadas por *ser.*

Ejemplos

Yo *soy* el jefe.	*I'm* the boss.
Uds. *son* muy inteligentes.	You guys *are* very intelligent.
Somos de México.	*We are* from Mexico City.
Son las nueve.	*It's* nine o'clock.
Es hora de matemáticas.	*It's* time for math class.

GRAMMAR NOTE

Ser is an irregular verb.

   Ser: soy, eres, es, somos, sois, son

Note that the endings of some forms fit the pattern of regular verbs in the various tenses:

tú, —*s*; nosotros, —*mos*; vosotros, —*is*; Uds., ellos, ellas, —*n*

This pattern does not change regardless of tense, except for a minor variation in one past mode and in accents that change the stress on some endings.

Práctica

Choose the appropriate form of *ser* and write it in the space in each sentence as shown in the examples. Notice the context.

El hombre _____es_____ un campesino guatemalteco. (ser, es, soy)

¿Usted no me conoce? ¡Yo _____soy_____ el presidente! (es, somos, soy)

1. Mi amigo _____ carpintero. (soy, son, es)

2. Ése _____ el calendario de los aztecas. (son, es, somos)

3. En esta parte del mercado, los productos _____ de cuero. (es, sois, son)

4. ¿La hora? _____ las cinco de la tarde. (Es, Son, Soy)

5. Orizaba _____ la montaña más alta de México. (eres, es, son)

6. Santiago de Compostela _____ un santuario famoso en España. (son, es, soy)

7. No te preocupes. _____ joven todavía. (Son, Es, Eres)

8. Señor, perdone, estos paquetes _____ para Ud. (es, somos, son)

9. Nosotros en la sociedad hispana _____ más formales que los estadounidenses. (son, somos, sois)

10. Pero, tú _____ nuestro mejor amigo. (es, somos, eres)

Escenario

¿Quién soy yo?

Llene los espacios para completar las descripciones de estas personas imaginarias. Al final del párrafo, hay una lista de las selecciones para cada espacio. Las selecciones corresponden a las letras que siguen los espacios.

¿Quién _____[a] yo? _____[b] una persona simpática y honesta. Me gusta mucho

cantar. _____[c] un placer mío. En mi familia, hay dos hijos y dos hijas. Por lo general, nosotros

_____[d] una familia alegre. Tenemos dos perros también alegres. Uno _____[e] muy

grande y _____[f] de mi padre. ¿Quién _____[g] mi padre? ¡_____[h] el presidente de

mi país!

Selecciones:

[a] somos, soy, es; [b] soy, eres, es; [c] eres, es, soy; [d] son, somos, eres; [e] es, somos, eres; [f] es, son, eres; [g] es, somos, son; [h] soy, es, eres

TAREA ESCRITA

Ahora, escriba por lo menos cuatro oraciones sobre sus propias características u otras cualidades importantes. Se puede utilizar algunas frases de los ejercicios como modelo para sus oraciones. Al fin, compare sus oraciones con las de otros estudiantes.

Choices

Read the following examples. First, fill in the blank with the correct form of *ser* to complete each sentence. Clues to the context are sometimes provided by the other sentence(s). Then revise each sentence by choosing alternative words to replace the underlined word or words. *It is not necessary to fill in all the blanks for choices.* Write your revised sentences on a separate sheet of paper. You may have to change the original sentence slightly to accommodate your choices.

Mire ese palacio. Casi todo _____es_____ de <u>azulejos</u>. Es una gran obra arquitectónica.

Choices: _____piedra_____, _____madera_____, _____ladrillo_____

Example of revised sentence:

Mire ese palacio. Casi todo es de piedra. Es una gran obra arquitectónica.

Señor, favor de identificar cuáles _____son_____ <u>los hijos</u> <u>de Ud</u>. No todos le pertenecen a Ud., ¿verdad?

Choices: _____maletas_____, _____perros_____, _____de él_____, _____de ellos_____

Example of revised sentence:

Señor, favor de identificar cuáles son las maletas de ellos. No todas les pertenecen a ellos, ¿verdad?

1. Muchos platos en España _____ <u>especialidades</u> regionales. No todos comen arroz con pollo.

   Choices: _____, _____, _____.

2. Yo _____ <u>el hijo</u> mayor de mi familia. ¡Ser el mayor no significa ser el hijo favorito!

   Choices: _____, _____, _____.

3. Las tierras no _____ de los <u>mineros</u>. Toda la tierra pertenece a toda la humanidad.

   Choices: _____, _____, _____.

4. Y tú, Paco, ¿no _____ mi <u>novio</u>? Hazme el favor de decirme que sí o que no.

   Choices: _____, _____, _____.

5. <u>Los suéteres</u> en este mercado _____ del mejor <u>algodón</u>. Vale la pena comprar uno.

   Choices: _____, _____, _____.

6. La cena _____ a <u>las nueve</u> de la noche. A muchos <u>hispanos</u> les gusta cenar tarde.

   Choices: _____, _____, _____, _____.

7. ¿Identificaciones? Bueno. Yo _____ <u>del Perú</u>. Aquí tiene usted mi pasaporte <u>peruano</u>.

   Choices: _____, _____, _____, _____.

8. Mis amigas y yo _____ <u>bajas</u>. Yo prefiero ser <u>baja</u> que ser <u>altísima</u>.

   Choices: _____, _____, _____, _____.

Continuación

Complete el siguiente párrafo sobre los platos hispanos. Utilice las formas de "ser". Se puede sustituir otros platos, pero guarde la organización de las oraciones.

La comida española

_____ la hora de la cena en España. Esto significa que _____ tarde (como las 9 ó 10). En la casa de los Trujillo, hay varios platos tradicionales. Uno de mis favoritos _____ la paella. _____ un plato regional de fama mundial. Otro plato _____ el cocido. Esto _____ casi una comida nacional de España. Las bebidas no _____ distintivamente españolas, porque hay café, té y vino. Naturalmente hay vinos españoles, pero pueden _____ también de Francia, Italia, América o Grecia. En varios aspectos, la comida española _____ internacional.

PRÁCTICA AVANZADA

Escoja un tema de interés personal sobre la comida. Escriba por lo menos cuatro oraciones con "ser", con cambios de persona, conjunto y contexto. Trate de combinarlas cuando pueda. Concéntrese en la identidad.

Respuestas

In this exercise, you will use *ser* in response to a question or statement. Study the examples, paying close attention to the context of the sentence. Complete the exercise by referring to the English words. To avoid direct translation, the English words are given out of order. Some items begin with a few words in Spanish to help you along.

—Mire qué muchedumbre hay en la plaza aquí en Veracruz.
—Claro, hoy es el 16 de septiembre, nuestro día de la Independencia.
    (of course/September/16th/Independence/today/our/Day.)

—Dígame Ud., por favor, su nacionalidad.
—Bueno, soy argentino, de Córdoba.
    (well,/Córdoba/from/Argentinian/I.)

—Eres buena para la natación, ¿verdad?
—Sí, me encanta. Soy como un pez.
    (yes,/love it/I. / like/a fish/I.)

1. —¿Son Uds. de la misma familia?

    —Sí, _____.

    (yes,/sisters/we.)

2. —¿Es Ud. hermano de Julio Iglesias?

    —Sí, _____.

    (yes,/son/youngest/family/of/I.)

3. —Veo que compraste algo en la tienda de artesanías.

—Mire. _____.

(look. / rug/wool/it.)

4. —No entiendo tu bisabuela. ¿Es español lo que habla?

—Sí. _____.

(yes. / it/style/an older.)

5. —Me gusta el acento de tu amigo.

—A mí también. _____.

(me, too. / Galicia/from/he.)

6. —¿Qué hora es? Me parece tarde. ¿No es así?

—Sí. _____.

(yes. / sharp/10 p.m./it.)

Aplicación

Describa su persona favorita. Puede ser un amigo o una amiga, un familiar o alguien conocido en las artes, los deportes o la política. Utilice las indicaciones en inglés como modelo para la descripción.

Contexto	**Español**
(Name your favorite person.)	Mi persona favorita ...
(He/she is a good. . .)	... un(a) buen(a) ...
(Physical characteristics.)	Él/Ella ...
(Where he/she is from.)	... de ...
(Tell if *you are* friends or acquaintances.)	Nosotros/Nosotras sí/no ...
(Her/his friends or acquaintances are. . .)	Sus socios(as) [o amigos(as)] ...
(Other characteristics)	Esta persona ...

Características: alto, bajo, cómico, simpático, inteligente, alegre, fuerte, callado, animado, honesto

EXPERIENCIAS

En un papel, escriba por lo menos cuatro oraciones sobre sus amigos o familiares. Después, compare sus oraciones con los modelos.

II. Estar

A. Las condiciones

Forma y contexto

Ahora, considere las condiciones (lo variable) en el contexto de la identificación (lo fundamental). "Estar" expresa lo variable. Por ejemplo, ¿qué es el frío, un objeto o una condición? La nieve *es* fría; es su identificación tanto como el color blanco. Por otro lado, los meses de la primavera son templados, ¿no? Pero, cuando se ven las flores cubiertas de nieve, existe una condición transitoria. Entonces, se dice, "Mayo *está* frío este año".

Así, no hay incertidumbre en la cultura hispana al explicar la identificación o la condición de algo o de alguien, tampoco al explicar la ubicación de las personas y cosas. *Están* donde la descripción indica: en casa, en un restaurante, en Colombia, allí o aquí. O, las condiciones son como indica el verbo, *transitorias:* mal, alegre, bien, seguro y así por el estilo.

Ejemplos

¡*Estoy* aquí en Acapulco, mami!	Mom, here *I am* in Acapulco.
Ahora *estamos* cerca de la Alhambra.	The Alhambra is close to where *we are* now.
Pobre Juan. Hoy *está* enfermo.	Poor John. *He is* sick today.

GRAMMAR NOTE

Let's review the forms of this irregular verb.

Estar: estoy, estás, está, estamos, estáis, están

Note that only one form is irregular. The other endings are consistent with all other verbs in Spanish (and in practically all tenses):

tú, —*s*; nosotros, —*mos*; vosotros, —*is*; Uds., ellos, ellas, —*n*

The irregularity is in the pronunciation. The stress *always* comes after the stem, *est—*.

Práctica

Choose the appropriate form of *estar* and write it in the space in each sentence. Notice the context.

Venga pronto. El avión ya __está__ a la entrada. (están, está)

En este momento, mis hijos __están__ en la playa. (estamos, están)

¡Esta sopa __está__ fría! ¿Qué es, un gazpacho? (es, está)

1. Hay una tempestad. Por eso los barcos _____ en el puerto. (están, estamos)

2. No vivimos aquí. Sólo _____ de visita. (estamos, están)

3. Es el día de cumpleaños de mi abuelo. Por eso, él _____ sentimental. (estamos, está)

4. Tú pareces tener sueño. ¿Es que _____ enfermo? (estás, está)

5. Ese gaucho es un vaquero de La Pampa, que _____ en el centro de Argentina. (están, está)

6. Después de diez horas de trabajo, esos hombres _____ para regresar a casa. (estamos, están)

7. Mi novia me ama. _____ muy contenta. (Estoy, Está)

8. Apenas se despegó el avión y ahora, en menos de cuatro horas, yo _____ en Bolivia. (está, estoy)

9. Hijo, ahora tú _____ a punto de enojarme. Deja de ser tan terco. (estamos, estás)

10. ¡Qué temporada tan horrible! Todos _____ con gripe y catarro. (estamos, están)

Escenario

Los sentimientos de la Navidad

Llene los espacios para completar el párrafo sobre unos sentimientos acerca de la fiesta de la Navidad. Al final del párrafo, hay una lista de las selecciones para cada espacio. Las selecciones corresponden a las letras que siguen los espacios.

Los padres _____[a] muy contentos porque todos sus hijos _____[b] aquí para festejar la Navidad. Aun el hijo mayor que vive en otro país _____[c] con nosotros. Él es muy fuerte, pero ahora _____[d] un poco débil de una infección. Nosotros todavía no _____[e] para llevarle al médico porque él no _____[f] contagioso. Por mi parte, _____[g] alegre de que todos podemos _____[h] juntos durante las fiestas.

Selecciones:

[a] está, estamos, están; [b] estás, están, estemos; [c] está, esté, esta; [d] estamos, está, este; [e] estos, estamos, están; [f] está, esta, estamos; [g] estoy, está, estamos; [h] están, estamos, estar

Tarea escrita

Ahora, escriba por lo menos cuatro oraciones sobre un día de fiesta importante para usted. Se puede utilizar algunas frases de los ejercicios como modelo para sus oraciones. Al fin, compare sus oraciones con las de otros estudiantes.

Choices

Read the following examples. First, fill in the blank with the correct form of *estar* to complete each sentence. Clues to the context are provided by the other sentence(s). Then revise each sentence by choosing alternative words to replace the underlined word or words. *It is not necessary to fill in all the blanks for choices.* Write your revised sentences on a separate sheet of paper. You may have to change the original sentence slightly to accommodate your choices.

¿ _Estamos_ en Machu Picchu? Hemos subido casi a las nubes.

Choices: en el monte Everest , el Monte Blanco en los Alpes

Algunos turistas __están__ enfermos del agua aquí. No beban ustedes el agua.

Choices: con náuseas , __malos__ , descompuestos

¿ Está aquí para el mercado indio? A Ud. le va a gustar mucho.

Choices: el concierto , la feria , el desfile

1. _____ muy contentos porque nos invitaron a la fiesta. Sin embargo, no hablamos mucho español.

   Choices: _____, _____, _____.

2. Los asientos no _____ bajo el sol. No vamos a tostarnos en la sombra.

   Choices: _____, _____, _____.

3. _____ sin dinero, como siempre. No puedo comprar ni una tarjeta postal.

   Choices: _____, _____, _____.

4. —Tú no _____ bien, hijo mío. Quédate en casa hoy.

   Choices: _____, _____, _____.

5. Esa silla es muy dura. Por eso tu abuelo _____ incómodo.

   Choices: _____, _____, _____.

6. Tu mamá y yo _____ muy felices por tu beca. Bien sabemos que has trabajado mucho para este premio.

   Choices: _____, _____, _____.

7. Los templos de Chichén-Itzá y Uxmal _____ bastante lejos de la ciudad de México.

   Choices: _____, _____, _____.

8. Ahora, _____ en Ávila, una ciudad vieja. Nos ha encantado desde el momento en que llegamos.

   Choices: _____, _____, _____.

Continuación

Llene los espacios para completar el párrafo sobre unas observaciones de Hernán Cortés, conquistador de México. Es una carta imaginaria a un amigo en España.

Una carta del Nuevo Mundo

Bueno, amigo mío, finalmente _____ en la costa de México. Ahora _____ todos —los soldados y yo— en Veracruz. Pronto voy a visitar a Moctezuma, el emperador de este país, en la capital de Tenochtitlán. Esta ciudad _____ en el interior del país. _____ en el valle de México, parte de la meseta central. Mis soldados _____ sanos y leales. Oigo que en Tenochtitlán _____ muchos edificios con murallas de oro y de plata. No sé, pero _____ listo para empezar mi primer viaje a esa ciudad.

Soy de Ud., S.S.

Hernán

Práctica avanzada

Escoja un tema de interés personal sobre la anticipación de un viaje. Escriba por lo menos cuatro oraciones con "estar", con cambios de persona, conjunto y contexto. Trate de combinar las oraciones cuando pueda.

Respuestas

In this exercise, you will use *estar* in response to a question or statement. Study the examples, paying close attention to the context. Complete the exercise by referring to the English words. To avoid direct translation, the English words are given out of order. Some items begin with a few words in Spanish to help you along.

> —¡No hagas tanto ruido!
>
> —¿Qué te pasa? ¿Estás de mal humor?
>
> (what's/with/wrong/you? / you/mood/in/bad?)
>
> ¡Qué gran vista tenemos de la ventana!
>
> —Sí, estamos en el piso más alto del hotel.
>
> (yes,/of the hotel/highest/we/floor/on.)

1. —Y, ¿te gusta la fiesta? ¿Qué tal los jóvenes?

   —No, _____.

   (no,/silly/all/guys/the.)

2. —¿Quieren Uds. observar unas danzas tradicionales?

   —Cómo no. _____.

   (sure. / we/learn/here/to/the culture/about.)

3. —¡Ay de mí! Quiero ir al concierto. Todos estarán allí.

   —No debes _____.

   (go/you shouldn't. / not/you/well.)

4. —¿Dónde se encuentra La Giralda, la famosa torre cuadrada?

   —Creo que _____.

   (I think/in Sevilla/it. / sure/but/not/I.)

5. —¿Por qué hacen tanta construcción en el palacio real?

— _____.

(ancient/it's. / very bad/it/shape/besides,.)

6. —¿De dónde viene esa música? Me encanta .

—¡Mira! _____.

(look! / under/the mariachis/balcony/our.)

Aplicación

Un día típico estudiantil. Describa dónde está usted durante las horas del día en la escuela. Incluya también a sus amigos o amigas. Utilice las indicaciones en inglés como modelo para la descripción. Cambie las horas indicadas de abajo, como las necesite para describir su propio horario.

Contexto	Español
(Where you are at 8:30 a.m.)	A las ocho y media...
(Where your best friend is at 8:30.)	A la misma hora, mi...
(Where you and another student are at 10 a.m.)	A las diez...
(When you and a friend are in the cafeteria.)	...y yo...
(When you and/or others are elsewhere.)	A las...en (casa, el centro comercial, etc.)...

EXPERIENCIAS

En un papel, escriba por lo menos cuatro oraciones sobre su horario los fines de semana. Después, compare sus oraciones con los modelos.

B. *Estar* con acciones completadas o en progreso

En la cultura hispana se expresa la condición que es resultado de una acción con el verbo *estar* y un participio. Por ejemplo, después de perder algo, decimos que la cosa *está perdida. Perdida* es el participio del infinitivo *perder.*

Se expresan otras condiciones como acciones en progreso. La condición del tiempo, por ejemplo, no es permanente. *Está lloviendo* es una acción que refleja un cambio en la condición del tiempo. Para expresar una acción en progreso, se usa una forma de *estar* y el gerundio. *Lloviendo* es el gerundio del infinitivo *llover*. Una acción en progreso no ha terminado. Está sucediendo en el momento en que se expresa. (Note también la Unidad 14. Hay modismos en que se usan los participios.)

GRAMMAR NOTE

Two participles accompany *estar* to indicate either completed action or progressive action (action in progress).

1. Completed action uses the past participle (see Unidad 4).

   -ar verbs = **-ado**; **-er** and **-ir** verbs = **-ido**

These endings are attached to the stem of the verb and they change to agree with the subject.

La puerta *está cerrada*.	The door *is closed*.
La puerta *está cerrada*.	The door *is closed*.
Los obreros *están rendidos*.	The workers *are exhausted*.

2. Action in progress uses the present participle (see Unidad 4).

   -ar verbs = **-ando**; **-er** and **-ir** verbs = **-iendo**.

These endings are also attached to the stem of the verb; however, they do not change to agree with the subject.

| El equipo *está ganando*. | The team *is winning*. |
| Las niñas *están comiendo*. | The girls *are eating*. |

Irregular present and past participles are explained in Unidad 4.

Práctica

Read each sentence to determine if it is expressing a completed action or an action in progress. Then choose the appropriate participle and write it in the blank in each sentence as shown in the examples.

Los jóvenes están __cambiando__ los estilos de la vida social. (cambiados, cambiando)

Ese bebé está __separado__ de su mamá. (separado, separando)

1. Los mariachis están _____ una canción tradicional. (tocados, tocando)

2. El turista está _____ cestas de paja. (comprando, comprado)

3. El gobierno está _____ por la economía. (preocupando, preocupado)

4. Muchos jóvenes están _____ a hacer el trabajo manual. (disponiendo, dispuestos)

5. Para mi proyecto final, estoy _____ un experimento científico. (preparado, preparando)

6. Amigo mío, tú estás _____ de esa chica, ¿no? (encantado, encantando)

7. Mi compañera de cuarto y yo estamos _____ todos los quehaceres. (compartiendo, compartidas)

8. Para la venta especial, las tiendas están _____ regalos y muestras de mercancía. (repartidas, repartiendo)

9. Durante la colonización del Nuevo Mundo, los soldados españoles estaban _____ de vivir sin las mujeres. (cansando, cansados)

10. No puedo bailar. Por eso, estoy _____ en las fiestas. (acomplejado, acomplejando)

Escenario

Preparándome para la vida verdadera

Llene los espacios para completar el párrafo sobre las preparaciones para la vida después de graduarse. Al final del párrafo hay una lista de las selecciones para cada espacio. Las selecciones corresponden a las letras que siguen los espacios.

Primero quiero decir que _____[a] debido a mi educación. En mis cursos, nosotros _____[b] a enfrentarnos a las realidades de la vida con confianza. Muchos de mis amigos _____[c] para matricularse en un colegio o una universidad para continuar sus estudios. Todos _____[d] una buena vida. Ahora, yo _____[e] en una oficina y _____[f] tanto dinero como posible para pagar mis futuros gastos educativos. Mis padres también me _____[g] con los gastos.

Selecciones:

[a] estoy preparando, estoy preparado (preparada); [b] estamos aprendiendo, están aprendiendo; [c] estamos preparándonos, están preparándose; [d] estamos esperando, estoy esperando; [e] estoy empleado (empleada), estoy empleando; [f] estoy ahorrado (ahorrada), estoy ahorrando; [g] están ayudados, están ayudando

TAREA ESCRITA

Ahora, escriba por lo menos cuatro oraciones sobre cómo usted se prepara para el futuro. Se puede utilizar algunas frases de los ejercicios como modelo para sus oraciones. Al fin, compare sus oraciones con las de otros estudiantes.

Choices

Read the following examples. First, fill in the blank with the correct form of *estar* and the verb in parentheses to complete each sentence. Clues to the context are provided by the other sentence(s). Then revise each sentence by choosing alternative words to replace the verb in parentheses. *It is not necessary to fill in all the blanks for choices.* Write your revised sentences on a separate sheet of paper. You may have to change the original sentence slightly to accommodate your choices.

¡Te vas a engordar! <u>Estás comiendo</u> demasiado. (comer)

Choices: <u>Estás tomando</u> , <u>Estás bebiendo</u>

¡Caray! El maestro <u>está enojado</u> . Tiene cara de mal humor. (enojar)

Choices: <u>está enfurecido</u> , <u>está disgustado</u>

1. Aquí en las montañas _____. Nuestro vecino más cercano queda al otro lado del valle. (aislar)

   Choices: _____, _____, _____.

2. El payaso _____ dulces a todos los niños. ¡Apúrate si quieres uno! (repartir)

   Choices: _____, _____, _____.

3. ¡Quédate bien quieto! Me _____. (molestar)

   Choices: _____, _____, _____.

4. Los niños _____ de las niñas en muchas escuelas latinoamericanas. La ausencia hace aún más dulces las reuniones. (separar)

   Choices: _____, _____, _____.

5. Los Lewis _____ en el Parque de Chapultepec. Es un lugar agradable para dar un paseo. (andar)

   Choices: _____, _____, _____.

6. Claro que nosotras no vamos al baile. No _____. (invitar)

   Choices: _____, _____, _____.

7. No conozco ese lugar. Esta vez sí _____. (perder)

   Choices: _____, _____, _____.

8. Algunos edificios públicos _____ alrededor del Zócalo en México. Es una vista común en las Américas. (situar)

   Choices: _____, _____, _____.

Continuación

Llene los espacios para completar el siguiente diálogo. Es una conversación imaginaria y chistosa entre Cristóbal Colón y los Reyes Católicos, Fernando e Isabel sobre el propósito de hacer un viaje a las Indias. Consulte la lista al final para escoger los verbos apropiados. Luego, decida si la acción ha terminado o está en progreso.

Un diálogo "histórico"

—Bueno, don Cristóbal, usted _____ de convencernos de que es posible navegar al oeste para llegar a las Indias del este. Hemos echado a los moros de nuestro reino. Ahora, _____ a darle permiso.

—Muchas gracias, Vuestras Majestades. En este momento _____ tres barcos y los marineros para navegarlos. Vosotros no necesitáis _____ de esta aventura. Como siempre _____ los mapas. Las Indias me _____. Por vuestra ayuda _____. Escribidme vuestro cheque, afirmadme el permiso y dejadme salir.

Lista: agradecer, buscar, esperar, estudiar, preparar, preocupar, tratar

PRÁCTICA AVANZADA

Escoja un tema que le interesa y escriba un diálogo chistoso. Escriba por lo menos cuatro oraciones que expresan acciones completas o en progreso. Utilice cambios de persona, conjunto y contexto.

Respuestas

In this exercise, you will use *estar* and a participle in response to a question or statement. Study the examples, paying close attention to the context. Complete the exercise by referring to the English words and the italicized Spanish verb. To avoid direct translation, the English words are given out of order. Some items begin with a few words in Spanish to help you along.

—Clara Inés, ¿por qué vendes tu colección de estampillas?

—Ahora estoy más interesada en las tarjetas de béisbol.
(now/more/I/baseball cards. *interesar*)

—¿Qué hace su tío en Taxco?

—Bueno, está trabajando en las minas de plata.
(well,/in mines/he/silver. *trabajar*)

1. —¿Por qué está aquí en la parada de tranvías? Ud. tiene un auto.

    –Sí, es que _____.

    (yes, it's just that/streetcar/I/for a few days. *tomar*)

2. —Pero, maestra, ¿por qué recibí no más que una «C»?

    —Chico, tú _____.

    (man,/your social life/for/you/your studies. *dejar*)

3. —¿Por qué apagó la radio tu mamá?

    —Pues, _____.

    (well,/she/of the rock music/she says .*cansar*)

4. —¿Quién es ese señor alto, un amigo de la familia?

    —No, _____.

    (no,/cousin/my Argentine/he/who. *visitar*)

5. —¿Estás seguro de que ésta es la ruta a la casa de José Luis?

    —Todavía nosotros _____.

    (we/yet/not. / that church/recognize/I. *perder*)

6. Chico, hace una hora que tienes ocupado el teléfono.

    —Papacito, _____.

    (Da-a-ad,/Adele/with/assignments/about/math/I. *hablar*)

7. ¿Por qué quieren Uds. escuchar estos casetes en mi casa?

—_____.

(They/in/our house. / folks/them/our/can't stand. *prohibir*)

8. —¿Son diferentes los derechos en ese país?

—<u>Seguro que sí.</u>_____.

(that's right. / press/for example,/the government/by. *limitar*)

EXPERIENCIAS

En un papel, escriba por lo menos cuatro oraciones sobre sus propias acciones, condiciones o resultados. Después, compare sus oraciones con los modelos.

III. Ser y estar

Las identidades y las condiciones

Forma y contexto

Esta sección indica que hay condiciones en que el mismo significado se aplica en forma diferente según la diferencia entre una identidad y una situación. ¿Ha conocido a una persona aburrida? Decimos que esta persona *es* aburrida y que Ud. *está* aburrido en su compañía. Note que su reacción es el resultado de la personalidad del otro. Por otro lado, decimos que una persona *está* viva y su personalidad *es* muy viva. Pero, si ha muerto, la condición es permanente: *está muerto*. Examine los ejemplos a continuación.

Ejemplos

En la familia donde los hijos *son* buenos, todo *está* bien.

Todos los días *estoy* muy aburrido porque mi trabajo *es* aburrido.

Soy feliz porque mi novia *está* contenta con las rosas.

Hoy, el día *está* malo para esquiar. *Es* malo esquiar sin saber hacerlo.

El cocinero *es* rico porque sus platos *están* riquísimos.

Práctica

Write the appropriate form of *ser* or *estar* in the blank. In some cases, underline the appropriate form.

1. Naturalmente, el amor _____ un sentimiento humano que _____ muy interesante. No (es, está) dirigido por la inteligencia sino por el corazón.

2. Las madres y las hijas solteras _____ muy agitadas por el anuncio que el general guapo dispuesto a casarse.

3. Amo la vida, que _____ muy bella para mí y porque _____ joven y (soy, estoy) sano.

4. Hay algo que _____ típico de las ciudades hispanas. En el centro _____ una plaza donde (son, están) dos edificios importantes: la catedral y el cabildo.

5. En las novelas, las personas sirven como símbolos de la idea de que la vida (es, está) organizada según un plan supremo.

IV. ¡Escriba con estilo!
SELECCIONES DE MODO

Explicación y modificaciones

Ahora, va a examinar una sección muy importante de esta unidad: el desarrollo del estilo según los usos de estos dos conceptos, la identidad y la situación, en la cultura hispana. Vamos a analizar algunos ejemplos literarios que representan varios modos estilísticos. Ud. los puede analizar e imitar en sus propias composiciones. Examine la selección original de abajo. Busque las palabras difíciles en un diccionario y apúntelas en un cuaderno de nuevas palabras. Analice el contexto de la identidad y la condición. También, examine la primera modificación basada en la estructura de la selección original. Es una composición nueva con solamente sustituciones de vocabulario.

Selección original:

«La madre ... mira atentamente el aposento donde su hijo está y claramente conoce que aquél es el mismo cuarto donde ocurrió la desventura. Aunque no está adornado como antes, reconoce los muebles, especialmente el escritorio que está en la esquina bajo la enorme ventana.» (Pasaje refundido en tiempo presente de "La fuerza de la sangre" de Miguel de Cervantes. En *Cuentos y narraciones,* ed. por Harriet de Onís, pág. 20.)

Primera modificación:

La mamá ... mira cuidadosamente la habitación donde su prole está y de inmediato conoce que aquélla es la misma alcoba donde tuvo lugar la desgracia. Aunque no está decorada como antes, distingue el mueblaje, especialmente la mesa de escribir que está en el rincón bajo la enorme vidriera.

Ahora, examine la segunda modificación de la selección original. Es un ejemplo de la tarea de esta sección: escribir una nueva composición basada en su selección de algunos párrafos de estilo literario.

Segunda modificación:

(**OJO:** Se ha cambiado no sólo el tiempo verbal sino también muchas palabras.)

> El <u>perro</u> mira <u>ansiosamente</u> la sala donde su <u>amo</u> está y <u>tristemente</u> conoce que aquélla es la misma <u>habitación</u> donde <u>masticó</u> los <u>zapatos</u>. Aunque no está <u>desordenada</u> como antes, <u>distingue los pedazos</u>, especialmente <u>el tacón</u> que está en <u>el hogar</u> de la chimenea bajo el enorme <u>manto</u>.

Análisis:

El escritor de la selección original describe el reconocimiento de un cuarto donde ocurrió una desventura. Primero, indica la sensación de claridad *(mira atentamente, claramente conoce)*. Después, viene la inspección del cuarto en busca de factores específicos hasta llegar a un punto exacto *(reconoce los muebles, especialmente el escritorio ... ventana)*. En la segunda modificación, el pobre perro reconoce con ansiedad que habrá dificultades por haber dañado los zapatos. Sigue el estilo en la especificación de los resultados de su acción *(distingue los pedazos, especialmente el tacón)* y la posición de este tacón acusativo *(que está en el hogar de la chimenea bajo el enorme manto)*.

TAREA ESCRITA

Ahora, escriba en un papel una composición nueva basada en la selección original con sustituciones de vocabulario. Mantenga la forma y las ideas de la original. Después, trate de escribir otra composición semejante sobre un tema de interés personal. Se puede cambiar el vocabulario necesario para expresar sus propias ideas.

Ejercicios

Analice las selecciones siguientes. Busque las palabras difíciles en un diccionario. Después, escriba nuevas composiciones al sustituir las palabras subrayadas. Cambie el vocabulario para expresar sus propios pensamientos. Compare sus composiciones con los modelos y con las de otros estudiantes. Si quiere, puede trabajar en un grupo o con pareja. (Mínimo: dos selecciones)

1. Este <u>autor</u> es <u>esencialmente</u> <u>ensayista</u>. Su <u>obra</u> y <u>pensamiento</u> son <u>abundantes</u> y <u>surgen</u> de la

    <u>filosofía</u> de que <u>el humano</u> está <u>dispuesto</u> a <u>confrontar</u> <u>las circunstancias inexorables</u> de la

    vida con la razón. (Sobre la obra de Ortega y Gasset. *Cumbres de la civilización española.*

    Ed. por Gloria Giner de los Ríos y Laura de los Ríos de García Lorca, pág. 249.)

2. «De todos <u>los sentimientos</u> <u>humanos</u>, <u>el amor</u>, tal vez, es el más <u>interesante</u>. Está por <u>todas</u>

    <u>partes</u> pero es <u>intangible</u>; tiene muchas <u>formas</u> ...» pero no es <u>fácilmente</u> definido. <u>A la vez</u> en

    diferentes situaciones es <u>tierno</u>, <u>delicado</u>, <u>dulce</u>, <u>compasivo</u>, <u>apasionado</u>, <u>impetuoso</u>, <u>ardiente</u>,

    <u>increíble</u>, e <u>ideal</u>. Es lo que uno lo <u>cree</u> o lo <u>crea</u>.» (Adaptación de un pasaje de *Galería*

    hispánica, ed. por Robert Lado, Margaret Adey, Louis Albine, Joseph Michel and Hilárico S.

    Pena, pág. 221.)

3. <u>El general</u> está <u>resuelto</u> a <u>casarse</u> y ha mandado noticia a sus amigos. La noticia <u>alarma</u> a

    todas madres que tienen hijas <u>casaderas</u> y a todas las chicas que están en <u>condiciones</u> y con deseos de <u>contraer</u> <u>matrimonio</u>. Y no son <u>pocas</u> de ellas. (Basado en un fragmento de "El abanico" por Vicente Riva Palacio, *Galería hispánica,* pág. 234.)

4. «Quiero <u>la vida</u>, que no me <u>quiten</u> la vida: es mía, muy mía y no tienen <u>derecho</u> de <u>arrebatármela</u> ... me <u>rebelo</u> a <u>morir</u>. Soy <u>joven</u>, estoy <u>sano</u>, soy rico ... La vida es muy <u>bella</u> para mí...» (Cita de "Una esperanza" por Amado Nervo, *Galería hispánica,* pág. 296.)

5. Lo que es <u>simbólico</u> en <u>la plaza</u> hispana son dos <u>edificios</u> que están <u>cara a cara</u> como dos <u>cumbres</u> de la vida <u>política</u> y <u>religiosa</u>: <u>el cabildo</u> y <u>la catedral</u>. (*Latinoamérica: El continente de siete colores,* Cecil D. McVicker and Osvald N. Soto, eds., por Germán Arciniegas, pág. 81.)

6. En su <u>obra</u> en que <u>los personajes</u> sólo son <u>símbolos</u> de las ideas <u>esenciales</u>, <u>el autor</u> nos <u>enseña</u> que la vida está <u>unida</u> en una <u>presencia</u> <u>divina</u>. (Sobre Calderón de la Barca. Ref.: *Historia breve de la literatura española,* Editorial Playor, pág. 370.)

IV. Vocabulario

EJERCICIO DE VOCABULARIO

En esta unidad, Ud. ha buscado los significados de varias palabras. Al aprender el significado de una palabra, se puede ampliar los conocimientos al examinar otras palabras relacionadas. Estas relaciones forman familias de palabras. También se puede ampliar el vocabulario mediante un conjunto de palabras, por ejemplo, de frutas, de personas, etcétera. Unas familias de palabras fueron utilizadas en las selecciones de modo y en los ejercicios. Se presentan unas cuantas abajo. También hay algunos conjuntos que contienen palabras de sentidos semejantes y diferentes (<u>subrayadas</u>). Algunas de las palabras son sinónimos; otras son antónimos. Para entenderlas mejor, consulte un diccionario.

Familias	**Conjuntos**
profesor/profesión/profesional (-ismo)	trabajador/obrero/carrera/<u>desempleado</u>
hogar/hoguera/hogaza	casa/hogar/domicilio/<u>sin techo</u>/<u>casa de húespedes</u>
tonto/tontería/tontuelo	simple/bobo/limitado/<u>agudo</u>/<u>sabio</u>
llanura/llano/llanamente/llaneza	montaña/monte/escarpa/altibajos/<u>plano</u>

Familias y conjuntos

INSTRUCCIONES: El vocabulario de una lengua consiste, en gran parte, en agrupaciones o conjuntos de palabras. Estilísticamente, el escritor necesita una familia grande de palabras para desarrollar sus pensamientos. Experimente con las palabras de algunas familias o algunos conjuntos de arriba.

TAREA ESCRITA

Escriba oraciones sobre un tema en una hoja de papel y use cualesquiera de las frases anteriores que Ud. prefiera.

Familias y conjuntos

En las selecciones y los ejercicios anteriores, aparecen otras familias de palabras con las que Ud. puede practicar. Utilice algunas de las palabras relacionadas de abajo y busque otros ejemplos en un diccionario. Escriba oraciones sobre sus experiencias o sobre las experiencias de otros conocidos. (Mínimo: 4 oraciones)

alarmar	alarma	alarmante	alarmista
(verbo	sustantivo	adjetivo	sustantivo: persona)
compasivo	compasivamente	compasión	compasionado
(adjetivo	adverbio	sustantivo	adjetivo)
senda	senderar	sendero	senderuela
(sustantivo	verbo	sustantivo	sustantivo)
grave	gravar	gravedad	gravemente	gravamen
(adjetivo	verbo	sustantivo	adverbio	sustantivo)

Palabras en contexto

Observe las combinaciones de las siguientes familias y sus clasificaciones. Note que se identifican las palabras mediante su sentido o sus usos, no por su descripción gramatical. El sentido de una palabra depende, en mayor parte, de nuestro entendimiento de su uso en la oración. Busque el significado de las palabras desconocidas.

solucionar	solución	soluble	solventar	
(acción	resultado	condición	acción relacionada)	
interesar	interés	interesante	interesado	
(acción	actitud	condición	condición resultante)	
probar	probable	probabilidad	probablemente	
(acción	condición	circunstancia	condición)	
distinguir	distingo	distinguido	distinción	distinto
(acción	acción	condición	cualidad	cualidad, condición resultante)

TAREA ESCRITA

Ahora, describa a algunos jóvenes o miembros de su familia de manera personal, empleando algunas palabras de la sección de vocabulario.

VI. Grammar as Culture and Style

Who *is* that person? What *is* the price of that suit? Spanish-speaking people share a common human need to identify and describe themselves and their surroundings. So, stating who you are or what life is, giving the time or date, and identifying possessions and characteristics of people, places, actions, and things depend on your knowledge of the verb *ser* to communicate properly. Keeping identities and conditions separate should not be difficult. On the other hand, there are times when a more or less temporary condition becomes permanent:

> Ud. *está* enfermo. (a temporary condition)

> Ud. *es* enfermo.   (a permanent condition)

When one speaks of conditions under which people live, the essential nature of things is perceived to be permanent in contrast to conditions. Weather conditions are good examples. For Canada, winters *are* cold! At times, though, the frigid temperatures arrive later, and one is likely to hear, "The winter *is* mild for this time of year." In Spanish, this difference is further refined by the use of two verbs *ser* and *estar: Los inviernos **son** fríos. Pero, el invierno **está** templado este año.*

Conditions may involve attitude, health, status, location (*en el Perú, en casa, etc.*), the result of an action (*publicado, construido*) or the continuation of an action (*trabajando, jugando*). In any case, the situation or condition is capable of changing. Even a condition or situation that seems permanent (locations of buildings, marriage, and death), the condition does not reflect identity. So, these still are considered conditions (using *estar*), not identities (using *ser*):

El edificio que *está* cerca del Zócalo *es* la Torre Latinoamericana. *Es* el edificio más alto de Latinoamérica.

Sometimes, a concept applies as an identity in one situation and a condition in another (somewhat similar to the example of the weather). The difference is shown as one considers how the concept acts as a trait or as a stimulant. For example, someone who is tiring (a trait) will make one tired. English speakers separate these two ideas; so do Spanish speakers.

When referring to life and death matters, the Hispanic culture reverses itself: "life" as identity becomes "lively": *Ella es muy viva.* The condition of life is temporary, for example: *A pesar del accidente terrible, el joven está vivo.* Death, on the other hand, is permanent, but in the Hispanic (Catholic) culture, it is described with *estar: Ellos están muertos.*

Other uses of these two verbs will be covered in later units.

LOS MODOS DEL PASADO

I. El pretérito: La narración

A.   Verbos regulares

Forma y contexto

¿Cómo explica Ud. las experiencias de su niñez o las ocasiones importantes de su familia? ¿Siempre habla Ud. de situaciones concretas y completadas? También hablamos de condiciones indefinidas y acciones continuas en el pasado. Para el hispano, es importante entender si el suceso pasado es completo o continuo.

Hablamos de las acciones o los estados que juntos forman la narración. Sin la narración, el cuento pasado no tiene un enfoque definido, sino parece una cadena de movimientos interminables. Por ejemplo, si decimos "Llovía sin cesar", no hay definición. Pero, si decimos "Llovía sin cesar cuando Juan salió de la ciudad", ya tenemos la acción dinámica. En este ejemplo, aparecen dos modos de expresar el pasado en la cultura hispana: la *narración* y el *fondo de la narración*. Primero, vamos a examinar la narración: acciones o estados de límites concretos.

Usos de la narración (el pretérito)

1.   Un período de duración limitada:

    Viví tres años en Puerto Rico.   I *lived* in Puerto Rico for three years.

2.   El comienzo o el fin de acciones o estados:

    La banda *dejó* de tocar y *empezó* el juego.   The band *stopped* playing and the game *began*.

3.   Una serie dentro de la narración:

    Vino, vio, venció.   He *came,* he *saw,* he *conquered.*

4.   La repetición limitada:

    Visitaron la cueva tres veces durante los sábados.   They *visited* the cave three times on Saturdays.

Ejemplos

Después del incendio, la tienda *permaneció* cerrada por un mes.
The store *stayed* closed for a month after the fire.

Velázquez *pintó* muchos cuadros de la familia de Felipe IV.
Velázquez *painted* many pictures of Philip IV's family.

Los ladrones *entraron, robaron* las joyas y *salieron* disparados.
The robbers *entered, robbed* the jewels, and *fled*.

El año pasado, *comenzó* marzo muy débil y *acabó* como un diablo.
Last year March *came* in like a lamb and *went* out like a lion.

GRAMMAR NOTE

Now, look at the regular endings for this form (preterite):

Infinitive ending in **ar**: —é, —aste, —ó, —amos, —asteis, —aron

    hablar: habl**é**, habl**aste**, habl**ó**, habl**amos**, habl**asteis**, habl**aron**

Infinitive ending in **er** or **ir**: —í, —iste, —ió, —imos, —isteis, —ieron

    correr: corr**í**, corr**iste**, corr**ió**, corr**imos**, corr**isteis**, corr**ieron**

    vivir: viv**í**, viv**iste**, viv**ió**, viv**imos**, viv**isteis**, viv**ieron**

Práctica

Choose the appropriate form of the narrative past (*el pretérito*) and write it in the space in each sentence as shown in the examples. Notice the context in which the past verb is used.

Durante el segundo viaje, Colón __exploró__ las Pequeñas Antillas. (exploró, expandió)

La ocupación romana de España __sucedió__ en 218 a. de C. (descansó, sucedió)

1. La jovencita _____ los quince años y sus amigas lo _____ con una fiesta. (nació, cumplió / acabaron, celebraron)

2. En poco tiempo _____ por la aduana a la frontera de Colombia. (pasamos, terminamos)

3. El dominio árabe _____ más de 700 años. (duró, perdió)

4. El Cid _____ a los moros en varias batallas. (derrotó, habló)

5. Los abuelos _____ una linda carta a su nieta. (borraron, escribieron)

6. El toro _____ la cabeza y _____ el pasto. (bajó, quitó / caminó, comió)

7. Al fin, los ciudadanos _____ la libertad después de unas revoluciones. (ganaron, hallaron)

8. Después de graduarse, se _____ David en el ejército. (salió, alistó)

9. Uds. _____ las montañas y _____ al valle. (atravesaron, terminaron / subieron, bajaron)

10. Anoche _____ el proyecto para la feria de ciencias. (recibí, terminé)

Escenario

El Grito de Dolores

Termine los verbos en este párrafo sobre un punto crítico en la independencia de México.

En la mañana del 16 de septiembre, se reun_____ los luchadores por la libertad. Esta reunión suced_____ en Dolores, México. Esos hombres encontr_____ el remedio a su problema y decid_____ dar el grito de la independencia. El Padre Hidalgo termin_____ su discurso lleno de emoción y grit_____: ¡Viva América! ... ¡Muera el mal gobierno!

TAREA ESCRITA

Ahora, escriba por lo menos cuatro oraciones sobre una decisión importante que Ud. u otra persona ha tomado. Se puede utilizar algunas frases de los ejercicios como modelo para sus oraciones. Al fin, compare sus oraciones con las de otros estudiantes.

Choices

Read the following examples. First, fill in the blank with the correct form of the verb given in parentheses. Clues to the context are provided by the other sentence(s). Then revise each sentence by choosing alternative words to replace the verb in parentheses or the underlined word in the sentence. *It is not necessary to fill in all the blanks for choices.* You may have to change the original sentence slightly to accommodate your choices.

La Mancha es donde ___vivió___ don Quixote. Naturalmente, ___vivió___ sólo en la mente del autor, Cervantes. (vivir)

Choices: ___luchó___, ___se quedó___

Los soldados ___se reunieron___ para planear su ___estrategia___. (reunirse)

Choices: ___hablaron___, ___batalla___, ___excursión___

1. Los científicos _____ varios ___experimentos___ en el laboratorio. (llevar a cabo)

   Choices: _____, _____, _____.

2. Esteban siempre se pone ___los pantalones vaqueros___. Por eso, para su graduación, su madre le _____ un traje. (comprar)

   Choices: _____, _____, _____.

3. Por sus esfuerzos y escritos, frey Bartolomé de las Casas _____ a muchos indios de la esclavitud. Su ___bondad___ es característica de un santo. (salvar)

   Choices: _____, _____, _____.

4. Los mayas _____ en la América Central más o menos 1700 años. Sabemos dónde vivieron, pero no por qué salieron. (quedarse)

   Choices: _____, _____, _____.

5. Hace muchos años, las fuerzas de los Estados Unidos _____ varios países latinomericanos. Esas invasiones no nos ganaron su amistad. (invadir)

   Choices: _____, _____, _____.

6. Durante el concierto al aire libre, _____ muy fuerte. El público salió corriendo. (llover)

   Choices: _____, _____, _____.

7. Bueno, ayer tú _____ todos los lugares interesantes en Madrid. ¿Hoy no quieres descansar? (visitar)

   Choices: _____, _____, _____.

8. Durante mis años estudiantiles, _____ dos millas. Ahora me hace falta el ejercicio. (correr)

   Choices: _____, _____, _____.

Continuación

Complete el siguiente párrafo sobre dos turistas. Utilice los verbos en el pretérito. Se puede sustituir los verbos de la lista con otros, pero guarde el sentido del párrafo.

Un viaje con una turista ávida

Mi amiga y yo _____ a España el año pasado. Fue un viaje gratis para dos personas. Lucita, mi amiga, lo _____ por contestar correctamente dos preguntas sobre sus gastos para la ropa. En Madrid, ella y yo _____ muchos lugares interesantes. Nos _____ en un hotel antiguo y elegante. Lucita _____ en un cuarto con baño particular, pero no había uno. ¡Naturalmente yo _____ una bata porque el baño está bastante lejos!

Lista: comprar, ganar, insistir, quedar, viajar, visitar

PRÁCTICA AVANZADA

Escoja un tema de interés sobre los viajes. Escriba por lo menos cuatro oraciones, utilizando los verbos en el pretérito. Trate de emplear cambios de persona, conjunto y contexto.

Respuestas

In this exercise, you will use the narrative past in response to a question or statement. Study the examples, paying close attention to the context of the sentence. Complete the exercise by referring to the English words. To avoid direct translation, the English words are given out of order. Some items begin with a few words in Spanish to help you along.

—¿Encontró Ud. algo en la tienda de artesanías?

—<u>Sí, compré un espejo de bronce.</u>

(yes,/bronze/I/mirror   *comprar*)

—Y, ¿qué les pasó? ¿Hubo un accidente en la carretera?

—<u>No, volvimos a casa porque nos olvidamos traer los boletos.</u>

(no,/home/to bring/because/the tickets/we.   *olvidarse / volver*)

1. —¿Cuál es la importancia de los caminos del imperio incaico?

   —<u>Los incas</u> _____.

   (the Incas/in their empire/communication/great/system.   *establecer*)

2. —Pablo Picasso es famoso por sus estilos diferentes, ¿no?

   —<u>Sí. Por ejemplo,</u> _____ <u>época azul</u> .

   (yes. / for example,/many/works/during/he/famous/blue period.   *pintar*)

3. —No he visto a los hermanos López desde hace dos días.

   —<u>Claro,</u> _____.

   (naturally,/their/long/home/very tired/they/trip/from.   *regresar*)

4. —¿Ya no tienen ustedes la motocicleta?

   —<u>No,</u> _____.

   (no,/the motorcycle/we/yesterday.   *vender*)

5. —¿Simón Bolívar nació en Venezuela?

   —<u>Sí, también</u> _____.

   (yes, also/Andrés Bello/there/Francisco Miranda/and.   *nacer*)

6. —Mariela, ¿qué sucedió en la fiesta entre Juan y Jorge? No me han dicho nada.

   —<u>Lo de siempre.</u> _____.

   (the usual. / Juan/with/Rosa. / Jorge/with Juan.   *bailar / pelear*)

7. —Qué raro que Uds. llegaron. Los dejé olvidados.

   —<u>Casi dejados.</u> _____.

   (almost left behind. / for two hours/subway/we   *esperar*)

8. —Le gusta mucho esquiar en Chile, ¿no? ¿Visitó usted Portillo?

   —Sí, por _____.

   (yes,/for/to ski/vacations/three/there.   *viajar*)

Aplicación

Escriba un informe sobre un viaje largo que Ud. hizo por autobús para visitar a sus tíos. Utilice las indicaciones en inglés como modelo para el informe.

Contexto	Español
Your aunt and uncle invited you.	Me ... los tíos ...
You and your family decided to go by bus.	Nosotros ...
Tell what time you left.	... seis ... tarde ...
The bus stopped at every little town.	... cada ...
Your aunt and uncle waited at the bus station.	Mis tíos ...
They greeted you affectionately.	... con cariño
The return trip took forever.	El viaje de regreso ...
You all returned home very tired.	Al fin, ...

EXPERIENCIAS

En un papel, escriba por lo menos cuatro oraciones sobre un viaje verdadero o ficticio. Después, compare sus oraciones con los modelos.

B. Verbos irregulares

Forma y contexto

Ahora llegamos a los verbos irregulares en el pretérito. Aunque a la vista no tienen "ni pies ni cabeza", sí existen regularidades entre las formas de los verbos irregulares. Sólo tenemos que familiarizarnos con los modelos. Abajo hay una breve síntesis de las formas.

Algunos verbos cambian de significado en el pretérito. Se trata del sentido de algo completado en el instante de la ocurrencia. Por ejemplo, piense en la diferencia entre "saber esquiar" y "saber algo en un instante". En el pretérito, el significado es el de enterarse: "Lo *supo* por las noticias de radio". Lo mismo sucede con "estar". En general, es un verbo de condición. Cuando hablamos de una duración limitada, podemos expresarlo con este pasado: "*Estuvieron* en el terremoto". (¿Cómo terminó? *Fueron* rescatados después de dos días.) En los ejercicios, preste atención al contexto y cómo influye en la forma y el significado del verbo.

Ejemplos

En México, *conocí* a dos estudiantes universitarios.
I *met* two college students in Mexico.

No *pude* sacar una calificación alta en el examen.
I *did*n't *manage* to get a good grade on the test.

¿Cómo *supo* el maestro que lo engañamos?
How *did* the teacher *find out* we tricked him?

GRAMMAR NOTE

Some irregular forms are consistent. However, the following verbs are classified by regular features. The largest group features a *u* stem change.

1. *u*: —*uve* (estar, tener); -*ube* (haber); -*upe* (saber, caber); -*ude* (poder); -*use* (poner); -*uje* (conducir, producir)

   Tener: tuve, tuviste, tuvo, tuvimos, tuvisteis, tuvieron

   Poner: puse, pusiste, puso, pusimos, pusisteis, pusieron

2. Another group has an *i* stem change: -*ije* (decir); -*ice* (hacer); -*ise* (querer); -*ine* (venir)

   Decir: dije, dijiste, dijo, dijimos, dijisteis, dijeron

   Hacer: hice, hiciste, hizo, hicimos, hicisteis, hicieron

3. Some follow a similar order with differences in the first and second person:

   Ver, dar: vi, di; viste, diste; vio, dio; vimos, dimos, visteis, disteis, vieron, dieron

   Ser, ir; fui, fuiste, fue, fuimos, fuisteis, fueron

   Caer: caí, caíste, cayó, caímos, caísteis, cayeron (Verbs in this group include *oír, creer, leer, contribuir,* and *poseer*).

4. Verbs with stem changes have to be considered when using this form, for they can cause mistakes otherwise.

   Stem *o* that changes to *u*: **Dormir:** durmió, durmieron

   Stem *e* that changes to *i*: **Pedir:** pidió, pidieron

   Stems with -*car* and -*gar* that add *u*: **Tocar:** toqué; **Jugar:** jugué (Also, note with -*car*, the *c* change to *q*.)

   Stems with -*zar* that change to *c*: **Empezar:** empecé, empecemos

Práctica

Choose the appropriate form of the preterite and write it in the space in each sentence. Notice the context in which the verb is used.

Napoleón trató de invadir Portugal desde España pero no __pudo__ derrotarla. (pudo, hubo)

Por los resultados que oyó en la radio, el candidato __supo__ que ganó las elecciones. (sintió, supo)

1. Clarita _____ la tuna tocando "Las mañanitas" el día de su cumpleaños. (oyó, dio)

2. Donde ahora está la capital de México _____ la capital azteca, Tenochtitlán. (estuvo, hizo)

3. Después de unas reformas agrícolas, la tierra no _____ más que antes. (produjo, hizo)

4. Antes de la conquista de México, Cortés _____ arreglar alianzas contra Moctezuma. (pudo, puso)

5. Para la fiesta la semana que viene, yo _____ una piñata. (hice, puse)

6. ¿Por qué _____ tan temprano de la fiesta? Te extrañamos. (fuiste, jugaste)

7. Al llegar Cortés a la playa de México, los aztecas _____ haber visto el dios, Quetzalcoatl. (empezaron, creyeron)

8. Los incas _____ edificios de piedra en su capital. (constituyeron, construyeron)

9. Por el acto de vandalismo, los jóvenes _____ tres días en la cárcel. (gastaron, estuvieron)

10. _____ tarde porque se me _____ el auto. (toqué, llegué / cupo, descompuso)

Escenario

Un accidente de esquiar

Llene los espacios para completar el párrafo sobre el accidente de José. Al final del párrafo hay una lista de las selecciones para cada espacio. Las selecciones corresponden a las letras que siguen los espacios.

_____[a] un accidente en las montañas durante el fin de semana. José Luís _____[b] allí para esquiar aunque es principiante. _____[c] esquiando y se le quebró la pierna. Lo _____[d] al hospital, pero _____[e] a la casa el domingo. No _____[f] a la escuela esta semana. Regresará dentro de dos semanas.

Selecciones:

[a] Pidió, Hubo, Estuvo; [b] fui, hizo, fue; [c] Se hizo, Se cayó, Trajo; [d] trajeron, fueron, hicieron; [e] fue, vino, fueron; [f] fui, vino, vine

TAREA ESCRITA

Ahora, escriba por lo menos cuatro oraciones sobre algún deporte o juego que Ud. ha aprendido. Se puede utilizar algunas frases de los ejercicios como modelo para sus oraciones. Al fin, compare sus oraciones con las de otros estudiantes.

Respuestas

In this exercise, you will use the narrative past in response to a question or statement. Study the examples, paying close attention to the context of the sentence. Complete the exercise by referring to the English words and the Spanish verb. To avoid direct translation, the English words are given out of order. Some items begin with a few words in Spanish to help you along.

—Papá, ¿por qué me diste ese carro? Quería un convertible.

—Hijo, tú no me dijiste nada sobre un convertible.
(son,/a convertible/me/nothing/you/about.   *decir*)

—¿Vamos a Granada durante la estancia en España este verano?

—Ya lo creo. Granada fue la capital de los árabes.
(you bet. / Arabs/Granada/the capital.   *ser*)

—¿Por qué durmieron ustedes anoche en el coche?

—La puerta estuvo cerrada con llave y no pudimos entrar en la casa.
(locked/the door/and/get in/we/the house.   *estar / poder*)

1. —¿Se divirtieron mucho ustedes en Disney World?

    —Sí, ¡muchísimo! _____.

    (did we ever! / times/Epcot Center/three/we.   *ir*)

2. —¿Participaste en los deportes en la escuela secundaria?

    —Naturalmente. _____.

    (naturally. / tennis/I/football/and   *jugar*)

3. —¿Ha viajado usted a otros países?

    —Sí, _____.

    (yes,/family/in Germany/two years/my.   *estar*)

4. —¿Cómo supieron los periodistas del escándalo?

    —Pues, _____.

    (well,/one of/an informer/the participants.   *hacerse*)

5. —¿Cómo influyó la cultura árabe en la cultura hispana?

    — _____.

    (words/the Moors/to the/countless/language/Spanish.   *contribuir*)

6. —¿Cuánto tiempo pasaste de viaje a diferentes ciudades españolas?

    —Vamos a ver. _____.

    (let's see. / one/each/I/three days/for.   *estar*)

7. —La conquista de México estuvo una vez a punto a fracasar, ¿verdad?

—<u>Sí, pero</u> la Noche Triste,   .

(yes, but/the Night of Tears,/after/empire/Aztec.   *caer*)

8. —Tu familia ha sufrido grandes dificultades a causa de la guerra, ¿no?

—<u>Es cierto.</u>   .

(that's right./home/my father/the war/after/never.   *venir*)

Aplicación

Cortés, conquistador de México. Escriba un informe sobre un aspecto interesante de la conquista de México. Utilice las indicaciones en inglés como modelo para el informe.

Contexto	Español
Cortés met Malinche, a bilingual Indian woman.	Cortés ... bilingüe ...
She went with Cortés to talk to some Indian tribes.	Ella ... tribus ...
Cortés found out which ones hated the Aztecs.	Cortés ... odiaban a ...
Tell of Cortés's first visit to Tenochtitlán.	Cortés ... sin una lucha ...
At a later battle, the Aztec chief fell.	Durante una gran batalla ...
Months later, Tenochtitlán fell.	Después de ...
The conquest was complete.	La conquista de ...

EXPERIENCIAS

En un papel, escriba por lo menos cuatro oraciones sobre una "batalla" deportiva que usted observó o en que participó. Después, compare sus oraciones con los modelos en la unidad.

II. El imperfecto: El contexto del pasado

Forma y contexto

Aquí se presenta el fondo del pasado, o sea, las circunstancias de la narración (el imperfecto). Se puede ver esta relación en el ejemplo siguiente: "*Llovía* con fuerza y un hombre *manejaba* velozmente su auto cuando *perdió* control y *se estrelló* contra un árbol". El cuento tiene que ver con un accidente que pasó en la carretera durante una tormenta. Las frases, "llovía con fuerza" y "un hombre manejaba" indican las circunstancias que influyeron en el accidente: "perdió control y se estrelló". Todo sucedió en el pasado. Para describirlo como un instante del pasado, podemos entender que las acciones de las circunstancias de la narración constituyen una condición o estado. Así se entiende el contexto de duración interminable, "llovía"; no se sabe cuándo dejó de llover. Una acción, "manejaba", se acaba mediante otro evento de la narración, "perdió control" y "se estrelló".

Dentro de la narración están las acciones y los estados, es decir, el *fondo de la narración* o el imperfecto. Es lo que sostiene los eventos de la narración. Se utiliza el imperfecto en las siguientes circunstancias:

1. para expresar una acción o un estado habitual o repetido

2. para expresar otros estados (la hora, el clima, la condición personal)

3. para describir la duración de un estado antes de la acción narrativa (por ejemplo, hacía dos días que llovía)

4. para expresar la acción inmediatamente en progreso (por ejemplo, "Estaba trabajando en el jardín cuando se cayó el árbol").

Ejemplos

Viajaban en Italia cuando visitaron al Papa.
They *were traveling* in Italy when they visited the Pope.

Cuando *era* niño, me *gustaban* los dibujos animados.
When I was a child, I really *liked* cartoons.

Joaquín no *quería* proseguir los estudios y dejó la escuela.
Joaquin didn't *want* to do much studying, and dropped out of school.

GRAMMAR NOTE

First, look at the regular endings for the imperfect tense. Again, there is a regularity of endings in Spanish that transfer to *almost* any of the tenses:

tú, —*s*; **nosotros,** —*mos*; **Uds., ellos, ellas,** —*n*

Also, the stress stays on the syllable directly after the stem.

Infinitive ending in **ar**: —aba, —abas, —aba, —ábamos, —abais, —aban

hablar: hablaba, hablabas, hablaba, habl**á**bamos, hablabais, hablaban

Infinitive ending in **er** or **ir**: —ía, —ías, —ía, —íamos, —íais, —ían

correr: corría, corrías, corría, corríamos, corríais, corrían

vivir: vivía, vivías, vivía, vivíamos, vivíais, vivían

There are three irregular verbs in this tense: *ser, ver,* and *ir.* Even these, however, follow the regular pattern in most cases, except that *ser* is its own thing!

Ser: era, eras, era, éramos, erais, eran

Ver: veía, veías, veía, veíamos, veíais, veían

Ir goes its own way but generally follows the first basic pattern shown above: *-ba.*

Ir: iba, ibas, iba, íbamos, ibais, iban

Pay close attention to the accent marks in the examples above of both the regular and irregular endings.

Práctica

Choose the appropriate form of the imperfect and write it in the space in each sentence as shown in the examples. Notice the context in which the verb is used.

En las costas de España los árabes __ocupaban__ muchas fortalezas. (ocupaban, vendían)

__Eran__ las diez y la doctora __tenía__ que ir al hospital. (Estaban, Eran / había, tenía)

1. Durante la conquista de Iberoamérica, se _____ muchos soldados españoles con mujeres indias. (casaban, caían)

2. Durante unos cuantos años, España _____ campeón de fútbol. (era, hacía)

3. Por regla general, los aztecas _____ a sus prisioneros. (salvaban, sacrificaban)

4. Hacía diez años que el joven _____ para la competencia que ganó en los Juegos Olímpicos. (practicaba, estudiaba)

5. Durante las vacaciones, _____ frecuentemente a la playa. (íbamos, construíamos)

6. Bajo los incas, los artesanos _____ estatuas maravillosas de oro y de plata. (elaboraban, vaciaban)

7. Antes de la catástrofe del *Challenger*, _____ el lanzamiento de los cohetes desde nuestra playa. (íbamos, veíamos)

8. Los exploradores tomaron mucha agua mientras _____ cruzando el desierto. (estaban, trataban)

9. Durante el imperio de los incas, _____ muy importante mantener un sistema de comunicaciones. (estaba, era)

10. Desde el siglo XV, se _____ el café en Etiopía. (vivía, cultivaba)

Escenario

Un vuelo peligroso

Llene los espacios para completar este escenario sobre un vuelo de dos jóvenes. Al final del párrafo, hay una lista de las selecciones para cada espacio. Las selecciones corresponden a las letras que siguen los espacios.

Unos pilotos jóvenes _____[a] volar a un lugar que _____[b] situado en el desierto. Pero [c] necesario cruzar las montañas. Desgraciadamente, ninguno _____[d] mucho acerca de volar sobre las montañas. Pero, su decisión _____[e] firme y _____[f] muy buen tiempo. Pero el peligro sucedió mientras _____[g] cruzando las montañas. El avión descendió repentinamente. Imagínese qué contentos _____[h] al llegar a su destino.

Selecciones:

[a] volaban, querían; [b] estaba, era; [c] tenía, era; [d] sabía, conocían; [e] estaba, era; [f] hacía, estaba; [g] hacían, estaban; [h] estaban, eran

Tarea escrita

Ahora, escriba por lo menos cuatro oraciones sobre algún peligro que usted u otra persona ha experimentado. Se puede utilizar algunas frases de los ejercicios como modelo para sus oraciones. Al fin, compare sus oraciones con las de otros estudiantes.

Choices

Read the following examples. First, fill in the blank with the correct form of the imperfect tense of the verb in parentheses. Then revise each sentence either by choosing other verbs or by substituting the underlined word or words. *It is not necessary to fill in all the blanks for choices.* Write your revised sentences on a separate sheet of paper. You may have to change the original sentence slightly to accommodate your choices.

En esos días, ____veía____ a muchos de mis amigos en la playa. Todos bronceaban bien con el sol. ¡Y, yo parecía una mera langosta! (ver)

Choices: __hablaba__ , __iba con__ , __conducía a__

Los mexicanos __trataban de__ establecer un gobierno bueno después de la guerra. A pesar de sus esfuerzos, establecieron una dictadura. (tratar de)

Choices: __pensaban__ , __querían__ , __buenas intenciones__

1.   A continuación de mis estudios musicales, _____ conciertos a menudo en Europa. Me gustaba mucho viajar por Europa para tocar en varios conciertos. (dar)

     Choices: _____, _____, _____.

2.   _____ las tres de la mañana y _____ mucho. El hombre no mostraba mucha inteligencia manejar en esas condiciones. (ser / llover)

     Choices: _____, _____, _____, _____.

3.   Hacía ocho años que se _____ el campeón en las peleas de boxeo. Por unos años no se lo conocía en su país. (destacar)

     Choices: _____, _____, _____.

4.   Durante la Edad Media, los caballeros _____ viajes de peregrinación a Santiago de Compostela. Muchas veces _____ que defenderse de personas peligrosas por la ruta. (hacer / tener)

     Choices: _____, _____, _____.

5. Durante la época de la Inquisición, la Iglesia _____ intolerante. No <u>había</u> protección bajo la ley como en las épocas modernas. (ser)

    Choices: _____, _____, _____.

6. En la capital de México, _____ ver <u>el Ballet Folklórico</u> pero no pudimos. Nos gustó mucho cuando <u>estuvimos</u> allí el año pasado. (querer)

    Choices: _____, _____, _____.

Continuación

Complete el siguiente párrafo sobre un verano importante en la vida de un hombre. Utilice los verbos en el imperfecto. Se puede sustituir los verbos de la lista con otros, pero guarde el sentido del párrafo. (Se puede usar unos verbos más de una vez.)

Un verano romántico

_____ verano, _____ el sol y _____ la brisa. Yo _____ de la playa. Allí también _____ María Elena. Yo la _____ frecuentemente cuando _____ a la playa a nadar y tomar el sol. María Elena _____ entonces un ángel hermosa. Hoy en día es mi esposa. ¡Gracias a Ibiza, al sol y a la playa de ese verano romántico!

Lista: brillar, estar, gozar, ir, ser, soplar, ver

PRÁCTICA AVANZADA

Escoja un tema de interés personal sobre un verano que se destaca en su memoria. Escriba por lo menos cuatro oraciones con cambios de persona y contexto. Trate de combinar las oraciones cuando pueda.

Respuestas

In this exercise, you will use the imperfect tense in response to a question or statement. Study the examples, paying close attention to the context of the sentence. Complete the exercise by referring to the English words and the Spanish verb. To avoid direct translation, the English words are given out of order. Some items begin with a few words in Spanish to help you along.

—¿Qué les gustó de comer en México durante su viaje?

—<u>Los domingos comíamos enchiladas de pollo. También nos gustaba el pollo con mole.</u>

(we/on Sundays/chicken enchiladas. / chicken/in mole/we/also. *comer / gustar*)

—¿Cómo surgió la independencia en Latinoamérica?

—<u>Pues, dependía en parte de la desintegración de la sociedad.</u>

(well/on the disintegration/in part/of the society. *depender*)

1. —¿Qué aprendieron Uds. de la cultura hispana en su viaje a Colombia?

    —En gran parte, _____ .

       (for the most part,/very/people/friendly/us/to help/and.   *ser / querer*)

2. —La independencia no se realizó a la vez en todos los países, ¿verdad?

    —Claro que no. _____ .

    (of course not. / many years/the struggle/independence/for.   *continuar*)

3. —Sudamérica tiene algunos elementos muy modernos y otros muy tradicionales, ¿no?

    —Es verdad. En otros días, _____ .

    (that's true. / in former times,/in special stores/people/supplies/not in supermarkets.   *comprar*)

4 . —Entiendo que frecuentemente eran muy inestables los gobiernos de México.

    —Claro. Antes de Benito Juárez _____ .

    (that's right. / before Benito Juárez/presidents/many years/that.   *hacer / cambiar de*)

5. —A la llegada de Pizarro, el Inca no atacó con sus miles de guerreros. ¿Por qué?

    —No, a Atahualpa _____ .

    (No, to Atahualpa/it/disdain/important/to show/the Spaniards/very.   *ser*)

6. —¿Qué noticias tienes de tus primas en la Argentina?

    —Pues, hasta el año pasado _____ .

    (Well, up until last year/at/medicine/the university.   *estudiar*)

7. —¿Qué pensaban los hondureños de los estadounidenses?

    —Bueno, _____ .

    (well,/the United States/they/of gangsters/full.   *creer / estar*)

8. —¿Qué hacían ustedes cuando yo llamé por teléfono?

    —No mucho. Sólo _____ .

    (not much. /just/we/a video/and/when/called/you.   *ver / charlar*)

Aplicación

Mi viaje a dos países latinoamericanos. Escriba un informe sobre un viaje que hizo a México y Colombia. Utilice las indicaciones en inglés como modelo para el informe.

Contexto	Español
In Mexico, you frequently ate tamales.	En México ...
Some people were accustomed to being late for engagements.	... reuniones ...
You saw frequent indications of modern and traditional lifestyles.	... estilos de vida ...
Tell what the weather was like.	Bueno, el tiempo ...
You frequently went for long walks.	Todos los días, ...

EXPERIENCIAS

En un papel, escriba por lo menos cuatro oraciones sobre las cosas que solía hacer durante su niñez. Después, compare sus oraciones con los modelos.

III. ¡Escriba con estilo!
SELECCIONES DE MODO

Explicación y modificaciones

Lea la primera selección de abajo. Busque las palabras difíciles en un diccionario y apúntelas en un cuaderno de nuevas palabras. Analice la construcción de las oraciones para entender el sentido o significado básico del autor, y la función estilística de los dos tiempos del pasado (el pretérito y el imperfecto). También, examine la primera modificación basada en la selección original. Es una composición nueva con solamente sustituciones de vocabulario.

Selección original:

«Martín buscó los ojos de Leonora y los halló fijos en él. Al dirigirse al salón, venía también, como Leonora, buscando, aunque por causa distinta, una disculpa para la debilidad que le arrastraba a los pies de una niña que su amor revestía de divinidad...» (Pasaje de *Martín Rivas* de Blest Gana, pág. 83.)

Primera modificación:

El joven dio un vistazo a los ojos de la señorita y los encontró inmóviles en él. Al andar a la sala, iba también, como la joven, buscando, aunque por razón distinta, una excusa para la falta que le impulsaba a los pies de una joven que su ardor encubría de espiritualidad.

Ahora, examine la segunda modificación. Es un ejemplo de la tarea de esta sección: escribir una nueva composición basada en su selección de algunos párrafos de estilo literario.

Segunda modificación:

El soldado apuntó el rifle al enemigo y lo encontró avanzando hacia él. Al tornarse a la derecha, lo hacía también, como el enemigo, anhelando, aunque encubierto oportunamente, por <u>los arbustos</u> que le <u>protegían</u> de <u>los ataques</u> de <u>un enemigo</u> que su <u>espanto</u> <u>aumentaba</u> de <u>golpe</u>.

Análisis:

Note la narración en la primera línea de la segunda modificación: "... *apuntó* el rifle y lo *encontró* avanzando". En la selección original, la narración tenía también dos verbos: *buscó* y *halló*. Otro aspecto de la acción depende del uso del infinitivo: "Al *dirigirse*" y "Al *tornarse*". Esto introduce una pasada acción progresiva: "venía ... buscando" y la acción de la escena: "que le arrastraba" y "que su amor revestía". En la segunda modificación, estos aspectos del contexto de la narración se ven así: "hacía ... anhelando" y "protegían ... aumentaba".

TAREA ESCRITA

Ahora, escriba en un papel una composición nueva basada en la selección original con sustituciones de vocabulario. Mantenga la forma y las ideas de la original. Después, trate de escribir otra composición semejante sobre un tema de interés personal. Se puede cambiar el vocabulario necesario para expresar sus propias ideas.

Práctica

The following are simplified versions of the selections listed below. Complete the exercises by:

(1) <u>underlining</u> the correct form which is similar to that used in the style selections, or (2) writing the correct form of the verb given in parentheses in the space provided.

1. (Parecían, Parecía) que la niña (luchó, luchaba) con su orgullo a veces porque quería mantener una

    distancia que los (separaban, separaba) con un acento que se usa con un inferior.

2. Básicamente, los campesinos no (cultivaban, cultivaron) tierra propia durante la colonia sino que

    (trabajaron, trabajaban) en la tierra de las clases privilegiadas que cobraban rentas grandes.

3. Durante el siglo XVII, _____ las discusiones que _____ en los movimientos para la

    independencia americana.   (empezar, resultar)

4. Aún joven, Cervantes se _____ en el ejército y _____ a Italia y _____ una

    recomendación por su carga de soldado.   (alistar, ir, recibir)

5. El amo _____ y yo _____ al arcón para abrirlo con un cuchillo.   (dormir, ir)

Ejercicios

Analice las selecciones siguientes. Busque las palabras difíciles en un diccionario. Después, escriba nuevas composiciones al sustituir las palabras subrayadas. Cambie el vocabulario para expresar sus propios pensamientos. Compare sus composiciones con los modelos y con las composiciones de otros estudiantes. Si quiere, puede trabajar en un grupo o en pareja. (Mínimo: dos selecciones)

1. «<u>Parecía</u> que la niña <u>luchaba</u> con <u>su orgullo</u> al <u>expresarse</u> así y quería <u>manifestar</u> a Rivas <u>la distancia</u>

    que los separaba, <u>empleando</u> el <u>acento</u> algo <u>imperioso</u> del que cree <u>tratar</u> con un inferior.» (Pasaje de

Martín Rivas de Blest Gana, pág. 56.)

2. «En tal situación, los campesinos no cultivaban tierra propia, sino que la que trabajaban, como siervos o arrendatarios, pertenecía a las clases privilegiadas, que no necesitaban intensificar mucho la producción, pues sus rentas eran siempre cuantiosas.» (*España: Síntesis de su civilización*, de Jerónimo Mallo, pág. 184.)

3. «Durante el primer cuarto del siglo se produjo un hecho muy importante, que fue el movimiento de independencia de las colonias españolas de América.» (*España: Síntesis de su civilización*, pág. 170.)

4. «Todavía joven [Cervantes] ... se alistó en el ejército bajo el capitán don Juan de Austria y fue a Italia. Emprendió y cumplió su carga de soldado de tal manera que recibió las alabanzas de su capitán y una carta de recomendación. » (Notas sobre la vida de Cervantes. *Calidoscopio español*, ed. por Robert

D. O'Neal y Marina García Burdick, pág. 116.)

5. «Una noche, ... sentí que mi amo dormía... Me levanté muy quedito, y habiendo pensado en el día lo que había de hacer y dejado un cuchillo viejo en donde lo hallara, me fui al triste arcón.» (Pasaje de *Lazarillo de Tormes*, autor anónimo, *Calidoscopio español*, pág. 113.)

IV. Vocabulario
EJERCICIO DE VOCABULARIO

En esta unidad, Ud. ha buscado los significados de varias palabras. Ahora, vamos a ampliar el vocabulario al examinar las relaciones entre familias de palabras. También vamos a ver cómo se puede extender el significado mediante la correspondencia de un conjunto de palabras. Se presentan unas cuantas familias y conjuntos a continuación. En los conjuntos, las palabras subrayadas son sinónimos o antónimos. Para entenderlas mejor, consulte un diccionario.

Familias

disculpar/disculpa/disculpable
origen/originar/original/originalidad
apuntar/apuntador/apunte
dirigir/dirigente/dirigible/dirección/directo

Conjuntos

fijar/hincar/clavar/hundir/dejar
buscar/inquirir/averiguar/desistir
causa/motivo/origen/razón/efecto
avanzar/adelantar/prosperar/retroceder

Familias y conjuntos

INSTRUCCIONES: El vocabulario de una lengua consiste, en gran parte, en agrupaciones o conjuntos de palabras. Estilísticamente, el escritor necesita una familia grande de palabras para desarrollar sus pensamientos. Experimente con las palabras de algunas familias o algunos conjuntos de arriba.

T AREA ESCRITA

En un papel, escriba por lo menos cuatro oraciones sobre un tema y use cualesquiera de las frases anteriores que Ud. prefiera.

Familias y conjuntos

En las selecciones y los ejercicios anteriores, aparecen otras familias de palabras con que Ud. puede practicar. Aquí se indica el valor gramatical de las palabras: verbo, sustantivo, adjetivo, adverbio, etc.) Busque otros ejemplos en un diccionario. Escriba oraciones sobre sus experiencias o sobre las experiencias de otros conocidos. (Mínimo: cuatro oraciones)

volar	volador	volante	volátil	vuelo
(verbo	sustantivo	adjetivo	adjetivo	sustantivo)

destacar	destacado	destacamento
(verbo	adjetivo	sustantivo)

fijar	fijo	fijeza	fijado
(verbo	adjetivo	sustantivo	adjetivo)

Palabras en contexto

Observe las combinaciones de las siguientes familias y sus clasificaciones. Note que se identifican las palabras mediante su sentido o sus usos, no por su descripción gramatical. El sentido de una palabra depende, en mayor parte, de nuestro entendimiento de su uso en la oración. Busque el significado de las palabras desconocidas.

enemigo	enemigo(a)	enemistad	enemistar
(persona	condición	condición	acción)

golpear	golpe	golpazo	golpetear	golpeteo	golpeadero
(acción	acción	acción fuerte	acción repetida	acción repetida	lugar o condición)

amenazar	amenaza	amenazador	amenazante
(acción	hecho	condición	condición y persona)

cortejar	cortejo	cortés	cortesanía
(acción	acción	condición	motivación)

T AREA ESCRITA

Ahora, describa a algunos jóvenes o miembros de su familia de manera personal, empleando algunas palabras de la sección de vocabulario.

V. Grammar as Culture and Style

A way to understand how Hispanic people deal with their past is to look at your own experience of going to school. You *began* school in the first grade or kindergarten. Subsequently, you *spent* a number of years in that school and other ones. During those years, you *met* countless other children, *opened* countless books, and *repeatedly stood* in countless lines. Finally, you *grew up* and *became* a young adult.

At various times, you have described some of your experiences, whether they occurred repeatedly or only once. You also described the scene or circumstances that surrounded the events. There were, for example, continuous or repeated actions or conditions without any reference to when they began or ended. There were also conditions of weather, time, and mental state that related to an event. These *conditions* were, essentially, *in progress or ongoing*. They became the background of your experiences. The experiences themselves became the *narrative*. You refer to these events as having been *completed* in the past. Thus, the Hispanic culture sorts out the past by designating one set of verb forms for the narrative and another for the background of the narrative.

Examples

I *was studying* when the lightning *struck*. (*was studying* = background; *struck* = narrative)

The rain *came* down in sheets and the road *was* slippery. (*came, was* = background)

My roommate *told* me a joke and immediately I *felt* better. (*told, felt* = narrative)

The endings of the narrative past were given in the Grammar Note at the beginning of the unit. Notice the commonality among the tenses in the second person singular, and the first and third persons plural. Also, notice that infinitives ending in *er* and *ir* do not differ in the other tenses (only in the present). The irregular verbs have this commonality, as well as some other consistencies.

Finally, some words have distinctive differences, depending on their use as background or as narrative. They need to be sorted out and made second nature to you through consistent practice and use.

Infinitive	Normal past (situation)	Special narrative use
poder	*podía* (was able to + inf.)	*pudo* (managed to + inf.); *no pudo* (could not do)
querer	*quería* (deseaba)	*quiso* (trató de + inf.); *no quiso* (refused, denied)
estar	*estaba* (lugar/estado)	*estuvo* (llegó, apareció); *no estuvo* (wasn't present)
saber	*sabía* (tenía conocimientos)	*supo* (heard of, found out); *no supo* (casi olvidó)
conocer	*conocía* (ser familiar)	*conoció* (se encontró y aprendió el nombre)
tener	*tenía* (poseía)	*tuvo* (recibió)
entender	*entendía* (tenía razón de)	*entendió* (se dio cuenta; realized)
preferir	*prefería* (preferred)	*prefirió* (decidió)

EL FUTURO
Y EL CONDICIONAL

I. El futuro

A. El presente y la construcción de ir a más el infinitivo

Forma y contexto

En la cultura hispana, hay varias maneras de expresar el futuro. La forma específica, el tiempo futuro, es de menor uso. Por eso la presentaremos más tarde. ¿Cuáles son las variaciones que usan los hispanos para hablar del porvenir, de los asuntos futuros? Dos métodos de indicar acciones o estados del futuro son el uso del presente y una expresión de intención: "ir a" más el infinitivo.

Ejemplos

Mañana *vienen* nuestros primos de Cuernavaca.
Our cousins from Cuernavaca *are coming* tomorrow.

Primero, *voy a dar* un paseo por el zócalo.
First, *I'm going* for a walk in the square.

El médico no está. *Regresa* a las tres.
The doctor isn't in. *He'll be back* at three.

GRAMMAR NOTE

You already know the regular and irregular endings for the present tense. The pattern for using *ir a* plus the infinitive is worth another look. Remember that virtually any infinitive can be used to express the future in this construction.

Ir: voy, vas, va, vamos, vais, van   **+ a + infinitive**

Práctica

Choose the appropriate form to express the future and write it in the space in each sentence as shown in the examples. Notice the context in which the pattern is used.

Mañana nosotros __vamos a recibir__ los libros anuales. (vamos a recibir, quiero recibir)

¡Mis soldados! En la próxima batalla __luchamos__ con la ayuda de Dios. (lucha, luchamos)

1. En los museos y las iglesias de Madrid, _____ muchas fotos. (voy a sacar, saco)

2. Según el plan, tú _____ los refrescos para la fiesta. (traes, vas a atraer)

3. La maestra dice que _____ su excursión en Sevilla. (van a iniciar, va a iniciar)

4. Queremos ir directamente a Lima y luego _____ Cuzco. (vamos a salir, visitamos)

5. Entiendo que tú _____ el camión de la escuela el lunes que viene. (vas a llevar, manejas)

6. No, no estoy loco porque _____ con los toros en Pamplona el 7 de julio. (voy a correr, corro)

7. La Junta de Turismo me _____ el itinerario del viaje. (recibe, va a preparar)

8. Las chicas _____ muchos piropos de los hombres. (tiran, van a oír)

9. Esta noche, Mariela _____ hasta las diez. (trabaja, ir a trabajar)

10. _____ todos los parientes a la boda. (Van a venir, Viene)

TAREA ESCRITA

Ahora, escriba por lo menos cuatro oraciones sobre algo que Ud. va a hacer este fin de semana. Se puede utilizar algunas frases de los ejercicios como modelo para sus oraciones. Al fin, compare sus oraciones con las de otros estudiantes.

Choices

Read the following examples. First, fill in the blank with the correct form of the verb given in parentheses. Clues to the context are provided by the other sentence(s). Then revise each sentence by choosing alternative words to replace the verb in parentheses or the underlined word in the sentence. *It is not necessary to fill in all the blanks for choices.* Write your revised sentences on a separate sheet of paper. You may have to change the original sentence slightly to accommodate your choices.

Algún día, <u>nosotros</u> __vamos a visitar__ a Ud. en la Florida. ¡Pero no vamos durante el verano! (ir a visitar)

Choices: ____yo____, __voy a hacerle una visita__

<u>Los cursos</u> en la universidad __empiezan__ dentro de dos semanas. (empezar)

Choices: __terminan__, __comienzan__, <u>Los exámenes finales</u>

1. _____ mis <u>suéteres</u>. Me dicen que en La Paz el clima en julio es muy diferente del que conocemos en Virginia. (empacar)

   Choices: _____, _____, _____.

2. Esta noche _____ a Oaxaca. Menos mal, porque estamos <u>cansadísimos</u>. (llegar)

   Choices: _____, _____, _____.

3. _____ este <u>automóvil</u> por tres días. Lo necesito para ir a Tijuana. (ir a alquilar)

   Choices: _____, _____, _____.

4. ¿De veras que _____ un viaje con <u>el club</u>? ¿Cómo convenciste a tus padres? (hacer)

   Choices: _____, _____, _____.

5. El próximo año, tú _____ a una academia militar. <u>Necesitas</u> mucha disciplina. (ir a asistir)

   Choices: _____, _____, _____.

6. Si tengo buena suerte, _____ al básquetbol con un equipo español. Quiero <u>aprender</u> el lenguaje de este deporte. (ir a jugar)

   Choices: _____, _____, _____.

7. _____ churros a la reunión cultural del viernes. Son nuestra especialidad. (traer)

   Choices: _____, _____, _____.

8. En su recorrido, los turistas _____ por la Plaza de Zocodover. Les va a interesar mucho. (pasar)

   Choices: _____, _____, _____.

PRÁCTICA AVANZADA

Escoja un tema de interés sobre algo que piensa hacer en el futuro. Escriba por lo menos cuatro oraciones, utilizando el presente y la construcción de "ir a" más el infinitivo. Trate de emplear cambios de persona, conjunto y contexto.

Aplicación

Escriba un cuento sobre las oportunidades profesionales de las mujeres. Utilice las indicaciones en inglés como modelo para el cuento.

Contexto	**Español**
You have decided on a career.	... hacerme ...
Opportunities will be better than for your mother.	Ahora, ... que cuando era joven mamá.
Funding your education won't be easy.	... tener dificultades en pagar ...
You will be living away from home.	... vivir ... dormitorio o ...
You will soon be enrolling.	Pronto, ...
During the semester, your parents will visit.	Durante ... mis padres ...

EXPERIENCIAS

En un papel, escriba por lo menos cuatro oraciones sobre lo que va a hacer después de la escuela secundaria. Luego, compare sus oraciones con los modelos.

B. El tiempo futuro

Forma y contexto

Como se ha explicado, los hispanos no usan con mucha regularidad la forma específica del tiempo futuro, pero sí lo usan. A veces, utilizan el futuro como una forma cortés de expresar un mandato. Examine los ejemplos del tiempo futuro.

Ejemplos

¡Por cierto les *ganaremos* a los Tigres!
We*'re* surely *going to beat* the Tigers!

Saldrás a las tres y *entregarás* los documentos.
You'll leave at three and *will hand over* the documents.

Te *diré* un gran secreto por un pequeño beso.
I'll tell you a big secret for a little kiss.

GRAMMAR NOTE

Let's examine the endings for regular verbs in the future tense. Remember that they are attached to the infinitive (the stem).

Any regular infinitive: —*é*, —*ás*, —*á*, —*emos*, —*éis*, —*án*

The endings for irregular verbs are the same as for regular verbs; only the stem changes. There are basically three variations:

1. Reverse the ending of the infinitive, and you have the first person and the new stem:

   sab**er** = sab**ré** (**sabr** = stem): sab**ré**, sab**rás**, sab**rá**, sab**remos**, sab**réis**, sab**rán**

   Other verbs like *saber* are *querer, caber, poder, haber*. Note that *querer* doubles the *r: querré, querrás,* etc.

2. Add the letter *d* to the infinitive stem and then reverse the ending as in the first set:

   ten**er** = ten**dré** (**tendr** = stem): ten**dré**, ten**drás**, ten**drá**, ten**dremos**, ten**dréis**, ten**drán**

   Other verbs like *tener* are *poner* and *valer*. The verbs *salir* and *venir* also get the added letter, but the ending isn't reversed:

   sal**dré**, sal**drás**, sal**drá**, etc. / ven**dré**, ven**drás**, ven**drá**, etc.

3. The verbs *hacer* and *decir* are different. The stem of *hacer* is *har* and the stem of *decir* is *dir*.

   Hacer: har**é**, har**ás**, har**á**, har**emos**, har**éis**, har**án**

   Decir: dir**é**, dir**ás**, dir**á**, dir**emos**, dir**éis**, dir**án**

Práctica

Choose the appropriate form of the future tense and write it in the space in each sentence as shown in the examples. Notice the context in which the future verb is used.

En España nosotros _visitaremos_ varios paradores en nuestro viaje. (visitaremos, visitarán)

El año entrante yo _asistiré_ a la universidad de Salamanca. (matriculo, asistiré)

1. En dos días mi novio _____ boletos para el baile. (compré, comprará)

2. Ustedes _____ que prestar atención a las instrucciones. (tenerán, tendrán)

3. Según mi itinerario, _____ en Valencia para los festivales de San José. (estaré, estarás)

4. El coche ya está lleno. No _____ ni una maleta más. (cabrá, caberá)

5. Durante tu madurez, hijo mío, _____ la importancia de la educación. (tendrás, sabrás)

6. El lunes _____ a Palenque porque quiero ver las ruinas de los templos. (viajaré, conducirá)

7. Pancho, tú sí me _____ lo que me debes. (daré, pagarás)

8. Antes de la corrida, el torero no _____ al toro. (irá, verá)

9. Mañana te _____ el chiste. (deciremos, diremos)

10. Con el nuevo cambio de moneda, _____ más en Galicia por el hotel. (compraremos, pagaremos)

Escenario

Los requisitos de un trabajo

Llene los espacios para completar el párrafo sobre las responsabilidades de su nuevo empleo. Al final del párrafo hay una lista de las selecciones para cada espacio. Las selecciones corresponden a las letras que siguen los espacios.

Todos _____[a] estar listos según su horario personal. Para el sueldo, les _____[b] cinco

dólares la hora. _____[c] tres días de trabajo sin responsabilidades de noche. Todos _____[d]

solamente cinco horas por día. Se _____[e] uniformes a los empleados y se los _____[f]

regularmente. Les _____[g] el nombre del supervisor al comienzo de su trabajo.

Selecciones:

[a] tendremos que, tendrán que; [b] pagaremos, pagarán; [c] tendrás, tendrán; [d] trabajarán, trabajaremos; [e] darán, dará; [f] cambiaremos, cambiarán; [g] diré, dirá

Tarea escrita

Ahora, escriba por lo menos cuatro oraciones sobre un trabajo verdadero o imaginario que usted va a tener este verano. Se puede utilizar algunas frases de los ejercicios como modelo para sus oraciones. Al fin, compare sus oraciones con las de otros estudiantes.

Choices

Read the following examples. First, fill in the blank with the correct form of the verb given in parentheses. Clues to the context are provided by the other sentence(s). Then revise each sentence by choosing alternative words to replace the verb in parentheses or the underlined word in the sentence. *It is not necessary to fill in all the blanks for choices.* Write your revised sentences on a separate sheet of paper. You may have to change the original sentence slightly to accommodate your choices.

En la vida, usted __encontrará__ problemas de toda clase. Siempre hay que prepararse para lo desconocido. (encontrar)

Choices: __se enfrentará con__ , __resolverá__ , __tendrá__ , __personas__

No __estudiarás__ con mucha atención con esa música fuerte. (estudiar)

Choices: __escribirás__ , __leerás__ , __aprenderás__

1. Tú eres inteligente. Estoy seguro de que _____ el premio. (ganar)

   Choices: _____, _____, _____.

2. Hombres, pronto _____ en el estadio. Nuestro honor depende de sus esfuerzos. (entrar)

   Choices: _____, _____, _____.

3. Estudiantes, presten atención. El autobús _____ a la una en punto. (salir)

   Choices: _____, _____, _____.

4. Yo _____ todo en esta maleta para el viaje. Así _____ llevar mi cámara también.

   (poner / poder)

   Choices: _____, _____, _____.

5. Si no estudiamos, no _____ decir ni una palabra en España. (saber)

   Choices: _____, _____, _____.

6. La semana que viene, se _____ una nueva telenovela. Pero, ¿a qué hora empezará este drama?

   (poner)

   Choices: _____, _____, _____.

7. Para la corrida, todo el pueblo _____ en la plaza. ¡Después, vendrán los toros! (estar)

   Choices: _____, _____, _____.

8. Cortés dijo: "No _____ a Cuba. Por eso quemé los barcos en Veracruz. ¡Adelante, mis hombres,

allá para Tenochtitlán!" (volver)

Choices: _____, _____, _____.

Continuación

Complete el siguiente diálogo sobre los arreglos para una fiesta. Utilice los verbos en el futuro. Se puede sustituir los verbos de la lista con otros, pero guarde el sentido del diálogo. (Se puede usar unos verbos más de una vez.)

Arreglos para una fiesta

—Pues, ¿cuándo _____ lugar nuestra fiesta? Para mi _____ mejor el viernes que viene.
¿Podemos tenerla en tu casa? Todos los invitados no _____ en la sala de mi casa.

—Claro que sí. Pero, ¿a quiénes _____ a la fiesta? Yo misma quiero invitar a Manuelita porque
Jorge _____ con ella.

—Sí, y sé que Jorge _____ su guitarra si lo rogamos. Bueno, yo _____ a él también.

(La mamá de una de las amigas entra.)

—Lástima, niñas, _____ que terminar sus planes más tarde. Arabela ahora tiene unas tareas de
casa.

Lista: caber, invitar, ser, tener, tocar, venir

PRÁCTICA AVANZADA

Escoja un tema de interés sobre sus planes para algo en el futuro. Escriba por lo menos cuatro oraciones, utilizando los verbos en el futuro. Trate de emplear cambios de persona, conjunto y contexto.

Respuestas

In this exercise, you will use the future tense in response to a question or statement. Study the examples, paying close attention to the context of the sentence. Complete the exercise by referring to the English words. To avoid direct translation, the English words are given out of order. Some items begin with a few words in Spanish to help you along.

—Tú tienes muchas fotos de la excursión a Colombia, ¿no?

—<u>Sí, y las presentaré en mi clase de geografía el martes.</u>

(yes/geography class/my/Tuesday/I/them.   *presentar*)

—¿Qué vamos a hacer mañana, el primer día en Madrid?

—Pues, iremos al Museo del Prado primero. Luego, buscaremos un restaurante.

(well/to/first/Prado Museum/we. / then/look for/a restaurant/we.   *ir / buscar*)

1. —¡Hay tantos lugares que queremos visitar en España!

   —Ustedes _____.

   (in one trip/you/all/to visit/the places/not.   *poder*)

2. —¡Basta de monumentos famosos! Quiero hablar con unos jóvenes.

   —Bueno, pero _____.

   (OK, but/11:00 o'clock/at the hotel/to be/you/at/sharp.   *tener*)

3. —Estimado maestro, las lecciones del subjuntivo andan de mal en peor.

   —Lástima _____.

   (too bad,/easier/the next ones/but.   *ser*)

4. —Ustedes bien saben que el grupo sale para el museo temprano.

   —Claro, _____.

   (sure,/at the school/we/to be/by 7:30.   *tratar*)

5. —¿Por qué trabajan Uds. tanto después de la escuela?

   —Pues, _____.

   (well,/to the Yucatan/the trip/we/money/a lot of/for/in February.   *necesitar*)

6. —El plan de la excursión incluye muchos lugares. ¿Es posible visitarlos? No queremos problemas.

   —Sí, señor. _____.

   (yes, sir. / excellent/transportation/your group/for.   *haber*)

7. —¿A qué horas partirán el miércoles?

   — _____.

   (at/we/10 p.m. / Hawaii/we/in/6 a.m./at   *salir / llegar*)

8. —Nueve personas no pueden ir en tu auto.

   — _____.

   (no problem. / they all/station wagon/in/grandfather's/my.   *caber*)

Aplicación

Usted ha oído que Juan ha recibido una oportunidad de jugar al tenis en un campeonato juvenil. Escriba un relato breve para el diario de la escuela sobre sus planes y preparaciones. Utilice las indicaciones en inglés como modelo para el cuento.

Contexto

Juan got an invitation to play.

Juan will work extra hours to earn money for the trip.

The match will take place in La Paz, Bolivia.

He will need to get used to high altitudes.

He will practice with a local player.

All of his friends know that Juan will win.

Español

Juan ha recibido una invitación ...

Juan ... para ganar ...

El campeonato ... lugar ...

... acostumbrarse a ...

... con un ...

Todos ... saben que ...

EXPERIENCIAS

En un papel, escribe por lo menos cuatro oraciones sobre un campeonato verdadero o ficticio en el futuro. Después, compare sus oraciones con los modelos.

II. El condicional

Forma y contexto

Se debería explicar que el pueblo hispano, como otros, piensa en condiciones y situaciones o acciones que no son definidas en sí sino que dependen de otras circunstancias. Es decir, el condicional expresa una acción eventual o hipotética. Examine los siguientes ejemplos.

Ejemplos

Al ganar la lotería, le *compraría* una casa nueva a mi mamá.
On winning the lottery, *I'd buy* a new house for my mother.

Diego prometió que me *escribiría* una carta.
Diego promised *he would write* me a letter.

Uds. pagaron mucho por los zapatos. En el mercado indio les *costarían* menos.
You paid too much for those shoes. *They'd cost* you less in the Indian market.

GRAMMAR NOTE

The regular and irregular stems that you learned for the future tense are the same for the conditional. The only difference is the endings attached to the stems. They should look familiar. They're the same as the endings for the imperfect tense of verbs ending in *er* and *ir*:

-ía, -ías, -ía,-íamos, -íais, -ían

Hablar: hablaría, hablarías, hablaría, hablaríamos, hablaríais, hablarían

Poner: pondría, pondrías, pondría, pondríamos, pondríais, pondrían

---

Práctica

Choose the appropriate form of the conditional tense and write it in the space in each sentence as shown in the examples. Notice the context in which the conditional is used.

Con un cambio de moneda mejor, yo __compraría__ más recuerdos de Avila. (compraría, compararía)

Es un muchacho respetuoso; él no se __burlaría__ de los ancianos. (buscarían, burlaría)

1. Sin mi ayuda, mi padre _____ las llaves de su coche. (faltaría, perdería)

2. Tú _____ mejores fotos sin los dedos enfrente del lente, hijito. (sacarías, quitarías)

3. Con un plan sistemático, yo _____ tiempo para ir al concierto. (tendría, atendería)

4. ¿Dónde están Inés y Rosa? Dijeron que _____ a la reunión. (venderían, vendrían)

5. Ellos son amigos nuestros, pero no les _____ dinero. (prestaríamos, cobraríamos)

6. El autor indicó que la población _____ sin el programa. (saldría, aumentaría)

7. En el mercado, ¿no sabes tú que _____ regatear para un precio mejor? (podrías, perderías)

8. En el futuro, un robot _____ todas mis tareas escolares. (habría, haría)

9. Nosotros los araucanos _____ solos, pero hoy en día en el Perú no es posible. (hablaríamos, viviríamos)

10. Con un auto nuevo, ellos _____ por todo el país. (contendrían, conducirían)

Escenario

El aumento de población y sus implicaciones

Llene los espacios para completar el párrafo sobre la población en los países desarrollados. Al final del párrafo hay una lista de las selecciones para cada espacio. Las selecciones corresponden a las letras que siguen los espacios.

Con un aumento de la población en las ciudades, _____[a] también la pobreza. Esto _____[b] en un aumento dramático de los problemas médicos de los pobres. Las condiciones _____[c] indicar problemas también en la vida económica porque _____[d] menos empleos. Los millones de personas sin empleos _____[e] para conseguir trabajos, beneficios sociales y cambios políticos. _____[f] conseguir la ayuda de los que _____[g] otorgarles esas ventajas. Con el aumento de la población y con la falta de empleos, _____[h] haber una revolución. Así son unas realidades del mundo demográfico.

Selecciones:

[a] sublevaría, aumentaría; [b] resultaría, resultarían; [c] pondrían, podrían; [d] habrían, habría; [e] Se manifestarían, Propondrían; [f] esperarían, pondrían; [g] harían, podrían; [h] podría, podríamos

Ahora, escriba por lo menos cuatro oraciones sobre cómo podrían ser las ciudades en el futuro. Se puede utilizar algunas frases de los ejercicios como modelo para sus oraciones. Al fin, compare sus oraciones con las de otros estudiantes.

Choices

Read the following examples. First, fill in the blank with the correct form of the verb given in parentheses. Clues to the context are provided by the other sentence(s). Then revise each sentence by choosing alternative words to replace the verb in parentheses or the underlined word in the sentence. *It is not necessary to fill in all the blanks for choices.* Write your revised sentences on a separate sheet of paper. You may have to change the original sentence slightly to accommodate your choices.

Un torero supersticioso no ___querría___ ver el toro antes de la corrida. (querer)

Choices: __preferiría__ , __pediría__ , __intentaría__

El vendedor prometió que ___pediría___ sandalias de mi tamaño. Éstas me aprietan. (pedir)

Choices: __ofrecería__ , __compraría__ , __pantuflas__

1. Sin el bloqueo de tráfico, los turistas _____ pasar por la Plaza de Zocodover. No la verán hoy.

    (poder)

    Choices: _____, _____, _____.

2. Preferimos vivir cerca del centro. Así no _____ tanto tiempo en el metro. (perder)

    Choices: _____, _____, _____.

3. Colón dijo firmemente que _____ para el Asia. Lo haría al navegar hacia el oeste. (salir)

    Choices: _____, _____, _____.

4. El maestro estaba seguro de que tú _____ a los niños. ¡Qué amable eres! (ayudar)

    Choices: _____, _____, _____.

5. Durante el viaje a México, nos _____ visitar Guadalajara. Preferiríamos un hotel en el centro.

    (gustar)

    Choices: _____, _____, _____.

6. Yo _____ pedirte un gran favor. ¿Me prestarías tu bicicleta? (querer)

    Choices: _____, _____, _____.

7. El gerente me dijo que me _____ quince dólares, pero sólo me pagó doce. (dar)

    Choices: _____, _____, _____.

8 . Las compañías nos aseguraron que _____ muchos trabajos de verano. <u>Querrían</u> ofrecer empleos a los estudiantes. (tener)

    Choices: _____, _____, _____.

PRÁCTICA AVANZADA

Escoja un tema de interés sobre los empleos de verano. Escriba por lo menos cuatro oraciones, utilizando los verbos en el condicional. Trate de emplear cambios de persona, conjunto y contexto.

Respuestas

In this exercise, you will use the conditional in response to a question or statement. Study the example, paying close attention to the context of the sentence. Complete the exercise by referring to the English words. To avoid direct translation, the English words are given out of order. Some items begin with a few words in Spanish to help you along.

    —¡Ay de mí! Mis padres insisten en que yo les pague la ventana que rompí. ¿Qué harías tú?

    —<u>Les pagaría yo el dinero y lo olvidaría.</u>

    (I/money/and/them/it.   *pagar / olvidar*)

1.   —¿Por qué exploraban el sudoeste los españoles?

    — _____.

    (they/great/they/thought/riches.   *hallar*)

2.   —¿Qué harían ustedes con un millón de dólares?

    — _____.

    (South America/all of/throughout/we.   *viajar*)

3.   —Y, ¿por qué estás enojada con Esteban? ¿No cumplió con su promesa?

    —<u>Claro que no.</u> _____.

    (of course not. / his compact discs/he said/to my party.   *traer*)

4.   —¿Por qué les gustaría ir a Mérida?

    — _____.

    (Mayan ruins/to see/we/the/at Uxmal.   *desear*)

5.   —Ese grupo de turistas no me dieron una propina. ¿Qué haría usted?

    —<u>Pues,</u> _____.

    (well,/I/a much higher/the next group/price.   *cobrar*)

6.   —Dime, ¿cómo es la comida en Barcelona?

—   Pues,_____.

   (well,/I think/it/you. / bocadillos/delicious/are.   *gustar*)

7.   —¿Sabes qué hacer al recibir a tu primo del Ecuador?

   —¡Cómo no!_____.

   (of course! / a hug/I/him/shaking hands/instead of.   *dar*)

8.   —¿Qué te parece? Susana se desmayó durante la ceremonia.

   —¡Ay, pobrecita!_____.

   (oh, poor thing! / I/of embarrassment.   *morir*)

EXPERIENCIAS

En un papel, escriba por lo menos cuatro oraciones sobre qué haría en una situación penosa. Después, compare sus oraciones con los modelos.

III.   El condicional y el futuro

Forma y contexto

Como seres humanos, tenemos naturalmente la tendencia a pensar en las posibilidades o probabilidades de lo que puede ocurrir. Puesto que el sentido de probabilidad puede expresarse en diferentes tiempos. Aquí vamos a examinarlo en los dos modos de esta unidad: el futuro y el condicional.

Ejemplos

Hace dos días que David no viene a la escuela. ¿*Estará* enfermo?
David hasn't been to school for two days. *Could* he *be sick*?

¿Por qué *vendría* Atahualpa a hablar con Pizarro con sus soldados desarmados?
Why *would* Atahualpa *come* to talk to Pizarro with his soldiers unarmed?

En una confrontación entre las potencias mundiales no *debería* haber una victoria.
In a confrontation among the world powers there *probably would*n't be a victory.

Práctica

Choose the appropriate form of the future or conditional and write it in the space in each sentence as shown in the examples. Notice the context in which each verb is used.

Con el desarrollo de las ciudades, _se trasladarán_ más personas de los pueblos.
(se trasladarán, venderían)

Todo está muy oscuro. ¿Qué hora __será__? (estará, será)

1. No tengo reloj, pero _____ el tren pronto, yo creo. (saldría, saldrá)

2. Cuando los españoles vieron los templos de Tenochtitlán, imagínate qué _____. (pensaban, pensarían)

3. No tengo planes firmes, pero _____ mi viaje por España en Galicia. (empezaré, empiezo)

4. Ayer te llamamos dos veces, pero no contestaste. ¿Dónde _____? (estarás, estarías)

5. ¿Suéteres de lana? Probablemente los _____ más baratos en la tienda. (comprará, comparará)

6. Con el breve tiempo, _____ más ir a Ávila, no a Barcelona. (vendría, valdría)

7. ¿No le gustan los piropos? Algunos jóvenes _____ a un mono. (silbarán, silbarían)

8. Con una beca, probablemente yo _____ una universidad en otro estado. (escogeré, escogería)

9. No veo al perro en el jardín. ¿_____ en su casita? (Estaría, Estará)

10. Puesto que no están muy apiñados los lugares interesantes, _____ tiempo para su viajecito a la playa. (habrá, habría)

Práctica especial

Cambie los verbos del infinitivo al futuro y al condicional tan rápidamente como sea posible. Después, cambie su ejercicio con el de un compañero de clase para comprobar sus respuestas. Examine el ejemplo.

Infinitivo	yo: Futuro / Condicional	usted: Futuro / Condicional
hacer	haré / haría	hará / haría
1. venir	_____	_____
2. poner	_____	_____
3. saber	_____	_____
4. decir	_____	_____
5. poder	_____	_____
6. salir	_____	_____
7. caber	_____	_____
8. hacer	_____	_____
9. haber	_____	_____
10. tener	_____	_____
11. valer	_____	_____
12. querer	_____	_____

Escenario

Las probabilidades

Llene los espacios para completar el párrafo sobre las probabilidades en el futuro. Al final del párrafo hay una lista de las selecciones para cada espacio. Las selecciones corresponden a las letras que siguen los espacios.

En los tiempos antiguos, _____[a] boletos para la lotería, ¡y probablemente muchos _____[b] su dinero tan rápidamente como lo hacen hoy! En el futuro, _____[c] loterías internacionales. Nuestros hijos _____[d] cara a cara con otras gentes mediante un satélite. En el futuro, la mayoría de la gente se [e] también con otras personas del mundo a través de las computadoras. Al vivir durante esos tiempos, yo [f] de proteger a los seres indefensos contra los que crean problemas ecológicos. Nuestro porvenir [g] una lucha constante contra el fin de la humanidad.

Selecciones:

[a] venderían, venderán; [b] podrían, perderían; [c] habrá, hará; [d] escribirán, hablarán; [e] comunican, comunicarían; [f] quería, trataría; [g] será, sería

TAREA ESCRITA

Ahora, escriba por lo menos cuatro oraciones sobre la comunicación en el futuro. Se puede utilizar algunas frases de los ejercicios como modelo para sus oraciones. Al fin, compare sus oraciones con las de otros estudiantes.

Choices

Read the following examples. First, fill in the blank with the correct form of the verb given in parentheses. Clues to the context are provided by the other sentence(s). Then revise each sentence by choosing alternative words to replace the verb in parentheses or the underlined word in the sentence. *It is not necessary to fill in all the blanks for choices.* Write your revised sentences on a separate sheet of paper. You may have to change the original sentence slightly to accommodate your choices.

Con el traslado de los campesinos a las ciudades, ___habrá___ probablemente más contaminación. (haber)

Choices: ___tendríamos___, ___problemas sociales___

¿Mahatma Gandhi? ¡Cómo me ___gustaría___ hacerle muchas preguntas! (gustar)

Choices: ___encantaría___, ___fascinaría___, ___hablar con él___

1. ¿Tu amiga se llama Ana? _____ llevarla a la fiesta, ¿no? (poder)

   Choices: _____, _____, _____.

2. No quiero ir al baile. _____ de sobra, como una quinta rueda. (estar)

   Choices: _____, _____, _____.

3. En los días de antigüedad en España, nos _____ en este <u>parador</u> de lujo. Nos acostaríamos en la inmensa cama elegante. (alojar)

   Choices: _____, _____, _____.

4. ¿Por qué no me <u>escribiste</u>? Imaginé que _____ muy ocupado con las chicas, ¿verdad? (estar)

   Choices: _____, _____, _____.

5. Carolina, ¿dónde _____ tus hermanos? Prometieron <u>ayudarme</u>. (estar)

   Choices: _____, _____, _____.

6. Bajo el brillante sol de Acapulco, yo _____ en la sombra. No <u>querría</u> quemarme. (quedarse)

   Choices: _____, _____, _____.

7. ¿No _____ la hora de cenar? Estoy <u>muerto de hambre</u>. (ser)

   Choices: _____, _____, _____.

8. Probablemente tú _____ la respuesta. Me ganaste la última vez que jugamos a <u>"Veinte preguntas"</u>. (saber)

   Choices: _____, _____, _____.

Continuación

¿Qué descubriría Ponce de León al llegar a una ciudad moderna americana? ¿Qué serviría hoy como la fuente de la juventud? Complete el siguiente párrafo. Utilice los verbos en el futuro o el condicional. Se puede sustituir los verbos de la lista con otros, pero guarde el sentido del párrafo.

Ponce de León en la actualidad

¿Dónde _____ mis soldados y yo? ¡Cuánto me _____ hallar el secreto de la juventud, como los habitantes de esta tierra! En esta playa, la gente está casi desnuda. ¡Yo nunca _____ de esta forma! Y, ¿qué _____ estos cilindros de metal? Los hombres y las mujeres toman algún líquido de ellos. ¿_____ ser el agua de la fuente de la juventud? De esta tierra encantada, ¿_____ mis soldados y yo más jóvenes?

Lista: estar, gustar, poder, salir, ser, vestirse

PRÁCTICA AVANZADA

Escoja un tema de interés sobre la juventud. Escriba por lo menos cuatro oraciones, utilizando los verbos en el futuro y el condicional. Trate de emplear cambios de persona, conjunto y contexto.

Respuestas

In this exercise, you will use the future and conditional to express probability in response to questions or statements. Study the examples, paying close attention to the context of the sentence. Complete the exercise by referring to the English words and occasionally the clues in brackets. To avoid direct translation, the English words are given out of order. Some items begin with a few words in Spanish to help you along.

—Los andinos pierden sus costumbres antiguas al mezclarse con la sociedad general.

—¿Por qué? ¿Será que no conservan las tradiciones a través de las generaciones?

(why? / it/throughout the generations/that/traditions/don't preserve/they? [can be] *ser*)

—¿No fue Ramón a tu fiesta en el campo?

—No, supongo que miraría el partido de fútbol en casa.

(no,/supppose/I/at home/the soccer match. [probably]   *mirar*)

1.   —¡Qué suerte! Aprobé bastante bien ese examen final.

—¿Qué más da la suerte?_____.

(What do you mean, luck? / enough/you/for it. [no doubt]   *estudiar*)

2.   —Mire a aquellas muchachas vestidas de vestuario indígena.

—_____.

(they/in/presentation/some/traditional. [probably]   *hacer un papel*)

3.   —En tu opinión, ¿cómo resultará la elección para el presidente de la clase?

—Bueno, no sé._____.

(well, I really don't know. / we/candidate/best-looking [maybe]   *elegir*)

4.   —¿Sabes qué clase de ropa llevarás a España?

—Todavía no._____.

(not yet. / in Spain/it/moderate/weather. [may be]   *hacer*)

5.   —Carmen Rosa nunca regresó de su trabajo.

—_____.

(time/what/she/when/left? [could have been]   *ser*)

6.   —No los vi holgazaneando anoche por el café.

—¿No? Pues,_____.

(no? / well,/after 10/we. [may have]   *venir*)

7.   —¿Qué van a hacer Uds. para la Navidad?

—Lo usual._____.

(the usual. / whole family/to Grandma's/the/house. [probably]   *ir*)

8. —¿Viajarás sola a México?

—_____.

(well,/the trip/other/too/students. [may]   *hacer*)

EXPERIENCIAS

En un papel, escriba por lo menos cuatro oraciones sobre lo que haría en su tiempo libre. Después, compare sus oraciones con los modelos.

IV. ¡ Escriba con estilo!
SELECCIONES DE MODO

Explicación y modificaciones

Lea la primera selección de abajo. Busque las palabras difíciles en un diccionario y apúntelas en un cuaderno de nuevas palabras. Analice la construcción de las oraciones para entender el sentido o significado básico del autor y la función estilística de los dos tiempos (el futuro y el condicional). También, examine la primera modificación basada en la selección original. Es una composición nueva con solamente sustituciones de vocabulario.

Selección original:

«... no volveré a <u>la casona</u> ..., ni dejaré a <u>mi caballo</u> <u>bordear</u> <u>los precipicios</u> de <u>la cordillera</u>, ni oiré, ... <u>brotar</u> el grito de <u>angustia</u> que <u>una tarde</u> me hizo <u>conocer</u> <u>el terror</u> junto a <u>los viejos muros</u>...» (*Pensativa* de Jesús Goytortúa, pág. 1.)

Primera modificación:

«... no volveré a <u>la casa grande</u> ..., ni dejaré a <u>mi roano</u> <u>andar por al lado del</u> <u>abismo</u> de <u>la montaña</u>, ni oiré, ... <u>surgir</u> el grito de <u>dolor</u> que <u>un día</u> me hizo <u>entender</u> <u>el horror</u> junto a <u>las viejas paredes</u>....»

Ahora, examine la segunda modificación. Es un ejemplo de la tarea de esta sección: escribir una nueva composición basada en su selección de algunos párrafos de estilo literario.

Segunda modificación:

No volveré a <u>la ciudad</u> ..., ni dejaré a mi hijo <u>andar</u> <u>las calles</u> <u>del barrio pobre</u>, ni oiré sonar el grito de <u>pobreza</u> que una noche me hizo entender <u>la desgracia</u> junto a <u>los viejos pobres</u>.

Análisis:

El personaje que nos habla establece el sentido del futuro *(volveré, dejaré, oiré)*, y este sentido está reforzado por la serie de los tres verbos. Note el contraste con lo que le pasó en el pasado *(me hizo entender)*.

Ahora, escriba en un papel una composición nueva basada en la selección original con sustituciones de vocabulario. Mantenga la forma y las ideas de la original. Después, trate de escribir otra composición semejante sobre un tema de interés personal. Se puede cambiar el vocabulario necesario para expresar sus propias ideas.

Práctica

The following are simplified versions of the selections listed below. Complete the exercises by:

> (1) <u>underlining</u> the correct form which is similar to that used in the style selections, or (2) writing the correct form of the verb given in parentheses in the space provided.

1 . Algunas veces me _____ olvidar y me _____ convencerme de que jamás

salí de México. (gustar / agradar)

2 . Cuatro años después de casarse, Machado perdió su mujer, un evento que (marcaba, marcaría) su obra

que resultó honda, grave e interna.

3. Aunque fue destruida, se _____ la gran plaza de Tenochtitlán muchos años después. (descubrir)

4. Estoy segura de que tú te (casarías, casarás) con ella, devolviéndole la alegría y te la (llevarás, habrás

llevado) fuera de este desierto.

5. No (dejaría, dejará) de ser actriz ni (detendrá, detenía) la carrera con la llegada de su bebé.

Ejercicios

Analice las selecciones siguientes. Busque las palabras difíciles en un diccionario. Después, escriba nuevas composiciones al sustituir las palabras subrayadas. Cambie el vocabulario para expresar sus propios pensamientos. Compare sus composiciones con los modelos y con las composiciones de otros estudiantes. Si quiere, puede trabajar en un grupo o en pareja. (Mínimo: dos selecciones)

1. «Sin embargo, <u>de vez en cuando</u> siento que me gustaría <u>olvidar</u>, que me <u>agradaría</u> convencerme de que

jamás salí <u>de México</u> para <u>ir</u> ..., a mi <u>pueblo natal</u>, ...» (*Pensativa* de Jesus Goytortúa, pág. 1.)

2. (Machado) «<u>Se casó</u> muy joven y <u>a los cuatros años</u> perdió su <u>mujer</u>. <u>La ausencia</u> de ella <u>marcaría</u>

<u>hondamente</u> su <u>espíritu</u>. Su <u>obra</u>, por ejemplo, es <u>honda</u>, <u>grave</u> e <u>interna</u>.» (Sobre el arte del poeta

Antonio Machado. Ref. *Historia breve de la literatura española*, pág. de 582 a 583.)

3. <u>La plaza mayor</u> de <u>Tenochtitlán</u> fue <u>destruida</u> por <u>los españoles</u> después de <u>la conquista</u> de la ciudad

pero <u>se descubriría</u> en <u>tiempos modernos</u>.

4. «—Yo también estoy <u>segura</u> de eso ... tú te <u>casarás</u> <u>con ella</u>. Tu <u>sabrás</u> <u>devolverle</u> <u>la alegría</u> y te la

<u>llevarás</u> de este <u>desierto</u>.» (*Pensativa*, pág. 9.)

5. No <u>dejará</u> de ser <u>actriz</u>. <u>La carrera</u> no se <u>detendrá</u> con la llegada del <u>bebé</u>. Ni siquiera será <u>propietaria</u> del <u>hijo</u>. (Ref. to TV actress, Flor Núñez, *Venezuela gráfica,* 22 marzo 1987, pág. 33.)

V. Vocabulario

EJERCICIO DE VOCABULARIO

En esta unidad, Ud. ha buscado los significados de varias palabras. Ahora, vamos a ampliar el vocabulario al examinar las relaciones entre familias de palabras. También vamos a ver cómo se puede extender el significado mediante la correspondencia de un conjunto de palabras. Se presentan unas cuantas familias y conjuntos a continuación. En los conjuntos, las palabras subrayadas son sinónimos o antónimos. Para entenderlas mejor, consulte un diccionario.

Familias	**Conjuntos**
limpiar/límpido/limpieza/limpio	avaricia/codicia/tacañería/<u>generosidad</u>
burlar/burla/burlador/burlón	brutal/formidable/colosal/<u>cultivado</u>
revelar/revelación/revelador	sobrar/exceder/superar/<u>faltar</u>
mezclar/mezcla/mezclilla	apiñado/lleno/estrujado/<u>vacío</u>/<u>separado</u>

Familias y conjuntos

INSTRUCCIONES: El vocabulario de una lengua consiste, en gran parte, en agrupaciones o conjuntos de palabras. Estilísticamente, el escritor necesita una familia grande de palabras para desarrollar sus pensamientos. Experimente con las palabras de algunas familias o algunos conjuntos de arriba.

TAREA ESCRITA

En un papel, escriba por lo menos cuatro oraciones sobre un tema y use cualesquiera de las frases anteriores que Ud. prefiera.

Familias y conjuntos

En las selecciones y los ejercicios anteriores, aparecen otras familias de palabras con que Ud. puede practicar. Aquí se indica el valor gramatical de las palabras: verbo, sustantivo, adjetivo, adverbio, etc.) Busque otros ejemplos en un diccionario. Escriba oraciones sobre sus experiencias o sobre las experiencias de otros conocidos. (Mínimo: cuatro oraciones)

			//	
refrescar	refresco	refrescante	//	confitería
(verbo	sustantivo	adjetivo	//	sustantivo relacionado = lugar)

mezclar	mezcla	mezclado	mezclilla	mezcolanza
(verbo	sustantivo	adjetivo	sustantivo	sustantivo relacionado)

holgazanear   holganza   holgazán   holgazanería
(verbo   sustantivo   sustantivo   sustantivo = condición)

Palabras en contexto

Observe las combinaciones de las siguientes familias y sus clasificaciones. Note que se identifican las palabras mediante su sentido o sus usos, no por su descripción gramatical. El sentido de una palabra depende, en mayor parte, de nuestro entendimiento de su uso en la oración. Busque el significado de las palabras desconocidas.

embarcar   embarco   embarcación   embarcador   embarcadero   embarque
(acción   evento   acción   persona   lugar   cosa)

criar   criador   cría   criadero   criatura   crianza
(verbo   persona   resultado   lugar   humano, cosa   condición)

holgar   holgado   holganza   holgazán   holgazanería
(verbo   condición   inacción   persona   condición, cualidad)

TAREA ESCRITA

Ahora, describa a algunos jóvenes o miembros de su familia de manera personal, empleando algunas palabras de la sección de vocabulario.

Ampliando el vocabulario

Algunas de las nuevas palabras de esta unidad nos dan ejemplos de cómo ampliar el vocabulario. Dos de estas son *quebrar* y *sobrar*. Preste atención a los distintos significados y las relaciones entre las palabras.

quebrar	verbo general (*to break*)
quebrada *(f.)*	resultado desgraciado, rasgos geológicos
quebradizo *(adj.)*	condición (frágil)
quebrado *(adj.)*	condición resultante
quebrado *(s.)*	aguas navegables (Venezuela), fracción común
quebrantar	verbo relacionado; sinónimos: cascar, hender
quebranto *(m.)*	la acción (se refiere también a los sentimientos)
quebrazón	la acción o el resultado; sinónimos: daño, perjuicio
quebradura *(f.)*	rasgo pequeño geológico; sinónimo: hendedura
sobrar	verbo general (*to exceed*)
sobra *(f.)*	resultado, exceso (sobras = *leftovers*)
sobrado *(m.)*	cuarto bajo el techo
sobrado *(adj.)*	excesivo, audaz (sobradas veces = con repetición)
sobrante *(adj.; m.)*	excesivo; lo que se queda
sobre *(prep.)*	preposición relacionada a la raíz: encima de, arriba
sobrecoger(se)	ver con sorpesa (ser sorprendido)

sobremesa *(f.)*   charla (en la mesa) después de comer

sobrenadar   flotar

VI. Grammar as Culture and Style

The Future Tense

Spanish-speaking people use the future tense sparingly. What does this say about the culture? It is consistent with the idea that, for an essentially religious culture, the future may appear less definite in human terms. The language shows this in a variety of ways. (See, also, the units on the subjunctive.) Although the future tense is used, there are alternative ways to express the future: using the present tense as the future and using the idea of intention to refer to the future *(ir a* + infinitive).

The Conditional Tense

What are Spanish-speaking people trying to express when they use the conditional? In general, this form gives them an way to express a future action in relation to the past *(Dijo que vendría temprano)* and it expresses an eventual or hypothetical action *(Al ganar la lotería, compraría una casa nueva).*

Probability

If you said, "She probably won't go there"; you will have speculated about the future. If you told someone else this, "She probably wasn't there," you are speculating about the past. Since you did not know, you cannot say (in Spanish), "she did not go." It is here that the conditional extends the reality (you don't know) to the speculatory (probability).

Since this speculation can take place concerning all past modes in Spanish—both simple and compound tenses— the present, and the future (plus future perfect), you have a wide range of expressions when you speculate. Remember to keep the order (concordance) of tenses in sync. Also, speculation on the present uses the future tense, because it can't be the present if it just *probably* is the case. Speculation on what might have been takes the conditional.

UNIDAD 4

LOS TIEMPOS COMPUESTOS

I. Formas regulares e irregulares

Forma y contexto

En la cultura hispana se puede distinguir entre los dos modos del tiempo pasado y también entre las varias maneras de expresar el futuro y la probabilidad. Además de las expresiones básicas del pasado y del futuro, se puede referir a ciertos puntos que, más o menos, son anteriores a un punto de tiempo específico. Se describen estos antecedentes así: *anteimperfecto, antepresente,* y *antefuturo.* Es decir que refiriéndose a un punto pasado, por ejemplo, uno puede describir un estado de ánimo o una acción que sucedió casi inmediatamente antes o que tiene una relación inmediata con el significado del orador o escritor. Ocurre lo mismo con relación al presente y al futuro y también al condicional. En resumen, todo tiempo del verbo incluye posibilidades en este sentido. Se llaman *tiempos compuestos* o *tiempos perfectos.* El perfecto del futuro y del condicional también pueden sugerir la probabilidad.

Ejemplos

> Finalmente, *hemos llegado* a la cabaña. ¡Qué tormenta!
> We'*ve* finally *made it* to the cabin. Some storm, huh?

> Entiendo que en dos semanas tú *habrás salido* para tu viaje.
> I understand that you *will have left* for your trip in two weeks.

> La hija quería buscar sus llaves, pero su padre ya *había apagado* la luz.
> The girl wanted to find her keys, but her dad *had* already *turned off* the light.

GRAMMAR NOTE

In forming one of these compound tenses, keep in mind the part participle endings: *-ado, -ido.* Attach *-ado* to the stems of *-ar* verbs, and *-ido* applies to all the rest! All except for the irregular verbs. (But remember, there are regularities among the irregular forms, too.) That takes care of the main verb. The compound tense is formed by using *haber* in almost any of its tenses with a participle. *Haber* is a helping verb, which is almost all it does in Spanish. The forms of *haber* are as follows:

Present: he, has, ha, hemos, habéis, han

he estudiado, **has** comido, **han** vivido

Preterite: hube, hubiste, hubo, hubimos, hubisteis, hubieron

hube estudiado, **hubiste** comido, **hubieron** vivido

Imperfect: había, habías, había, habíamos, habíais, habían

había estudiado, **habías** comido, **habían** vivido

Future: habré, habrás, habrá, habremos, habréis, habrán

habré estudiado, **habrás** comido, **habrán** vivido

Conditional: habría, habrías, habría, habríamos, habríais, habrían

habría estudiado, **habrías** comido, **habrían** vivido

Almost all of the irregular forms of the compound tenses deal with participles that end in *-to*. Some end in *-rto;* others end in *-lto* and *-sto*. The odd ones are *-cho* and *-so*. These are listed below:

-to: **escrito** (escribir), **roto** (romper)
-cho: **dicho** (decir), **hecho** (hacer)

-rto: **abierto** (abrir), **cubierto** (cubrir), **muerto** (morir)
-sto: **puesto** (poner), **visto** (ver)

-lto: **resuelto** (resolver), **vuelto** (volver)
so: **impreso** (imprimir)

Remember, these forms are used in the present, past, and future compound tenses, as well as in the compound subjunctive and conditional moods. If you ever have any doubt about the form of the past participle, simply consult a dictionary.

___

Práctica

Choose the appropriate form of the compound tense and write it in the space in each sentence as shown in the examples. Notice the context in which the verb is used.

Los vascos <u>han peleado</u> mucho por su independencia. (habrán peleado, han peleado)

Le <u>he dado</u> un golpe en la cabeza y ahora el perro me obedece. (habían dado, he dado)

1. Además de los indios, las mujeres también _____ sus derechos iguales. (han esperado, habrán esperado)

2. Para el fin de este semestre, Luis no _____ tres proyectos, sin embargo querrá una "A". (habrá entregado, había entregado)

3. Tú _____ muchas oportunidades de dejar de fumar, pero no lo has hecho. (has tenido, habrás tenido)

4. En España, _____ muchas costumbres antiguas. (han perdurado, habrían perdurado)

5. _____, Capitán. ¡Mire Ud. a todos los aztecas en el valle! (Habremos perdido, Hemos perdido)

6. En la cafetería _____ muchos platos misteriosos. (habremos comido, hemos comido)

7. Muchos trabajadores sin documentos que laboran aquí no _____ el inglés. (han aprendido, habrán aprendido)

8. En muchos países latinoamericanos, el gobierno _____ la televisión en la lucha contra el analfabetismo. (había usado, ha usado)

9. Antes de la dictadura de Somoza, los Estados Unidos _____ Nicaragua varias veces. (habrían invadido, había invadido)

10. Según sus padres, _____ esa beca el año pasado pero no lo hizo. (habría ganado, había ganado)

Escenario

Un día importantísimo

Llene los espacios para completar el diálogo sobre un día esperado. Al final del diálogo hay una lista de las selecciones para cada espacio. Las selecciones corresponden a las letras que siguen los espacios.

—Pues, papá, quiero usar el auto mañana. Acabo de recibir mi licencia de manejar. ¿Está bien?

—Un momentito, hijo. ¿Qué _____[a] para prepararte? ¿_____[b] todas las reglas en la guía? ¿_____[c] el curso requisito en la escuela? ¿Cómo _____[d] durante mi ausencia de negocios?

—Bueno, papá, sí, sí, y sí. _____[e] todo, _____[f] con la ayuda de mamá y _____[g] la calificación más alta de la clase. Papá, ya _____[h] perfecto en el examen de manejar. ¡Mira mi nueva licencia! Entonces, ¿acerca del auto para mañana?

—Está bien.

Selecciones:

[a] has hecho, has dicho; [b] Has olvidado, Has aprendido; [c] Has completado, Has empezado; [d] has fallado, has practicado; [e] He escrito, He leído; [f] he chocado, he practicado; [g] he resuelto, he recibido; [h] he salido, he empezado

TAREA ESCRITA

Ahora, escriba por lo menos cuatro oraciones sobre algo que Ud. ha aprendido a hacer. Se puede utilizar algunas frases de los ejercicios como modelo para sus oraciones. Al fin, compare sus oraciones con las de otros estudiantes.

Choices

Read the following examples. First, fill in the blank with the correct form of the verb given in parentheses. Clues to the context are provided by the other sentence(s). Then revise each sentence by choosing alternative words to replace the verb in parentheses or the underlined word in the sentence. *It is not necessary to fill in all the blanks for choices.* Write your revised sentences on a separate sheet of paper. You may have to change the original sentence slightly to accommodate your choices.

Muchas mujeres latinoamericanas ___han ingresado___ en las universidades. Han considerado que necesitan cambiar su papel doméstico. (ingresar)

Choices: ___se han matriculado___, ___han estudiado___, ___querido___

Antes de cumplir ocho años, yo ___había viajado___ quince veces en avión. Se puede decir que pasé mi niñez en las nubes. (viajar)

Choices: ___había ido___, ___había estado___, ___había volado___

1. A juzgar por la cortesía que me _____ los madrileños, no se exagera en las

   propagandas turísticas. Han sido muy amables conmigo. (demostrar)

   Choices: _____, _____, _____

2. Una cosa que yo _____ durante mis estudios es que no hay tiempo para aprender todo.

   Sin embargo, lo he intentado. (notar)

   Choices: _____, _____, _____

3. Le juro a Ud. que _____ la tarea para hoy. Pero Duque, mi perro, la comió. (hacer)

   Choices: _____, _____, _____

4. Hacia la mitad del siglo XIX, los revolucionarios le _____ el poder a España. Pero no lo

   habían logrado todavía en Cuba. (quitar)

   Choices: _____, _____, _____

5. Papá, ¡_____ nuestro dinero en un juego tramposo en la feria! No hemos ganado ni una

   sola vez. (perder)

   Choices: _____, _____, _____

6. Porque vivías en Valparaíso de joven, _____ mucho el español. También habrás

   aprendido a hablar porque los criados lo hablaban. (hablar)

   Choices: _____, _____, _____

7. Antes de derrotar a los españoles en Chile, San Martín _____ los Andes desde la Argentina. Se había <u>estimado</u> el éxito del general Aníbal. (cruzar)

   Choices: _____, _____, _____

8. Desde 1823, los Estados Unidos se _____ a toda intervención europea <u>en las Américas</u>. (oponer)

   Choices: _____, _____, _____

Continuación

Complete el siguiente párrafo sobre el dinero. Utilice los verbos en los tiempo compuestos. Se puede sustituir los verbos de la lista con otros, pero guarde el sentido del párrafo.

Un lamento monetario

¡Ya lo _____! _____ todo el dinero que tenía cuando vine al partido de fútbol. Lo _____ por todas partes: debajo de las gradas del estadio y en los basureros. Mis padres me _____ que no lleve el dinero en la bolsa de mi camisa. Pero yo les _____ que no había por qué preocuparse. Todos mis compañeros me _____ a buscarlo. Nadie _____ casi nada del partido. Nosotros _____ todo el tiempo buscando mi dinero.

Lista: aconsejar, ayudar, buscar, decir, hacer, pasar, perder, ver

PRÁCTICA AVANZADA

Escoja un tema de interés sobre algo que Ud. ha perdido. Escriba por lo menos cuatro oraciones, utilizando los verbos en los tiempos compuestos. Trate de emplear cambios de persona, conjunto y contexto.

Respuestas

In this exercise, you will use compound tenses in response to a question or statement. Study the examples, paying close attention to the context of the sentence. Complete the exercise by referring to the English words and to the clues in brackets. To avoid direct translation, the English words are given out of order. Some items begin with a few words in Spanish to help you along.

> —¿Vivieron tranquilos los héroes de la independencia de Latinoamérica después de la guerra?
>
> -<u>Casi ninguno. Por ejemplo, Bolívar había libertado a Venezuela, pero fue desterrado.</u>
>
> (almost none of them. / for example,/Bolivar/was banished/Venezuela/but. [had] *liberar*)

—¿Cómo es que puedes comprar ese auto usado?

—<u>Pues, he ahorrado el dinero que gané del trabajo por el verano.</u>

(well,/summer/job/from/the money/I/earned. [have]   *ahorrar*)

1. —No encontré a ustedes anoche después del juego del básquetbol.

    —<u>Por supuesto que no.   </u>.

    (of course not. / early/we/very. [had]   *salir*)

2 . —¡Qué suerte! Tú has hecho todas tus compras de Navidad.

    —<u>Sí,   </u>.

    (Yeah,/shopping/every/I/this week/night. [have]   *ir*)

3. La exploración de Marte comenzó en 1964, ¿verdad?

    —<u>Claro   </u>.

    (you're right,/to the/and/it/present day. [has]   *continuar*)

4. —¿Te extrañas mucho a tu familia y a tus amigos?

    —<u>Sí,   </u>.

    (yes,/day/letters/I/to them/every. [have]   *escribir*)

5. —¿Participó tu abuelo en la Segunda Guerra Mundial?

    —<u>Claro que no.   </u>.

    (of course not. / grandfather/two years/began/the war/before/my. [had]   *morir*)

6. —No parece muy rica la economía de Paraguay.

    —<u>Pues, debe recordar que   </u>.

    (well, remember that/Paraguay/not/very much/its economy. [has]   *diversificar*)

7. —Y, ¿los españoles no gozaron de aquellas riquezas en Tenochtitlán?

    —<u>No. Mientras que   </u>.

    (No. while/in Veracruz/they/were/the Aztecs/their treasures. [had]   *esconder*)

8. —Y, ¿te ha gustado la comida aquí en Valencia?

    —<u>¡Sí!   </u>.

    (sure! / I/paella valenciana/two times. / great/it/was! [have]   *comer*)

Aplicación

Escriba un informe sobre cómo los españoles derrotaron a los aztecas. Utilice las indicaciones en inglés y las frases en español como modelo para el informe.

Contexto	Español
In Tenochtitlán the Spaniards had seen riches.	Los españoles ...
They had taken Moctezuma prisoner.	Le ... prisionero a Moctezuma.
Soon they had to leave the city.	Tenían que ...
Many men had died in a fierce battle.	En una batalla ...
In Veracruz, they had built boats.	En Veracruz ...
The Spaniards had carried the boats over mountains.	Los españoles ... barcos por las ...
At last they had defeated the Aztecs.	Por fin ... a los aztecas.
However, they didn't find all the gold. The Aztecs had hidden it!	Sin embargo, ... Los aztecas ...

EXPERIENCIAS

En un papel, escriba por lo menos cuatro oraciones sobre un acontecimiento histórico. Después, compare sus oraciones con los modelos.

II. Más sobre las formas compuestas

Forma y contexto

Algunas variaciones nos ofrecen diferencias en el estilo y el significado del tiempo pasado. Si se ha continuado una condición o una acción hasta el presente, y si se ha mencionado específicamente la duración de esa condición o acción, tenemos una situación *antepresente*. La podemos describir no en el pasado sino en el presente: "Hace dos días que *estoy* en Madrid". Otro modo de expresar la misma idea es utilizar el tiempo compuesto: "*He estado* en Madrid desde hace dos días". La primera frase, una alternativa a la forma compuesta, se usa con frecuencia.

Otra forma compuesta se usa para indicar una acción en progreso que precede al presente, al futuro, etc. Así decimos: "Antes de las últimas batallas, Bolívar *había estado contemplando* la situación desde una isla". Otro ejemplo: "Antes de tu llegada la semana que viene, *habré estado arreglando* todo para tu excursión a las montañas".

Ejemplos

Ya hace dos semanas que *viven* sus primos aquí.
Your cousins *have been living* here two weeks.

Pobre Juana. *Ha estado mintiendo* acerca de la gravedad de su condición médica.
Poor Juana. She *has been lying* about the seriousness of her medical condition.

Práctica

Choose the appropriate form of the past substitute and write it in the space in each sentence as shown in the examples. Notice the context in which the pattern is used.

Hace dos años que me ____manda____ mi tío las fotos de La Mancha. (manda, ha mandado)

Hasta la elección del nuevo gobierno, no _habían estado protestando_ los periodistas. (habían estado protestando, estaban protestando)

1. Hace más de un siglo que Uruguay _____ sus ideales democráticos. (ha seguido, sigue)

2. Su perro _____ la noche entera. ¡Cállelo! (había ladrado, ha estado ladrando)

3. Hace diez años que _____ esta película. (habré visto, veo)

4. ¿Será que las compañías nos _____ sobre la seguridad de sus productos? (han estado engañando, habían engañado)

5. Para su examen final, Pablo _____ tanto que está cansadísimo. (había estudiado, ha estado estudiando)

6. Antes del lanzamiento del cohete, los astronautas _____ para los viajes espaciales. (entrenarían, habían estado entrenando)

7. Hace diez años que _____ a su padre enfermo. (cuidaba, cuida)

8. En Málaga, hace unos meses que se _____ para las celebraciones de Semana Santa. (preparan, han preparado)

Escenario

José Luis está en el hospital

Llene los espacios para completar el párrafo sobre la condición médica de un compañero de escuela. Al final del párrafo hay una lista de las selecciones para cada espacio. Las selecciones corresponden a las letras que siguen los espacios.

Todos ya saben que _____[a] que José Luis _____[b] en el hospital y que tiene una pierna quebrada. Antes de su viaje a las montañas, _____[c] a esquiar. Después de _____[d] solamente seis lecciones de esquiar, subió la montaña más alta y más peligrosa. Ya se sabe que _____[e] que José Luis _____[f] experto en muchas actividades. Ahora, el dolor y la experiencia le ha enseñado que no.

Selecciones:

[a] hacía dos días, hace dos días; [b] estaba, está; [c] había aprendido, había estado aprendiendo; [d] haber tomado, había tomado; [e] hace mucho tiempo, hace poco tiempo; [f] se cree, había creído

TAREA ESCRITA

Ahora, escriba por lo menos cuatro oraciones sobre algo que Ud. ha hecho por mucho tiempo. Se puede utilizar algunas frases de los ejercicios como modelo para sus oraciones. Al fin, compare sus oraciones con las de otros estudiantes.

Práctica especial

Cambie los verbos del infinitivo al participio pasado y al participio progresivo tan rápidamente como sea posible. Luego, cambie su cuaderno con el de un compañero de clase para comprobar sus respuestas. Examine el ejemplo.

Infinitivo		Participio pasado	Participio progresivo
	oír	oído	oyendo
1.	decir	_____	_____
2.	abrir	_____	_____
3.	volver	_____	_____
4.	caer	_____	_____
5.	cubrir	_____	_____
6.	poner	_____	_____
7.	romper	_____	_____
8.	traer	_____	_____
9.	resolver	_____	_____
10.	morir	_____	_____
11.	leer	_____	_____
12.	hacer	_____	_____
13.	devolver	_____	_____
14.	ver	_____	_____
15.	escribir	_____	_____
16.	descubrir	_____	_____

Infinitivo		Participio pasado	Participio progresivo
	oír	oído	oyendo
17.	ir	_____	_____
18.	preferir	_____	_____
19.	dormir	_____	_____
20.	bendecir	_____	_____
21.	poder	_____	_____
22.	pedir	_____	_____
23.	divertir	_____	_____
24.	creer	_____	_____
25.	caber	_____	_____
26.	seguir	_____	_____

III. ¡Escriba con estilo!
SELECCIONES DE MODO

Explicación y modificaciones

Lea la primera selección de abajo. Busque las palabras difíciles en un diccionario y apúntelas en un cuaderno de nuevas palabras. Analice la construcción de las oraciones para entender el sentido o significado básico del autor, y la función estilística de los tiempos compuestos. También, examine la primera modificación basada en la selección original. Es una composición nueva con solamente sustituciones de vocabulario.

Selección original:

En su <u>novela</u>, <u>la autora</u> ha <u>descrito</u> una <u>realidad</u> <u>opresiva</u> y <u>mediocre</u> <u>a través</u> de <u>la existencia</u> de varias <u>muchachas</u> que se <u>habían vuelto</u> más o menos <u>frustradas</u>. (Comentario sobre la novela *El balneario* de Carmen Martín Gaite, en *Historia breve de la literatura española*, Editorial Playor, pág. 640.)

Primera modificación:

En su <u>obra</u>, <u>el poeta</u> ha <u>mostrado</u> una <u>situación</u> <u>restrictiva</u> y <u>ordinaria</u> <u>mediante</u> <u>la presencia</u> de varias <u>jóvenes</u> que <u>habían llegado a ser</u> más o menos <u>malcontentas</u>.

Ahora, examine la segunda modificación. Es un ejemplo de la tarea de esta sección: escribir una nueva composición basada en su selección de algunos párrafos de estilo literario.

Segunda modificación:

> En su <u>decisión</u>, <u>el presidente</u> ha <u>dejado</u> <u>un puesto</u> <u>peligroso</u> y <u>amenazador a causa de</u> <u>la</u> <u>presión</u> de varios <u>grupos de terroristas</u> que <u>habían llegado a ser</u> más o menos <u>internacionalizados</u>.

Análisis:

En la selección original y en las modificaciones, se ve el uso de la forma compuesta: el presente *(ha descrito, ha mostrado, ha dejado)* y el pasado *(habían vuelto, habían llegado a ser)*. Entendemos que hay una realidad que la autora nos ha descrito sobre muchachas que estaban frustradas en el pasado.

TAREA ESCRITA

Ahora, escriba en un papel una composición nueva basada en la selección original con sustituciones de vocabulario. Mantenga la forma y las ideas de la original. Después, trate de escribir otra composición semejante sobre un tema de interés personal. Se puede cambiar el vocabulario necesario para expresar sus propias ideas.

Práctica

The following are simplified versions of the selections listed below. Complete the exercises by:

(1) <u>underlining</u> the correct form which is similar to that used in the style selections, or (2) writing the correct form of the verb given in parentheses in the space provided.

1. Sufre por estar sin familia, por (haber dejado, estar dejando) de ser rica y por (había regresado, haber regresado) a una hacienda deshabitada.

2. En realidad unas naciones latinoamericanas (habían cambiado, han modificado) sus hábitos tradicionales durante años de inmigración europea.

3. Se _____ célebre Andrés Segovia en el mundo por su virtuosismo y por eso muchos compositores _____ piezas para él. (hacer / escribir)

4. Antes de la conquista española, los pueblos indígenas _____ edificios y ciudades elegantes, algunos de los cuales otros pueblos _____. (construir / destruir)

5 . _____ mucho tiempo trabajando en nuestros proyectos. (pasar)

Ejercicios

Analice las selecciones siguientes. Busque las palabras difíciles en un diccionario. Después, escriba nuevas composiciones al sustituir las palabras subrayadas. Cambie el vocabulario para expresar sus propios pensamientos. Compare sus composiciones con los modelos y con las composiciones de otros estudiantes. Si quiere, puede trabajar en un grupo o en pareja. (Mínimo: dos selecciones)

1. «Sufre y oculta su pesar de verse sin familia, de haber dejado de ser rica, de tener que vivir en una hacienda que por mucho tiempo estuvo deshabitada, de no poder hablar sino con rústicos.» (Pasaje de *Pensativa* de Jesús Goytortúa, pág. 9.)

2. «También debe tenerse en cuenta que algunas naciones iberoamericanas han modificado algo sus rasgos tradicionales a causa de haber recibido grandes contingentes de inmigrantes europeos.» (*Iberoamérica: Su historia y su cultura* de Américo Castro, pág. 5.)

3. «El virtuosismo de [Andrés] Segovia lo ha hecho célebre en el mundo entero y son múltiples los compositores que han escrito piezas expresamente concebidas para él.» (Comentario sobre el guitarrista, Andrés Segovia, en *Historia breve de la literatura española*, Editorial Playor, pág. 723.)

4. Aunque los indios construyeron edificios y ciudades elegantes antes de la llegada de los españoles, muchos se habían destruido por otro pueblo guerrero que habría derrotado el pueblo indígena. Unas pirámides, por ejemplo, se habían cubierto por otra pirámide que representara la nueva cultura.

5. «Los soles de siete días se habían apagado sobre nosotros, y altas horas de sus noches nos habían sorprendido trabajando.» (Pasaje de *María* por Jorge Isaacs, pág. 152.)

IV. Vocabulario

EJERCICIO DE VOCABULARIO

En esta unidad, Ud. ha buscado los significados de varias palabras. Ahora, vamos a ampliar el vocabulario al examinar las relaciones entre familias de palabras. También vamos a ver cómo se puede extender el significado mediante la correspondencia de un conjunto de palabras. Se presentan unas cuantas familias y conjuntos a continuación. En los conjuntos, las palabras subrayadas son sinónimos o antónimos. Para entenderlas mejor, consulte un diccionario.

Familias	**Conjuntos**
rasgo/rasgar/rasgadura/rasgón	rasgo/carácter/trazo/plumazo/distinción
recibir/recibidor/recibo/recibimiento	tomar/aceptar/admitir/perder
inmigrante/inmigración/inmigrar	contingencia/eventualidad/probabilidad/certeza
modificar/modificación/modificado	cuenta/cálculo/razón/cuidado/locura

Familias y conjuntos

INSTRUCCIONES: El vocabulario de una lengua consiste, en gran parte, en agrupaciones o conjuntos de palabras. Estilísticamente, el escritor necesita una familia grande de palabras para desarrollar sus pensamientos. Experimente con las palabras de algunas familias o algunos conjuntos de arriba.

T<small>AREA ESCRITA</small>

En un papel, escriba por lo menos cuatro oraciones sobre un tema y use cualesquiera de las frases anteriores que Ud. prefiera.

Familias y conjuntos

En las selecciones y los ejercicios anteriores, aparecen otras familias de palabras con que Ud. puede practicar. Aquí se indica el valor gramatical de las palabras: verbo, sustantivo, adjetivo, adverbio, etc.) Busque otros ejemplos en un diccionario. Escriba oraciones sobre sus experiencias o sobre las experiencias de otros conocidos. (Mínimo: cuatro oraciones)

libertar	libertado	libertad	libertinaje	libertino
(verbo	adjetivo	sustantivo	sustantivo	sustantivo)

laborar	laborado	laborable	laboral	laborioso	laboriosidad
(verbo	adjetivo	sustantivo	sustantivo	adjetivo	sustantivo)

partir	partido		partidario	partida
(verbo	sustantivo y adjetivo		sustantivo	sustantivo)

mandar	mandadero	mandado	mandamiento	mandatorio	mandato
(verbo	sustantivo	sustantivo	sustantivo	sustantivo	sustantivo)

Palabras en contexto

Observe las combinaciones de las siguientes familias y sus clasificaciones. Note que se identifican las palabras mediante su sentido o sus usos, no por su descripción gramatical. El sentido de una palabra depende, en mayor parte, de nuestro entendimiento de su uso en la oración. Busque el significado de las palabras desconocidas.

dictadura	dictador	dictar	dictamen	dictado	dictaminar
(condición	persona	acción	asunto	acción pasada, título	acción relacionada)

jurar	jurado		juramento	jurista	jurisdicción	jurisconsulto	jurisperito
(acción	acción pasada, consejo		acto, decisión	persona	territorio	poder	persona = abogado)

copiar	copiado	copia	copioso	copiante	copiador
(acción	acción pasada	cosa	condición	persona	máquina o tomo de la copia)

T<small>AREA ESCRITA</small>

Ahora, describa a algunos jóvenes o miembros de su familia de manera personal, empleando algunas palabras de la sección de vocabulario.

Ampliando el vocabulario

A continuación hay palabras que tienen derivaciones semejantes a las que se han presentado aquí. También, tienen sinónimos y antónimos. Busque las palabras relacionadas y los sinónimos y antónimos de algunas de estas palabras. Indique el uso gramatical como se indica en el ejemplo.

Verbo	Palabras relacionadas	Sinónimo	Antónimo
aislar	aislamiento, aislado	apartado	unificado
ahorrar	_____	_____	_____
enriquecer	_____	_____	_____
nevar	_____	_____	_____
matar	_____	_____	_____
equivocar	_____	_____	_____
cansar	_____	_____	_____
estrechar	_____	_____	_____

V. Grammar as Culture and Style

In the previous units, you have had opportunities to understand the concept of grammar as culture. Here again, with compound tenses, one sees the cultural aspect of language. As a contrast, the Russians do not have compound tenses in their language at all. Anything going on, beginning in the past, is described in the present. The French use the compound past (present perfect) as the normal past form, as do the Germans. French and Russian each use an imperfect mood of the past, as well. In French, the simple past (Spanish preterite) is used traditionally in literary form. English-speaking peoples use all of the forms: simple and compound tenses in the present, past and future, plus the conditional.

Compound tenses are simply combinations of tenses:

° Present + past participle = present perfect
° Future + past participle = future perfect
° Imperfect (past) + past participle = past perfect
° Conditional + past participle = conditional perfect

The concept of compound tenses, then, is that something *had, has,* or *will have* taken place before-hand in relation to a past, present, or future event or state of being. In the conditional, we approach an extension of reality in terms of something that *might* or *may have* taken place in relation to some condition that *would have* existed or *would* exist. Logically, Spanish refers to these forms as follows: *antepretérito* (before the past), *antepresente*, and *antefuturo*.

There is a literary compound tense made up of the preterite plus the past participle. It refers to something that took place almost simultaneously with the main idea or action. For example, "The bandit had opened fire just as I rounded the corner, and I ducked!" (The future and conditional perfect forms, by the way, have the connotation of probability that you reviewed in Unidad 3.)

The other compound pattern reviewed in this unit is not actually a compound tense in Spanish. It is compound only in English. The "compoundness" results from describing something going on in the present which, in reality, though not grammatically, began in the past. The Hispanic culture stresses the amount of time that, by the present time, it "makes" that the action or state is in process, because it still is. Consider the following example: *Hace once días que los astronautas están en órbita.* A literal translation in English would be "It makes eleven days that the astronauts are in orbit." However, in English we would naturally say, "The astonauts have been in orbit for eleven days." The meaning is that the astronauts have been in orbit and still are. So, in Spanish, both verbs are in the present and a conjunction keeps them in sync:

present **hacer** + **que** + present action or state of being

> Hace cinco minutos que escribo este párrafo.

The same relationship applies to situations that were in progress in the past or will be in the future.

EL SUBJUNTIVO: TIEMPO PRESENTE

I. Formas regulares

Forma y contexto

¿Cómo expresan los hispanos sus deseos, dudas, necesidades o esperanzas? De vez en cuando el resultado depende de otra persona, objeto o suceso. Para expresar este resultado deseado, pedido o esperado, los hispanos utilizan el *subjuntivo*.

También, utilizan el subjuntivo para expresar incertidumbre en cuanto a la acción de otro, así que la acción esperada o querida no está en progreso. Todavía es una esperanza. O sea la acción formulada o propuesta es una especulación porque sugiere una posibilidad, no un hecho determinado. Examine los siguientes ejemplos:

Ejemplos

Indicativo	**Subjuntivo**
Juan *viene* a la fiesta.	Espero que Juan *venga* a la fiesta.
Llueve a cántaros.	No creo que *llueva* esta tarde.
Nosotros no *fumamos*.	Mis padres insisten en que no *fumemos*.
Escriban cartas a sus familias.	Es necesario que *escriban* cartas a sus familias.
Comemos muchas verduras.	Es importante que *comamos* muchas verduras.

En cada ejemplo del subjuntivo, se nota la incertidumbre de la acción esperada. Se puede decir que el indicativo expresa lo *real* y el subjuntivo, lo *irreal*.

GRAMMAR NOTE

The endings for the present subjunctive form use different vowels from the ones you use normally in the indicative.

(indicative) _ (subjunctive): habl**a** _ habl**e**   com**o** _ com**a**   viv**e** _ viv**a**

The vowel ending of each subjunctive form is consistent throughout the present tense, and the form uses the same person endings you are familiar with.

hables		hable		hablemos		hablen
tú comas	Ud., él, ella	coma	nosotros	comamos	Uds., ellos, ellas	coman
vivas		viva		vivamos		vivan

The first person, *yo,* has the same stem: *hablo _ hable; como _ coma; vivo _ viva.*

The following are some of the verbs and expressions that are take the subjunctive:
decir, desear, pedir (tell, wish, request)
es importante que, es necesario que, es probable que (it's important, it's necessary, it's probable)
ojalá (I hope, let's hope)

A more complete list can be found at the end of this unit.

Práctica

Choose the appropriate form of the subjunctive in the present tense and write it in the space in each sentence as shown in the examples. Notice the context in which the subjunctive is used.

Esperan que el cantante ___hable___ con ellos. (hablemos, hablen, hable)

El policía nos deja que __estacionemos__ aquí. (estacionemos, estacione, estacionen)

1. Espero que el mercado _____ abierto. (estén, estés, esté)

2. El médico pide que todos _____ lejos del herido. (se paremos, se paren, se pare)

3. El maestro no quiere que nosotros _____ inglés en la clase. (hablemos, hable, hablen)

4. Bajo el nuevo acuerdo, es probable que el valor del dólar _____ contra el peso. (suban, suba, subas)

5. Según sus costumbres, es importante que esos pueblos _____ cerca del lago. (se quede, se queden, nos quedemos)

6. Algunas familias hispanas permiten que _____ las hijas. (trabaje, trabajen, trabajes)

7. No deben permitir que las mujeres _____ salarios menores a los de los hombres. (reciban, reciba, recibas)

8. Estoy sorprendido de que los españoles _____ tan tarde. (cenemos, cene, cenen)

9. Quiero que Ud. nos _____ los boletos por correo. (mandemos, mande, mandes)

10. ¡Ojalá que tú _____ el gran premio! (ganemos, gane, ganes)

Escenario

Los esquís perdidos

Imagínese que Ud. está de viaje en Portillo. Portillo está situado en Chile. La aerolínea ha perdido sus esquís. Llene los espacios para completar el diálogo. Al final del diálogo hay una lista de las selecciones para cada espacio. Las selecciones corresponden a las letras que siguen los espacios.

—¡Ay! ¿Dónde podremos comprar nuevos esquís?

—Dudo que _____[a] buenos esquís en este pueblo pequeño. Pero, es necesario que los _____[b] antes de llegar a Portillo.

—¿No es posible que se _____[c] esquís allí? Además, es un lugar de vacaciones, ¿no?

—¡Sí, claro! Por eso es probable que _____[d] demasiado en esquís nuevos aquí.

—Entonces, es preciso que _____[e] a una persona de confianza para encontrar una tienda de equipo deportivo. ¡No queremos que el viaje a Portillo _____[f] en un fracaso.

Selecciones:

[a] compren, compre, compremos; [b] halles, hallemos, te halles; [c] vendan, vender, venda; [d] gastemos, gasten, gastes; [e] pregunten, preguntemos, pregunte; [f] resultemos, resulten, resulte

TAREA ESCRITA

Ahora, escriba por lo menos cuatro oraciones sobre algo que Ud. ha perdido. Se puede utilizar algunas frases de los ejercicios como modelo para sus oraciones. Al fin, compare sus oraciones con las de otros estudiantes.

Choices

Read the following examples. First, fill in the blank with the correct form of the verb given in parentheses. Clues to the context are provided by the other sentence(s). Then revise each sentence by choosing alternative words to replace the verb in parentheses or the underlined word in the sentence. *It is not necessary to fill in all the blanks for choices.* Write your revised sentences on a separate sheet of paper. You may have to change the original sentence slightly to accommodate your choices.

Oigo truenos. <u>Espero</u> que ellos ___entren___ pronto. (entrar)

Choices: ___regresen___ , ___me llamen___ , ___Quiero___

<u>Insistimos en</u> que Ud. ___limpie___ el cuarto más frecuentemente. (limpiar)

Choices: ___arregle___ , ___alquile___ , ___Preferimos___

1. Esperamos que Uds. no _____. Se prohíbe <u>fumar</u> en esta casa. (fumar)

    Choices: _____, _____, _____.

2. Te pido que me _____ mañana. Quiero saber todo sobre la fiesta. (llamar)

    Choices: _____, _____, _____.

3. Los maestros de español insisten en que los estudiantes _____ en <u>voz alta</u>. (contestar)

    Choices: _____, _____, _____.

4. <u>Es importante que</u> nosotros _____ ese partido de fútbol. (ganar)

    Choices: _____, _____, _____.

5. Tus padres <u>quieren</u> que _____ buenas calificaciones, ¿verdad? (recibir)

    Choices: _____, _____, _____.

6 . Juana me <u>ruega</u> que no _____ ese carro viejo. Cree que es peligroso. (manejar)

    Choices: _____, _____, _____.

7. El doctor <u>sugiere</u> que no _____ tanto azúcar. Tenemos que eliminar los dulces. (comer)

    Choices: _____, _____, _____.

8. El maestro me <u>aconseja</u> que _____ mis estudios. Con una buena educación tendré mejores oportunidades. (terminar)

    Choices: _____, _____, _____.

Continuación

Complete el siguiente párrafo sobre buenos consejos. Utilice los verbos en el presente del subjuntivo. Se puede sustituir los verbos de la lista con otros, pero guarde el sentido del párrafo.

Buen consejo

El maestro me aconseja que _____ mis estudios. Me dice que una buena educación nos brinda mejores oportunidades en la vida. Es posible que yo _____ una beca para ayudarme con los gastos. Sin embargo, será necesario que _____ dinero para otros gastos. Es preferible que los estudiantes no _____ muchas horas durante el primer año de estudios universitarios.

Lista: completar, ganar, recibir, trabajar

Escoja un tema de interés sobre los consejos. Escriba por lo menos cuatro oraciones, utilizando los verbos en el subjuntivo. Trate de emplear cambios de persona, conjunto y contexto.

Respuestas

In this exercise, you will use the present subjunctive in response to a question or statement. Study the examples, paying close attention to the context of the sentence. Complete the exercise by referring to the English words and the verb in italics. To avoid direct translation, the English words are given out of order. Some items begin with a few words in Spanish to help you along.

—¿No tienes noticias de tu hermano?

—No, todavía no. Espero que me escriba pronto.

(not yet. / I/soon/that/hope/he/me.   *escribir*)

—No sé qué hacer. Me ha dolido la cabeza todo el día.

—Es necesario que consultes con un médico.

(you/it's/that/necessary/doctor.   *consultar*)

1. —¿No te gustan las hamburguesas? Las preparé especialmente para ti.

    —Sí, pero _____.

    (yes, but/the doctor/that/suggested/I/meat/so much/not.   *comer*)

2. —Dime, ¿qué dicen los policías acerca de la seguridad?

    —Primero, _____.

    (first,/we/it's necessary/locked/the doors/that.   *dejar*)

3. —Gracias por traerme los libros. ¿Qué dijo la maestra?

    —Pues, _____.

    (well,/a report/she asks/about the Aztecs/that you.   *escribir*)

4. —¿La policía no nos permite pasar?

    —Parece que no. Sin embargo, _____.

    (seems not. / however,/another route/that/it's possible.   *existir*)

5 . —¿Tu familia va de vacaciones?

    —Sí. Ojalá que _____.

    (yes. / I sure hope/safe and sound/that/we.   *regresar*)

6. —Ni Juan ni Ricardo salen bien en este curso.

    — _____.

    (they/it's important/more.   *estudiar*)

7.   —Estás ayudando a los atletas, ¿verdad?

—Sí. _____.

(yes. / they/I hope/my advice. *aceptar*)

8.   —Mire, me parece que la economía sufre en estos países.

—Es cierto. _____.

(true. / the governments/soon/hope/that conditions.   *mejorarse*)

EXPERIENCIAS

Escriba una lista de seis consejos para los estudiantes jóvenes. Utilice las siguientes frases en su lista. Luego, compare su lista con las de otros estudiantes.

Espero que ...   Es importante que ...   Es necesario que ...

Les aconsejo ...   Es probable que ...   Ojalá ...

II. Verbos de cambios ortográficos

Tanto en el indicativo como en el subjuntivo hay verbos que requieren cambios ortográficos (*spelling changes*) y, por consiguiente, cambios de sonido. Por ejemplo, *tener* cambia a *tiene* en algunas formas, *contar* cambia a *cuenta*, y así por el estilo. Con las estructuras del subjuntivo, también cambia la ortografía y sonido de estos verbos.

Ejemplos

Juan *empieza* a estudiar.   Pero es necesario que *empiece* pronto.

¿A qué hora *llega* tu papá?   Ojalá que *llegue* a las seis.

El niño nunca *dice* la verdad.   Lástima que *diga* tantas mentiras.

Práctica especial

Cambie los verbos del infinitivo al subjuntivo tan rápidamente como sea posible. Después, cambie su ejercicio con el de un compañero de clase para comprobar sus respuestas. Examine el ejemplo.

Infinitivo	yo	nosotros	Ud., él, ella	Uds., ellos, ellas
jugar	juegue	juguemos	juegue	jueguen
1. decir	_____	_____	_____	_____
2. hacer	_____	_____	_____	_____
3. buscar	_____	_____	_____	_____
4. llegar	_____	_____	_____	_____
5. traer	_____	_____	_____	_____
6. ser	_____	_____	_____	_____
7. oír	_____	_____	_____	_____
8. ir	_____	_____	_____	_____
9. saber	_____	_____	_____	_____
10. construir	_____	_____	_____	_____
11. conocer	_____	_____	_____	_____
12. venir	_____	_____	_____	_____
13. poner	_____	_____	_____	_____
14. leer	_____	_____	_____	_____
15. dar	_____	_____	_____	_____
16. sentir	_____	_____	_____	_____
17. volver	_____	_____	_____	_____
18. coger	_____	_____	_____	_____
19. pedir	_____	_____	_____	_____
20. buscar	_____	_____	_____	_____

Práctica

Choose the appropriate form of the subjunctive and write it in the space in each sentence as shown in the examples. Notice the context in which the subjunctive is used.

1. Alfonso pide dinero para su hermana. Dígale que le _____ a su compadre. (pedir)

2. Es necesario que la corrida _____ a las cinco de la tarde. (empezar)

3. ¡Ay, las tiendas van a cerrar pronto! ¿No es posible que _____ más tarde? (cerrar)

4. Ojalá que _____ pronto el examen. Si no, me quedo dormido. (comenzar)

5. ¿Una mueblería? Recomiendo a Ud. que la _____ en esta guía turística. (buscar)

6. Señora, el tren para Madrid sale mañana a las nueve. Es preciso que Ud. _____ aquí por lo menos a las ocho. (llegar)

7. Ofrecemos muchas ventas especiales hoy. ¡Pero nos piden los turistas que las cosas _____ aún menos! (costar)

8. Necesitamos un taxi para ir al Palacio Real. Es posible que nosotros _____ uno en esa esquina. (encontrar)

9. Tengo que cobrar un cheque. Dudo que _____ posible cobrarlo en el hotel. (ser)

10. ¡Ay, Raúl! Te ruego que _____ conmigo al sótano. Me da miedo. (venir)

11. Tengo que bajar de peso. ¡Mejor que yo no _____ en los dulces! (pensar)

12. No sé a qué hora vamos al cine. Es probable que _____ a las seis. (ir)

Escenario

Un día de viaje en Lima

Llene los espacios para completar el diálogo sobre un grupo de turistas. Al final del diálogo hay una lista de las selecciones para cada espacio. Las selecciones corresponden a las letras que siguen los espacios.

Josefina: Es necesario que nos _____[a] en la recepción del hotel a las cinco.

Miguel: Mis amigos me aconsejan que _____[b] temprano al teatro. Es probable que no _____[c] tiempo para ir al banco.

Ana: ¿Es posible que _____[d] cobrar un cheque personal en el hotel?

Miguel: Dudo que _____[e] posible. Es mejor que tú _____[f] mañana al banco. Espero que _____[g] uno por aquí cerca. ¡Me debes cien pesos!

Selecciones:

[a] encuentre, encontremos; [b] lleguen, lleguemos; [c] tengas, tengamos; [d] pueda, podamos; [e] sea, sean; [f] vaya, vayas; [g] encuentres, encuentre

TAREA ESCRITA

Ahora, escriba por lo menos cuatro oraciones sobre el primer día en una ciudad nueva. Se puede utilizar algunas frases de los ejercicios como modelo para sus oraciones. Al fin, compare sus oraciones con las de otros estudiantes.

Respuestas

In this exercise, you will use the subjunctive in response to a question or statement. Study the examples, paying close attention to the context of the sentence. Complete the exercise by referring to the English words and the verb in italics. To avoid direct translation, the English words are given out of order. Some items begin with a few words in Spanish to help you along.

—¿Por qué te llama tanto Federico?

—¿No sabes? Pues, quiere que salga con él.

(you don't know? / well,/me/with him/he wants   *salir*)

—No veo a Rebeca y Jorge. ¿Dónde estarán?

—Su hija está enferma. Dudo que vengan.

(daughter/their/sick/is. / that/I/doubt.   *venir*)

1. —¡Menos mal que ya salieron esos hermanos diabólicos!

   —De acuerdo. _____.

   (I agree. / they/I hope/never.   *volver*)

2. —Somos malísimos para el tenis. ¿Qué sugiere el maestro?

   — _____.

   (exercises/he suggests/we/that/every day.   *hacer*)

3. —No tengo ni un centavo. Mi papá tampoco me hará un préstamo. ¿Qué hago?

   — _____.

   (a job/that you/it's necessary.   *buscar*)

4. —Nuestros padres no nos permiten que escuchemos esa música.

   —Dudo que _____.

   (I doubt/come/you/to my house. / don't like/either/it/my folks.   *poder*)

5. —¡Cuánto me encanta ese velero! ¿Por qué no lo compramos?

   —No creo que _____.

   (I don't think/money/enough/we.   *tener*)

6. —Llevamos media hora sentados en ese tren sin salir de la estación.

   —¡No me digas! _____.

   (tell me about it! / it/soon/I hope.   *salir*)

7. —¿Por qué no puedo ir al baile con ese grupo de muchachos?

   —Es que _____.

   (it's just that/with/I prefer/those boys/you don't/that.   *ir*)

8.   —¡Por fin! Hemos enviado todas las invitaciones.

—_____.

(everyone/I hope/to our concert/that/come.   *poder*)

EXPERIENCIAS

En un papel, escriba por lo menos cuatro oraciones sobre algo que Ud. quiere tener y sus planes para obtenerlo. Después, compare sus oraciones con los modelos.

 III. ¡Escriba con estilo!
SELECCIONES DE MODO

Explicación y modificaciones

Lea la primera selección de abajo. Busque las palabras difíciles en un diccionario y apúntelas en un cuaderno de nuevas palabras. Analice la construcción de las oraciones para entender el sentido o significado básico del autor, y la función estilística del subjuntivo. También, examine la primera modificación basada en la selección original. Es una composición nueva con solamente sustituciones de vocabulario.

Selección original:

Es necesario que <u>hagamos</u> "todo <u>para alcanzar</u> lo posible aunque <u>dentro</u> de la realización que <u>aspiremos</u> a lo imposible. Con el <u>espíritu</u> <u>fuerte</u> todo es posible, no hay <u>obstáculos</u> <u>insuperables</u>". (Adaptación de un pasaje de los discuros de Gustavo Díaz Ordaz durante su candidatura para presidente de México, 1964.)

Primera modificación:

Es necesario que <u>arriesguemos</u> todo <u>para conseguir</u> lo posible aunque <u>entendiendo</u> la realización que <u>deseemos</u> lo imposible. Con la <u>voluntad</u> <u>fuerte</u> todo es posible, no hay <u>obstáculos</u> <u>imposibles</u>.

Ahora, examine la segunda modificación. Es un ejemplo de la tarea de esta sección: escribir una nueva composición basada en su selección de algunos párrafos de estilo literario.

Segunda modificación:

Es necesario que <u>hagamos</u> todo <u>para conseguir</u> la <u>protección ecológica</u> posible aunque <u>dentro</u> de la realización que <u>aspiremos</u> a un ideal. Con <u>cooperación</u> <u>fuerte</u> todo es posible, no hay <u>obstáculos</u> <u>invencibles</u>.

Análisis:

Note que la selección original y las modificaciones contienen una obligación y una esperanza. Así, se ven ejemplos de la forma ya conocida en la relación entre tales atributos y los resultados, sean posibles o imposibles.

TAREA ESCRITA

Ahora, escriba en un papel una composición nueva basada en la selección original con sustituciones de vocabulario. Mantenga la forma y las ideas de la original. Después, trate de escribir otra composición semejante sobre un tema de interés personal. Se puede cambiar el vocabulario necesario para expresar sus propias ideas.

Práctica

The following are simplified versions of the selections listed below. Complete the exercises by: (1) underlining the correct form which is similar to that used in the style selections, or (2) writing the correct form of the verb given in parentheses in the space provided.

1. Es necesario que uno (tiene, tenga) dinero para hacer las compras en un mercado, pero el alba no nos cuesta nada.

2. Para el perro, es importante que (presta, preste) atención a los sonidos de los automóviles en la calle.

3. Prefiero que nadie _____ nuestra conversación. (interrumpir)

4. Quiero que Ud. (vaya, va) conmigo al monte.

5. Los campesinos insisten en que los _____ el gobierno en muchos aspectos. (sostener)

Ejercicios

Analice las selecciones siguientes. Busque las palabras difíciles en un diccionario. Después, escriba nuevas composiciones al sustituir las palabras subrayadas. Cambie el vocabulario para expresar sus propios pensamientos. Compare sus composiciones con los modelos y con las composiciones de otros estudiantes. Si quiere, puede trabajar en un grupo o en pareja. (Mínimo: dos selecciones)

1. El dinero es necesario para comprar ropa o comida, pero para ver un amanecer o una puesta de sol es necesario solamente que uno esté en el punto oportuno.

2. Para el perro, es muy importante que él escuche al ruido que producen los automóviles para su seguridad si piensa cruzar la calle.

3. «... necesito hablar contigo hoy mismo, pero a solas porque me interesa que nadie se entere de nuestra conversación ... pero siendo las circunstancias urgentes, espero que me hagas el favor de esperarme hoy en la reja.» (Pasaje de "La parcela" de José López y Rojas. *AL-M Spanish, Level 4,* pág. 26.)

4. «...quiero que me acompañe usted esta tarde al monte...» (Pasaje de "La parcela", pág. 27.)

5.   <u>El hombre del campo</u> insiste en que el gobierno <u>afirme</u> la <u>seguridad</u>. "Seguridad contra <u>la enfermedad,</u> <u>la invalidez</u> y en <u>la vejez</u>." (Adaptación de un pasaje de los discursos de Gustavo Díaz Ordaz durante su candidatura para presidente de México, 1964.)

IV. Vocabulario

EJERCICIO DE VOCABULARIO

En esta unidad, Ud. ha buscado los significados de varias palabras. Ahora, vamos a ampliar el vocabulario al examinar las relaciones entre familias de palabras. También vamos a ver cómo se puede extender el significado mediante la correspondencia de un conjunto de palabras. Se presentan unas cuantas familias y conjuntos a continuación. En los conjuntos, las palabras subrayadas son sinónimos o antónimos. Para entenderlas mejor, consulte un diccionario.

Familias

joven/juventud/juvenil

aventura/aventurado/aventurón

casar/casamiento/casado/casorio/casa

soportar/soporte/soportal

Conjuntos

casados/amados/novios/<u>desconocidos</u>

penas/problemas/dificultades/<u>diversiones</u>

amigos/compadres/compañeros/socios/ <u>enemigos</u>

parientes/tíos/padres/compadres/<u>extraños</u>

dejar/permitir/proveer/<u>prohibir</u>

Familias y conjuntos

INSTRUCCIONES: El vocabulario de una lengua consiste, en gran parte, en agrupaciones o conjuntos de palabras. Estilísticamente, el escritor necesita una familia grande de palabras para desarrollar sus pensamientos. Experimente con las palabras de algunas familias o algunos conjuntos de arriba.

TAREA ESCRITA

En un papel, escriba por lo menos cuatro oraciones sobre un tema y use cualesquiera de las frases anteriores que Ud. prefiera.

Familias y conjuntos

En las selecciones y los ejercicios anteriores, aparecen otras familias de palabras con que Ud. puede practicar. Aquí se indica el valor gramatical de las palabras: verbo, sustantivo, adjetivo, adverbio, etc.) Busque otros ejemplos en un diccionario. Escriba oraciones sobre sus experiencias o sobre las experiencias de otros conocidos. (Mínimo: cuatro oraciones)

confiar	confianza	confiado	confianzudo
(verbo	sustantivo	sustantivo: persona	adjetivo)

merecer	merecido	merecedor	merecimiento
(verbo	adjetivo	sustantivo: persona, adjetivo	sustantivo)

Palabras en contexto

Observe las combinaciones de las siguientes familias y sus clasificaciones. Note que se identifican las palabras mediante su sentido o sus usos, no por su descripción gramatical. El sentido de una palabra depende, en mayor parte, de nuestro entendimiento de su uso en la oración. Busque el significado de las palabras desconocidas.

joven		juvenil	juventudj	ovencillo / jovencito
(persona (m/f), condición		condición	período	persona: diminutivo)

casar	casamiento	casado	casamentero
(acción	ceremonia, evento	estado y persona	persona

cerca	cercado	cercanía	acercar
(condición	condición	condición	acción)

saber	sabiduría	sabio	sabedor
(realidad	condición	persona y condición	condición)

veras	veraz	verdad	verdadero
(realidad	condición	concepto	condición)

Tarea escrita

Ahora, describa a algunos jóvenes o miembros de su familia de manera personal, empleando algunas palabras de la sección de vocabulario.

V. Grammar as Culture and Style

In the Hispanic culture, when people talk about events, relationships, and the like, there are situations in which one event depends on another, one which has not yet occurred (or had not in the past). In these cases, the speaker does not use straightforward statements indicating things as they are (in reality, in the speaker's or writer's mind). The subjunctive mood expresses that something *may* or *might* occur. (The verbs listed below are most of the ones that indicate a situation requiring a verb in the subjunctive.)

aconsejar	to advise	**escribir**	to write	**permitir**	to permit
decir	to tell	**insistir**	to insist	**preferir**	to prefer
dejar	to let, allow	**mandar**	to order	**prohibir**	to prohibit, forbid
desear	to desire	**pedir**	to ask	**pensar**	to think
querer	to wish, want	**recomendar**	to recommend	**requerir**	to require

Emotion and uncertainty or other impersonal expressions reflect the same cultural conditions that create a need to use the subjunctive:

a.   **alegrarse**   to be glad to   **ser lástima**   to be a pity

           esperar   to hope, wait for   **sorprender**   to surprise

           sentir   to be sorry   **temer**   to fear

           tener miedo de   to be afraid of

b.   **es importante que ...**   it is important that ...

es difícil	**... extraño**	**... fácil**	**... imposible**	**... lástima**
it is difficult	... strange	... easy	... impossible	... a shame
es necesario	... preciso	... posible	... probable	... mejor
it is necessary	... needed	... possible	... probable	... better

           ojalá   I hope, one hopes, let's hope

c.   **dudar**   to doubt   **es dudoso**   it is doubtful

           creer   to believe   **no creer**   not to believe

           negar   to deny, refuse   **es increíble**   it is incredible

           no estar seguro de   not to be sure of

When the speaker is sure or convinced of the event, the subjunctive is not used.

     Creo que *está lloviendo.*   *No creo* que *esté lloviendo.*

     Estoy seguro de que tú me *amas.*   *No estoy seguro* de que tú me *ames.*

EL SUBJUNTIVO: OTROS TIEMPOS Y OTROS USOS

I. Expresiones de dudas, deseos y emociones

Forma y contexto

La cultura hispana no está limitada en su perspectiva sobre lo que venga o exista en el momento actual. Así, se entienden estas condiciones en cualquier tiempo, sea pasado, presente o futuro. En esta unidad, vamos a examinar los tiempos del subjuntivo y cómo los tiempos del modo subjuntivo corresponden a los del indicativo. Claro está que se expresan los deseos, las necesidades y las esperanzas igualmente en el pasado que en el presente.

Ejemplos

Espero que tú *hayas comprado* las entradas.
I hope you'*ve bought* the tickets.

Era necesario que Colón *aceptara*. dinero de los reyes
It was necessary that Columbus *accept* money from the king and queen.

Mañana, les aconsejará el director a los estudiantes que se *preparen* para la vida.
The principal will advise the students   to prepare themselves for life.

Yo quería que *fueras* conmigo al cine.
I wanted you to *go* to the movies with me.

El policía no permitió que *pasáramos*.
The police officer didn't allow us to *pass*.

GRAMMAR NOTE

In order to describe past situations with the use of the subjunctive, you need a review of the past forms of it and a reminder about the agreement of tenses. The past (imperfect) subjunctive stem duplicates the preterite third-person plural in *ar, er,* and *ir* verbs (see Unidad 2):

ar infinitive _ 3rd. pers. pl. preterite: *-aron* _ subjunctive: *-ara*

Tomar: tom**aron** _ tom**ara**

er and **ir** infinitives _ 3rd. pers. pl. preterite: *-ieron* _ subjunctive: *-iera*

Correr: corr**ieron** _ corr**iera**   **Vivir:** viv**ieron** _ viv**iera**

The endings, as in all the tenses, are consistent:

Tomar: tom**ara**, tom**aras**, tom**ara**, tom**áramos**, tom**arais**, tom**aran**

Correr: corr**iera**, corr**ieras**, corr**iera**, corr**iéramos**, corr**ierais**, corr**ieran**

Vivir: viv**iera**, viv**ieras**, viv**iera**, viv**iéramos**, viv**ierais**, viv**ieran**

Irregular verbs follow the same pattern as for the preterite tense. Pay attention to the stem-changing verbs when using them in the subjunctive:

Pedir: pidiera **Dormir:** durmiera **Decir:** dijera
Creer: creyera **Ir** and **Ser:** fuera

Agreement of Tenses

By agreement, or sequence, of tenses, we mean consistency of times (tenses) in the relationships being described. For example, if the time you want someone to arrive is in the future, you would speak in the future tense. It's different in Spanish when you start matching wishes, intentions, or hopes in the past with their completion in the present. Study these examples:

Quieren que *llegue* a las ocho.
They *want* me to *arrive* at eight.

Querían que *llegara* a las ocho.
They *wanted* me to *arrive* at eight.

No *creo* que *venga* Julio.
I *do*n't *think* Julio *is coming*. (may come)

No *creí* que *viniera* Julio.
I *did*n't *think* Julio *was coming*. (would come)

Note that the second example in each case takes the past subjunctive, because the whole episode was conceived in the past looking toward the future. The subjunctive (the action which is yet to come) filled the role of the future, relative to the action expressed by the main verb *(querían, creí)*.

The compound tenses (see Unidad 4) for the subjunctive use the present/past subjunctive form of *haber* plus the past participle.

Haber: hay**a**, hay**as**, hay**a**, hay**amos**, hay**áis**, hay**an**

hub**iera**, hub**ieras**, hub**iera**, hub**iéramos**, hub**ierais**, hub**ieran**

No creo que *haya venido* Julio.   No creía que *hubiera venido* Julio.

Whether present, past, or future, the tense of the subjunctive verb depends on the tense of the main verb. Study the following chart:

Main Verb	Subjunctive Verb
present/present perfect/future or command	present/present perfect
present/present perfect/future/future perfect	present perfect
imperfect/preterite/conditional/past perfect	imperfect (past subjunctive)
conditional perfect	past perfect
conditional/conditional perfect	imperfect

If a compound tense is used, the auxiliary (helping) verb goes in the subjunctive followed by the participle (*haya comido, hubiera comido*).

Práctica

Choose the appropriate form of the subjunctive and write it in the space in each sentence as shown in the examples. Notice the context in which the subjunctive is used.

En Tenochtitlán, Alvarado temía que los indios __atacaran__. (ataquen, atacaran)

Será mejor que ustedes __vuelvan__ mañana. (vuelvan, volvieran)

1. Era importante que los peregrinos _____ Santiago de Compostela. (visitaran, visiten)

2. Hemos temido que los abuelos _____ perdido la ruta. (hubieran, hayan)

3. Era lástima que _____ Cortés pobre y abandonado. (se muriera, se muera)

4. En las primeras fábricas, era necesario que los dueños _____ reglas de seguridad. (establezcan, establecieran)

5. Sus amigos esperan que no se _____ olvidado de su promesa. (haya, hubiera)

6. Para la economía, no convenía que los judíos _____ de España en el siglo XV. (sean expulsados, fueran expulsados)

7. El horario de entrenamiento no me ha permitido que _____ mucho. (descanse, hubiera descansado)

8. Los maestros nos han aconsejado que tú _____ otro año en el mismo grado. (pases, pasaras)

9. Nos pidieron los padres que no _____ a España solas. (viajáramos, hayamos viajado)

10. No es cierto de dónde _____ los primeros vascos. (vinieran, hayan venido)

11. La directora había pedido que la _____. (hayamos ayudado, ayudáramos)

12. Habría sido necesario que lo _____ visto. (hayamos, hubiéramos)

Escenario

Un día de compras en el centro

Llene los espacios para completar el relato sobre cómo Ud. y María fueron de compras. Al final del párrafo hay una lista de las selecciones para cada espacio. Las selecciones corresponden a las letras que siguen los espacios.

Llegamos al centro un poco tarde porque era necesario que María _____[a] a su primo a la escuela. Ella quería que él _____[b] un tranvía, pero yo dudaba que _____[c] tranvías que fueran cerca de su escuela.

Por fin, al llegar al centro, esperábamos que las tiendas _____[d] abiertas. Lástima, tuvimos que esperar media hora. María sugirió que _____[e] un café mientras tanto.

Finalmente se abrieron las tiendas. Buscábamos nuevos trajes de baño, pero no nos permitieron que los _____[f] en los tocadores porque estaban reparándolos. ¡Ojalá que lo _____[g] muy pronto! No voy a comprar un traje de baño sin probármelo. Pero lo necesito urgentemente. Mi novio quiere que nosotros _____[h] a un amigo suyo a la playa.

Selecciones:

[a] lleve, llevara; [b] tomara, tome; [c] hubiera, hay; [d] estuvieran, estén; [e] tomemos, tomáramos; [f] probemos, probáramos; [g] terminen, terminaran; [h] acompañemos, acompañáramos

Tarea escrita

Ahora, escriba por lo menos cuatro oraciones sobre un día de compras con un amigo o una amiga. Se puede utilizar algunas frases de los ejercicios como modelo para sus oraciones. Al fin, compare sus oraciones con las de otros estudiantes.

Choices

Read the following examples. First, fill in the blank with the correct form of the verb given in parentheses. Clues to the context are provided by the other sentence(s). Then revise each sentence by choosing alternative words to replace the verb in parentheses. *It is not necessary to fill in all the blanks for choices.* Write your revised sentences on a separate sheet of paper. You may have to change the original sentence slightly to accommodate your choices.

Para el novelista Azuela, era una lástima que ___se quedaran___ tan pobres muchos campesinos mexicanos. Todavía hay mucha pobreza. (quedarse)

Choices: ___fueran___, ___fueran dejados___, ___permanecieran___

Será necesario que Ud. ___haga___ los planes. A mí no me da tiempo. (hacer)

Choices: ___formule___, ___prepare___, ___finalice___

1. Uds. me han pedido que les _____ a cambiar de apartamento. Pero, he

   lastimado la espalda. (ayudar)

   Choices: _____, _____, _____.

2. Bolívar no había querido que los pueblos liberados se _____ diferentes estados.

   Había soñado con un solo estado. (hacer)

   Choices: _____, _____, _____.

3. Los padres de Pablo temen que todavía no _____ a sus amigos delincuentes. Están

desesperados. (dejar)

   Choices: _____, _____, _____.

4. Era improbable que la Malinche _____ aprender el español en diez semanas. (poder)

   Choices: _____, _____, _____.

5. Se alegran los estudiantes de que nosotros no _____ en el accidente. Hemos

   escapado salvos y sanos. (lastimarse)

   Choices: _____, _____, _____.

6. En el cuadro de *Las Meninas,* se sugería que los reyes _____ el aposento donde

   pintaba Velázquez. Posiblemente, así observaron la escena. (visitar)

   Choices: _____, _____, _____.

7. En las reformas de la tierra había oportunidades de que la _____ los campesinos

   mexicanos. Pero no habrían tenido suficiente dinero. (poseer)

   Choices: _____, _____, _____.

8. Los maestros no están sorprendidos que yo _____ los primeros premios. Cada año

   he trabajado como loco para ganarlos. (merecer)

   Choices: _____, _____, _____.

Continuación

Complete el siguiente párrafo sobre la conquista de México por Hernán Cortés. Utilice los verbos en el subjuntivo. Se puede sustituir los verbos de la lista con otros, pero guarde el sentido del párrafo.

La gran aventura española

Cuando salió de Cuba para México, Cortés había recibido la orden del gobernador que

_____ dentro de un período específico. Una vez en Veracruz, unos soldados empezaron a pedirle que todos _____ a Cuba. Cortés mandó que se _____ las naves. Así, era imposible que los españoles _____ de México. Mientras tanto, el gobernador de Cuba se arrepintió de haber mandado a Cortés. Temía que él _____ demasiado ambicioso. Por esa razón, el gobernador envió una fuerza a México con órdenes de que le _____ el mando a Cortés. Pero Cortés convenció a esos soldados que _____ con él para gozar de las riquezas de ese país.

Lista: desmantelar, quedarse, quitar, regresar, salir, ser

PRÁCTICA AVANZADA

Escoja un tema de interés sobre un acontecimiento histórico. Escriba por lo menos cuatro oraciones, utilizando los verbos en el subjuntivo. Trate de emplear cambios de persona, conjunto y contexto.

Respuestas

In this exercise, you will use various tenses of the subjunctive in response to a question or statement. Study the examples, paying close attention to the context of the sentence. Complete the exercise by referring to the English words and the verb in italics. To avoid direct translation, the English words are given out of order. Some items begin with a few words in Spanish to help you along.

—¿Por qué no llegaste a la reunión el año pasado?

—Bueno, una nevada inesperada impidió que yo pasara por las montañas.

(well,/snowstorm/me/an unexpected/prevented/the mountains/through.   *pasar*)

—El gobernador de Cuba no tenía confianza en Cortés, ¿verdad?

—Es cierto. Temía que Cortés asumiera demasiados poderes.

(that's right. / that Cortés/he was afraid/power/too much.   *asumir*)

1.   —Mire, señora, conseguí las mejores calificaciones en la clase de computadoras.

—Me alegro de que _____.

(I'm glad that/about computers/you have/so much.   *aprender*)

2.   —¿Qué crees? ¿Podremos ver las ruinas de los castillos árabes mañana?

—Ojalá que sí. _____.

(I hope so. / however/your umbrellas/I advise/you.   *llevar*)

3.   —¿Qué requisitos tendrá el banco acerca de este préstamo?

—Van a requerir _____.

(they'll require/in advance/that you/for a whole year/interest.   *pagar*)

4 .   —Esteban me dijo que estuvo esperándote en el café pero no llegaste.

—¡No te lo creo! _____.

(I don't believe it! / asked/never/me/he/to the café   *ir*)

5. —¿No me vas a prestar esa novela?

    —Todavía no. _____.

    (not yet. / has asked/the teacher/about it/us/an essay.   *escribir*)

6. —¿Por qué gritaron Uds. a esa niña?

    — _____.

    (we/that/were afraid/she/the well.   *caerse*)

7. —Y, ¿cómo ocurrió que Ud. había vivido en una villa durante sus estudios?

    —Bueno, _____.

    (well/a friend's parents/their son/thought/I/English/to learn.   *ayudar*)

8. —¿Es verdad que los noruegos descubrieron América?

    —Así parece. _____.

    (looks like it. / that the Norwegians/the continent/doubted/I had always.   *descubrir*)

Aplicación

Continúe con la narración de la conquista de México. Utilice las indicaciones en inglés como modelo para el informe.

Contexto	Español
The governor wanted his soldiers to hang (*ahorcar*) Cortés.	El gobernador quería ... a Cortés.
It was necessary for Cortés to leave Veracruz.	Era necesario que ...
It was important for the Spanish to keep (*mantener*) the peace in Tenochtitlan.	Era importante que ...
At a celebration, Alvarado feared the Indiand would attack.	Durante una celebración, Alvarado temía que ...
He ordered his men to shoot the attackers.	Les mandó a sus soldados que ...
The Spanish were forced to take refuge (*refugiarse*) in a palace.	Era preciso que ...

EXPERIENCIAS

En un papel, escriba por lo menos cuatro oraciones sobre una situación peligrosa. Después, compare sus oraciones con los modelos.

II. Situaciones inciertas: Antecedentes indefinidos

Forma y contexto

No hay duda de que cada persona espera que se realicen los deseos e ideales, ¿no? Pues, en la cultura hispana se reconoce que, aunque uno piense en la incertidumbre de la vida, la realidad puede ser diferente. Por eso se distingue entre los hechos y lo esperado, lo real y lo irreal. Por ejemplo, examine este diálogo entre un hombre que quiere comprar acciones en la bolsa de valores y su agente.

—Cómpreme unas acciones que suban de valor.

—¡Si yo supiera esto, no trabajaría para Ud.!

La realidad es que no sabemos qué va a suceder en la vida. Así que, hay que cambiar el orden al agente: "Búsqueme unas acciones que puedan subir". En este ejemplo, la subida del precio es posible pero no cierta. Así el *antecedente* del verbo (*unas acciones*) tiene aspecto de incertidumbre. El agente puede responder: "No hay acciones que puedan subir en esta situación económica". (Mire que el antecedente refleja algo que no existe.) En tal caso, no podemos decir que las acciones pueden subir si no hay tal posibilidad.

Ejemplos

No conozco una escuela que *tenga* un equipo como el nuestro.
I don't know of any school that *has* a team like ours.

Al salir para las Indias, Cortés no tenía nadie que *supiera* los dialectos indios.   Setting off for the Indies, Cortés didn't have anyone who *knew* the Indian dialects.

Durante el reino de Carlos V, ningún imperio *hubiera sido* tan extenso como el de España.
No other empire *was* as extensive as Spain's during the reign of Carlos V.

GRAMMAR NOTE

As noted above, no one knows which way the stock market will go, what the weather will be, or whether you'll be well liked throughout life. So, Spanish has to use something other than the indicative to express comments about something that can't be predicted or that doesn't exist. The subjunctive does this nicely:

No hay posibilidad de que él *gane*.
There is no chance of his *winning*.

Nunca había leído una novela que me *hubiera encantado* tanto.
I had never read a novel that *had enchanted* me so much.

Me costó trabajo hallar un regalo que te *gustara*.
It was really hard for me to find a gift that you *would like*.

Práctica

Choose the appropriate form of the subjunctive and write it in the space in each sentence as shown in the examples. Notice the context in which the verb is used.

No hay nadie que ___quiera___ dejar de practicar. (querer)

Posiblemente, no había muralista que ___pintara___ con tanta ferocidad como Orozco.
(pinte, pintara)

1. Quiero un carro que les _____ la atención a los vecinos. (llame, llamara)

2. No había nadie que me _____ que yo engañara a otro ser humano. (mandara, haya mandado)

3. Con esta garantía, no hay posibilidad de que _____ dinero. (perdiéramos, perdamos)

4. Busco alguien que _____ los mejores apuntes. (haya escrito, escribiera)

5. No se preocupe. Su hijo le llamará cuando _____ a Acapulco. (llegue, hubiera llegado)

6. Los españoles estaban desesperados por hallar dónde los aztecas _____ el tesoro. (hayan escondido, hubieran escondido)

7. Para vivir sano, no hay mejor sistema que uno _____ bien. (se alimente, se alimentara)

8. Debido a la mala reacción de los estudiantes, no habrá un autobús que _____ un grupo al partido. (transporte, haya transportado)

9. En la clase no había nadie que _____ los nombres de los reyes católicos. (hubiera sabido, supiera)

10. ¿Me prometerás que me _____ cuando _____ los invitados? Estaré arreglándome. (avises, avisaras; lleguen, hubieran llegado)

Escenario

Las complicaciones de la vida

Llene los espacios para completar el diálogo entre un estudiante y su consejero. Al final del párrafo hay una lista de las selecciones para cada espacio. Las selecciones corresponden a las letras que siguen los espacios.

—He conseguido empleo por las tardes. Quiero clases que _____[a] solamente por la mañana. Tan pronto como _____[b] posible, quiero inscribirme en las clases que no _____[c] difíciles. Tampoco quiero clases que me _____.[d]

—¿De qué planeta eres? Debes entender que no hay clases como las que _____.[e] Recomiendo que busques trabajo que le _____[f] asistir a las clases por la tarde. También le aviso que examines el horario para unas clases que _____[g] por la noche.

—¿Hay otros consjeros que me _____?[h]

Selecciones:

[a] se ofrezcan, se ofrecieran; [b] fuera, sea; [c] sea, sean; [d] aburran, aburrieran; [e] prefieras, prefirieras; [f] permita, permitiera; [g] darán, dará; [g] se dieran, se den; [h] avisaran, avisen

Tarea escrita

Ahora, escriba por lo menos cuatro oraciones sobre un horario ideal. Se puede utilizar algunas frases de los ejercicios como modelo para sus oraciones. Al fin, compare sus oraciones con las de otros estudiantes.

Choices

Read the following examples. First, fill in the blank with the correct form of the verb given in parentheses. Clues to the context are provided by the other sentence(s). Then revise each sentence by choosing alternative words to replace the verb in parentheses or the underlined word in the sentence. *It is not necessary to fill in all the blanks for choices.* Write your revised sentences on a separate sheet of paper. You may have to change the original sentence slightly to accommodate your choices.

Quiero un curso que no __requiera__ que yo escriba informes. Con mi nuevo trabajo, no puedo estudiar mucho. (requerir)

Choices: __mande__ , __necesite__ , __obligue__ .

En mi grupo, buscábamos informes acerca de seres extraterrestres que __vinieran__ a la Tierra. Por supuesto, nadie estaba seguro si estuvieran aquí. (venir)

Choices: __tocaran tierra__ , __visitaran__ , __hubieran venido__

1. Ojalá que se busque una política en la América Central que _____ una

   participación militar. No es cobardía odiar la guerra. (evitar)

   Choices: _____, _____, _____.

2. Posiblemente un día habrá un aparato para ciegos que los _____ contra accidentes.

   Necesitan evitar los obstáculos. (proteger)

   Choices: _____, _____, _____.

3. El sacrificio y la abnegación no son actitudes que _____ las mujeres latinas,

   según los telenovelistas. Tal vez los telenovelistas estén influidos por el sexismo o el machismo.

   (renegar)

   Choices: _____, _____, _____.

4. Una vez yo había buscado un tesoro que me _____ rico y feliz. La encontré; se llama

   Anita. No sé si hubiera llegado a ser rico, pero soy feliz. (hacer)

   Choices: _____, _____, _____.

5 . A ver, no hay más de un país americano donde _____ una mujer como presidente.

Hay gobernadoras en algunos estados en los Estados Unidos. (haber)

Choices: _____, _____, _____.

6. Para marido, yo quiero alguien que _____ hacer los quehaceres de la casa. (saber)

Choices: _____, _____, _____.

7. Cortés le demandó que Cuauhtémoc le dijera dónde los aztecas _____ el tesoro.
(esconder)

Choices: _____, _____, _____.

8. Manrique, el poeta lírico, sugería que no había una muerte que nos _____. No hay

duda de que no todas han sido respetadas. (celebrar)

Choices: _____, _____, _____.

PRÁCTICA AVANZADA

Escoja un tema de interés sobre cómo sería su vida si ganara un millón de dólares. Escriba por lo
menos cuatro oraciones, utilizando los verbos en el subjuntivo. Trate de emplear cambios de persona,
conjunto y contexto.

Respuestas

In this exercise, you will use the subjunctive in response to a question or statement. Study the examples, paying close attention to the context of the sentence. Complete the exercise by referring to
the English words. To avoid direct translation, the English words are given out of order. Some items
begin with a few words in Spanish to help you along.

> —Pues, hábleme de sus deseos para el porvenir.
>
> —Bueno, primero quiero una forma de vida que me mantenga sano.
>
> (well,/a lifestyle/I want/first/that/healthy/me.   *mantener*)
>
> —Se alegraban tus padres de que hubieras cambiado de carrera.
>
> —Por supuesto, yo no había querido tener una carrera que me hubieran impuesto.
>
> (of course,/to have/I didn't want/that/on me/they had.   *imponer*)

1. —¿Qué buscas en ese álbum?

—¿No hay _____.

(aren't there/in which/any photos/we/all together?   *estar*)

2. —¿No han encontrado los arqueólogos descripciones sobre la vida diaria de los aztecas?

—Casi ninguna. _____.

(almost none. / those that/the history/were destroyed/have described.   *poder*)

3.   —¿Por qué no se han matriculado ustedes en sus cursos?

—_____.

(we're looking/who/for teachers/courses/very simple.   *ofrecer*)

4.   —¿Por qué has vendido el automóvil? ¿No te gustó?

—Sí, mucho,_____ repararlo.

(yes, a lot,/but/a mechanic/who/there isn't/how to repair it.   *saber*)

5.   —Te han llamado otra vez al despacho de los consejeros. ¿Qué tienes?

—Nada._____.

(nothing. / of any school/I don't know/such nosy/that/counselors.   *tener*)

Aplicación

Continúe con el informe sobre la conquista de México. Utilice las indicaciones en inglés como modelo para el informe.

Contexto	Español
The Spanish had taken Tenochtitlán.	Los españoles habían ...
It was urgent for Cortés to go to Veracruz.	Era urgente que ...
He told Alvarado to keep the armed peace.	Le dijo a Alvarado que ...
After attacking the Indians, the Spaniards had to take refuge.	Después de atacar ... era preciso que ...
In a month, it was essential for them to leave the city.	Dentro de un mes, era preciso ...
On leaving, they hoped the Aztecs wouldn't hear them.	Al salir, esperaban que ...
A bridge got stuck and they had to swim in order to escape.	Se atascó un puente y ...
Many had gold in their pockets.	Muchos tenían oro ...
It was impossible for them to swim or escape.	Era imposible que ...
The Aztecs caught many of them.	Los aztecas ...
Cortés feared that all would be sacrificed.	Cortés temía ...
He was right. During "la Noche Triste," no one could avoid hearing their screams.	Tuvo razón. Durante ... no había nadie que ...

EXPERIENCIAS

En un papel, escriba por lo menos cuatro oraciones sobre una noche triste verdadera o ficticia. Después, compare sus oraciones con los modelos.

III. Imperativos

Forma y contexto

Debido a que todos tenemos quehaceres (tareas o trabajos) y, a veces, no tenemos tiempo para hacerlos, necesitamos la posibilidad de mandar a otros para que ellos realicen esos quehaceres. Entonces, necesitamos el modo imperativo para poder comunicar nuestros deseos o mandatos.

Además del modo imperativo, hay otras formas de expresar un mandato. Considere este ejemplo: "Venga Ud. a casa, por favor". (Suena más como una invitación que un mandato, ¿verdad?) Otras peticiones son más indirectas:

1. *Comamos* en el Taco Lleno esta noche. (*Let's eat* at Taco Lleno tonight.)

2. ¡*Que vayan* a la biblioteca ahora! (*Let* [*Have*] them *go* to the library now!)

Otras peticiones indirectas o corteses se expresan con *quizás, tal vez* y *ojalá:*

1. Tal vez (quizás) *comamos* en el Taco Lleno, ¿no? (Maybe *we'll eat* at Taco Lleno.)

2. ¡*Ojalá que no vayamos* al desfile! (*Let's hope we don't go* to the parade!)

Ejemplos

Abran Uds. los libros.	*Open* your books.
Abre tú el libro.	[You] *Open* the book.
Cierre Ud. la puerta.	*Close* the door.
No *cierras* la puerta.	*Do*n't *open* the door.

Niños, *que terminen* sus proyectos en diez minutos.
Projects *stop* in ten minutes, kids.

Ojalá que nadie *supiera* lo que ocurrió en la playa.
If only no one *found out* what happened at the beach.

Vámonos. Sentémonos antes de que arranque el tren.
Let's go. Let's sit down before the train pulls out.

GRAMMAR NOTE

The forms of the imperative should be familiar to you. After all, your teachers have given you instructions since the first day of Spanish class! Let's review the imperative forms now.

Formal Commands

Ud./Uds.: third person singular/plural of the present subjunctive:

ar verb: -*e* usted / -*en* ustedes (habl**e**, habl**en**)

er and **ir** verbs: -*a* usted / -*an* ustedes (corr**a**, corr**an**; escrib**a**, escrib**an**)

For negative commands, just add *no* to the above (*no hable, no corra, no escriba*).

Familiar Commands

Tú: third person singular of the present tense (indicative)

Compra tus regalos temprano este año.	*Buy* your gifts early this year.
Come con gusto.	*Eat* heartily.
Escribe tu nombre en la raya.	*Write* your name on the line.

Vosotros: infinitive minus the *r* plus a *d*:

Preparad las lecciones con cuidado.	*Prepare* your lessons carefully.
Comed la paella valenciana.	*Eat* the Valencian paella.
Dormid con los ángeles.	*Sleep* with the angels.

Negative Familiar Commands

Tú: *no* + second person singular of the present subjunctive (for regular verbs)

No hables, comas ni *escribas* tan de prisa.	*Don't speak, eat,* or *write* so fast.

Vosotros: no + second person plural of the present subjunctive (for regular verbs).

For irregular verbs, use the present subjunctive as modified in the stem: *no vayais*

Irregular Familiar Commands

An irregular pattern with the second person uses the irregular stem alone:

Venir: *Ven* tú conmigo. (*Come* with me.)

Poner: *Pon* tus libros en el cuarto. (*Put* your books in the room.)

Others like this are **valer**, *val*; **salir**, *sal*; **tener**, *ten*. Combined forms with any of these stems follow the same pattern: **mantener**, *manten*; **proponer**, *propon*.

Some irregular verbs require a few modifications in the singular command:

Hacer: *Haz*   **Decir:** *Di*   **Ser:** *Sé*   **Ir:** *Ve*

Pronouns with Commands

Pronoun objects go at the end of the command, except in the negative when they follow the normal rule of placement—in front.

Escríbelo tú.   *Escríbalo* Ud.   *Ponlo* aguí.   *Póngalo* aquí.

Note that adding pronouns to the commands sometimes requires adding an accent mark to retain the original emphasis of the word (*mírelo, dímelo, búsquenlo*).

No *me lo* escribas. No *me lo* escriba. No *lo* pongas aquí. No *te* vayas.

Indirect Commands

Indirect commands are created in several ways:

1. Simply by using *que* and the appropriate person of the present subjunctive: *Que suban* al autobús. *Que no te largues. Que* lo *haga* Enrique.

2. By using *vamos a* plus the infinitive: *Vamos a bailar.* This construction is a way of saying "Let's."

3. "Let's" or "Let us" can also be expressed by the first-person plural of the present subjunctive: *Hablemos* con el director. *Corramos* más rápido.

   Examples of indirect commands:

¡Que vengan los rusos!	Let (May) the Russians come!
Que toquen "La Bamba".	Let them (May they) play "La Bamba."
Trabajemos juntos, ¿está bien?	Let's work together, OK?
Vámonos.	Let's go.

Práctica

Choose the appropriate form of the subjunctive or imperative and write it in the space in each sentence as shown in the examples. Notice the context of the commands.

   __Estudien__ ustedes veinte palabras para el examen. (Estudie, Estudien)

   No __pagues__ el primer precio que te pidan en el mercado. (pagues, pague)

1. Alumnos, _____ todas las frases españolas en inglés. (traduzcan, traduce)

2. Perdone, señor. No _____ la cámara dentro del teatro. (trae, traiga)

3. Es casi el fin de semana. ¡Que _____ las fiestas! (comience, comiencen)

4. Quizás _____ al pueblo en las montañas. (vayamos, vámonos)

5. Jorge, _____ temprano. Mañana tienes que despertarte a las cinco. (acuéstate, acuéstese)

6. No _____ ustedes. Pronto comenzará el concierto. (se quejen, quéjense)

7. No _____ la cara tan triste. Ella te llamará otra vez. (ponte, te pongas)

8. Que _____ más rápido. Ya viene el autobús. (corremos, corramos)

9. _____ vuestro propio perdón, no os lo doy en la iglesia. (Supliquen, Suplicad)

10. _____ lo que quieras, no voy a abandonar a mi amigo. (Haz, Haga)

Escenario

Un desacuerdo sobre las responsabilidades

Llene los espacios para completar el diálogo entre dos hermanos. Al final del diálogo hay una lista de las selecciones para cada espacio. Las selecciones corresponden a las letras que siguen los espacios.

—Bueno, que _____[a] la nota de mamá. *(La lee.)* "Que _____[b] y

_____[c] la casa. No _____[d] en peleas." Está bien.

_____[e] lo que te toca hacer.

—¿Qué me toca a mí? Que _____[f] todo juntos, tú y yo.

—¡No _____[g] tonto! No _____[h] dejarme a mí tus

responsabilidades. Yo soy el mayor. Que _____[i] lo que te mande.

—¡Ni modo! Solamente _____[j] lo que quieras y yo te superviso.

Selecciones:

[a] leamos, leemos; [b] se ayuden, nos ayudemos; [c] limpien, limpian; [d] se metan, métanse; [e] Oiga, Oye; [f] hacemos, hagamos; [g] sé, seas; [h] espera, esperes; [i] haz, hagas; [j] dígame, dime

Tarea escrita

Ahora, escriba por lo menos cuatro oraciones sobre una pelea entre hermanos o entre hermanas. Se puede utilizar algunas frases de los ejercicios como modelo para sus oraciones. Al fin, compare sus oraciones con las de otros estudiantes.

Choices

Read the following examples. First, fill in the blank with the correct form of the verb given in parentheses. Clues to the context are provided by the other sentence(s). Then revise each sentence by choosing alternative words to replace the verb in parentheses or the underlined word in the sentence. *It is not necessary to fill in all the blanks for choices.* Write your revised sentences on a separate sheet of paper. You may have to change the original sentence slightly to accommodate your choices.

Tú, hijo, estás cansadísimo. ___Deja___ tu juego ahorita. (dejar)

Choices: ___Para___ , ___Termina___ , ___Olvida___ .

___Esperen___ , jóvenes. Ya empieza la venta de entradas para el concierto. Que no empujen, por favor. (esperar)

Choices: ___Quítense___ , ___Cálmense___ , ___griten___ .

1 . _____ solamente la verdad de ese asunto. No temas nunca la verdad, hijo.

(decirme)

Choices: _____, _____, _____ .

2. _____ Uds. estas frases en sus cuadernos. <u>Complétenlas</u> con cuidado. (escribir)

   Choices: _____, _____, _____.

3. ¡Que _____ este aeroplano! Basta con dos horas en la terminal. <u>Vámonos</u>. (salir)

   Choices: _____, _____, _____.

4. _____ tu cuarto porque vienen huéspedes. Mantenlo bien arreglado, ¿está bien? (limpiar)

   Choices: _____, _____, _____.

5. No _____ todavía, nieto. Necesitas limpiarte los dientes antes de salir. (irse)

   Choices: _____, _____, _____.

6. _____, Vuestra Merced, que no os diré donde se escondió el oro. No voy a decir nada. (matarme)

   Choices: _____, _____, _____.

7. _____ nosotros solamente en español, ¿está bien? <u>Empecemos</u> sin pensar en los errores. (hablar)

   Choices: _____, _____, _____.

PRÁCTICA AVANZADA

Escoja un tema de interés sobre las clases. Escriba por lo menos cuatro oraciones, utilizando los imperativos directos e indirectos. Trate de emplear cambios de persona, conjunto y contexto.

Respuestas

In this exercise, you will use the imperative and indirect commands in response to a question or statement. Study the examples, paying close attention to the context of the sentence. Complete the exercise by referring to the English words and the verb in italics. To avoid direct translation, the English words are given out of order. Some items begin with a few words in Spanish to help you along.

—Hay dos grupos que no quieren separarse durante la excursión.

—<u>Bueno, que vayan juntos en el mismo autobús.</u>_____.

(fine,/together/in the same/let them/bus.   *ir*)

—Alicia, tú eres buena para las matemáticas. No entiendo ese problema.

—<u>No te preocupes. Te ayudo después de las clases.</u>_____.

(don't. / after/I'll help/classes/you.   *preocuparse*)

1. —¿Están Uds. preocupados por los jugadores enorme del otro equipo?

    —Que _____.

    (let/them. / we/a plan/have/them/to defeat.   *venir*)

2. —¡Cómo se destacó ese torero!

    —¡Olé! ¡Que _____!

    (hurrah! / let/two ears/him!   *cortar*)

3   —Vuestra majestad. Acaban de destrozar otra escolta.

    —¡Que _____!

    (we/should/those pirates!   *ahorcar*)

4. —Quiero visitar una región cerca del mar.

    —Bueno pues, _____.

    (well then,/ let's/to Galicia/the Cantabrian Sea/to see.   *viajar*)

5 . —¿A qué hora empieza la fiesta en tu casa?

    —A las ocho. _____.

    (At eight. / early/but/to help me.   *venir*)

Aplicación

Escriba una lista de instrucciones para los estudiantes recién llegados a su escuela. Utilice las indicaciones en inglés como modelo para la lista.

Contexto	**Español**
Arrive on time every day.	... a la clase a tiempo ...
Come to class prepared for the day's work.	... preparados ...
Don't chew gum in class.	Que no ...
Bring your book, pencils and notebooks.	... sus libros, ...
Listen to the questions and answer them out loud.	... las preguntas y ... en voz alta.
Raise your hand to speak, and don't interrupt the teacher.	... la mano para hablar, y no ... al maestro
Write down the homework assignments daily.	... las tareas ...
Pay attention in class, even if you're sleepy.	... atención ... aunque ... sueño
Take these rules seriously and follow them to the letter.	reglas ... y ... al pie de la letra

EXPERIENCIAS

En un papel, escriba por lo menos cuatro oraciones sobre consejos para triunfar en la vida. Después, compare sus oraciones con los modelos.

IV. ¡Escriba con estilo!

SELECCIONES DE MODO

Explicación y modificaciones

Lea la primera selección de abajo. Busque las palabras difíciles en un diccionario y apúntelas en un cuaderno de nuevas palabras. Analice la construcción de las oraciones para entender el sentido o significado básico del autor, y la función estilística del subjuntivo, del imperativo y de los mandatos indirectos. También, examine la primera modificación basada en la selección original. Es una composición nueva con solamente sustituciones de vocabulario.

Selección original:

«Yo temblaba de que otra vez se apareciese el estudiante y alargase a nuestro paso su mano de fantasma, goteando agua bendita.» ("Mi hermana Antonia" de Ramón del Valle-Inclán en *Cuentos y narraciones* de Harriet de Onís, pág. 75.)

Primera modificación:

Yo tiritaba de que de nuevo se mostrara el joven y estirara a nuestra ruta su mano de aparición, tirando agua de bautistas.

Ahora, examine la segunda modificación. Es un ejemplo de la tarea de esta sección: escribir una nueva composición basada en su selección de algunos párrafos de estilo literario.

Segunda modificación:

Yo temía de que de nuevo se descompusiera el auto y arruinara nuestras vacaciones su reparación complicada, costando además mucho dinero penosamente ahorrado.

Análisis:

El examen de la sintaxis nos revela la relación que esta forma subjuntiva establece entre una condición personal *(temblaba, tiritaba, temía)* y las posibilidades que la influyen: *se apareciese, se mostrara, se descompusiera; alargase, estirara, arruinara.* Naturalmente, no se sabe si las posibilidades resultarán o no. Es por eso que el español tiene esta forma verbal.

TAREA ESCRITA

Ahora, escriba en un papel una composición nueva basada en la selección original con sustituciones de vocabulario. Mantenga la forma y las ideas de la original. Después, trate de escribir otra composición semejante sobre un tema de interés personal. Se puede cambiar el vocabulario necesario para expresar sus propias ideas.

Práctica

The following are simplified versions of the selections listed below. Complete the exercises by: (1) underlining the correct form which is similar to that used in the style selections, or (2) writing the correct form of the verb given in parentheses in the space provided.

1. Cuando Ud. _____ tiempo, _____ acá con confianza para que se

   relacione y conozca a nuestra sociedad. (tener, venir)

2. La consecuencia de que ella me aplastara y de que sabía golpear fuertemente no consiguió que yo la

   (odiaba, odiara).

3. Por el pánico que les asía a sus soldados, era necesario que los jefes _____ fuego sobre

   ellos y que _____ el orden. (hacer, establecer)

4. Como aparecen nubes en el cielo claro, no hay belleza tan perfecta que no _____ un

   defecto. (tener)

5. Es posible que Ud. _____ un cuarto y le aconsejo que lo _____ por

   mes. (alquilar, hacer)

6. A causa de las condiciones, es improbable pero no imposible que _____ un

   tren en este pueblo. (pararse)

Ejercicios

Analice las selecciones siguientes. Busque las palabras difíciles en un diccionario. Después, escriba nuevas composiciones al sustituir las palabras subrayadas. Cambie el vocabulario para expresar sus propios pensamientos. Compare sus composiciones con los modelos y con las composiciones de otros estudiantes. Si quiere, puede trabajar en un grupo o en pareja. (Mínimo: dos selecciones)

1. «—Sin embargo —replicó ...— cuando tenga tiempo, venga Ud. con confianza: yo deseo que Ud. se

   relacione y vaya conociendo a nuestra sociedad.» (Martín Rivas de Blest Gana, pág. 60.)

2. «Qué mujer era pues esa, que sabía golpear tan fuertemente y que sin embargo ... de su fuerza, no

   lograba hacerse odiar. Me aplastaba, me desdeñaba, pero sin conseguir que yo la odiara. (Pensativa de

   Jesús Goytortúa, pág. 19.)

3. «... presa de pánico, muchos volvieron grupas resueltamente, otros abandonaron las caballerías. ... Fue

   preciso que los jefes hicieran fuego sobre los fugitivos para restablecer el orden.» (Los de abajo de

   Mariano Azuela, pág. 10.)

4. «Pero así como no hay cielo sin nubes, no hay belleza tan perfecta que no tenga su defectillo, y el de

   doña Catalina era tener dislocada una pierna, lo que al andar la daba el aire de goleta balanceada por

   mar boba.» («Las palomitas sin hiel» de Ricardo Palma. Cuentos y narraciones, pág. 28.)

5. «Alquile usted <u>un cuarto</u> <u>inmediatamente</u>, ... <u>En caso de que</u> pueda <u>conseguirlo</u>, <u>contrátelo</u> por <u>mes</u> ...» (Pasaje del cuento, «El guardagujas» de Juan José Arreola, *Calidoscopio español,* ed. por Robert D. O'Neal y Marina García Burdick, pág. 114.)

6. Dadas las condiciones <u>actuales</u>, ningún <u>tren</u> tiene <u>la obligación</u> de <u>parar</u> <u>por aquí</u>, pero nadie <u>impide</u> que eso pueda <u>suceder</u>. (Pasaje redactado del cuento «El guardagujas», *Calidoscopio español,* pág. 115.)

V. Vocabulario

EJERCICIO DE VOCABULARIO

En esta unidad, Ud. ha buscado los significados de varias palabras. Ahora, vamos a ampliar el vocabulario al examinar las relaciones entre familias de palabras. También vamos a ver cómo se puede extender el significado mediante la correspondencia de un conjunto de palabras. Se presentan unas cuantas familias y conjuntos a continuación. En los conjuntos, las palabras subrayadas son sinónimos o antónimos. Para entenderlas mejor, consulte un diccionario.

Familias	**Conjuntos**
reparar/reparación/reparo/reparador/reparón	alargar/prorrogar/estirar/<u>acortar</u>
gotear/gota/goteo/gotero/gotera	detener/parar/atajar/arrestar/<u>liberar</u>
aparecer/aparecido/aparición/aparente	temblar/temer/tiritar/<u>calmarse</u>
costo/costar/costeo/costoso	fantasma/aparición/visión/imagen/<u>realidad</u>

Familias y conjuntos

INSTRUCCIONES: El vocabulario de una lengua consiste, en gran parte, en agrupaciones o conjuntos de palabras. Estilísticamente, el escritor necesita una familia grande de palabras para desarrollar sus pensamientos. Experimente con las palabras de algunas familias o algunos conjuntos de arriba.

TAREA ESCRITA

En un papel, escriba por lo menos cuatro oraciones sobre un tema y use cualesquiera de las frases anteriores que Ud. prefiera.

Familias y conjuntos

En las selecciones y los ejercicios anteriores, aparecen otras familias de palabras con que Ud. puede practicar. Aquí se indica el valor gramatical de las palabras: verbo, sustantivo, adjetivo, adverbio, etc.) Busque otros ejemplos en un diccionario. Escriba oraciones sobre sus experiencias o sobre las experiencias de otros conocidos. (Mínimo: cuatro oraciones)

dañar	dañino	daño	dañoso	
(verbo	adjetivo	sustantivo	adjetivo)	

actuar	actual	actuación	actualidad	actualmente
(verbo	adjetivo	sustantivo	sustantivo	adverbio)

razonar	razón	razonable	razonamiento
(verbo	sustantivo	adjetivo	sustantivo)

Palabras en contexto

Observe las combinaciones de las siguientes familias y sus clasificaciones. Note que se identifican las palabras mediante su sentido o sus usos, no por su descripción gramatical. El sentido de una palabra depende, en mayor parte, de nuestro entendimiento de su uso en la oración. Busque el significado de las palabras desconocidas.

temer	temeridad		temeroso	temible	temor	temerario
(sentir	condición = rasgo + acción		condición	condición	sentido	actitud, condición

recordar	recuerdo	recordativo	recordatorio	recordable
(acción	acción	condición y cosa	cosa	condición)

obstinarse	obstinación	obstinado	obstinante
(acción	condición y evento	condición	condición y cosa)

nutrir	nutrición	nutrido	nutrimento	nutritivo
(acción	clasificación	resultado	cosa	condición)

Tarea escrita

Ahora, describa a algunos jóvenes o miembros de su familia de manera personal, empleando algunas palabras de la sección de vocabulario.

Ampliando el vocabulario

Abajo hay otras palabras que tienen derivaciones como las que hemos presentado aquí. También, tienen sinónimos y/o antónimos. Busque palabras relacionadas y sinónimos y antónimos de las siguientes palabras. Luego, escríbalos en los espacios.

Verbo	Palabras relacionadas	Sinónimos o antónimos
proponer	propuesto, propósito	plantear, declarar / rechazar
pasar	_____	_____
expulsar	_____	_____
complicar	_____	_____

Verbo	Palabras relacionadas	Sinónimos o antónimos
partir	_____	_____
tornar	_____	_____
esconder	_____	_____

VI. Grammar as Culture and Style

Unidad 5 dealt with the relationships between people in the Hispanic culture wherein one person's intentions, desires, or expectations, depended upon the responses of another, be it a person, animal, or institution. The idea is that one does not control the other, so the verb that belongs to the other must be in the subjunctive. These relationships occur with all tenses in Spanish.

Another aspect of this cultural perspective deals with states, things, people, or actions that are relative to others. If something does not exist, the culture will not allow the language to express it as though it did ("Get me a date who will [might] interest me.") If you don't already know of such a person, the language cannot be definite or indicative *(quien me interesará)*. The idea must be expressed in the subjunctive *(quien me interese)*. The subjunctive expresses uncertainty or nonexistence. The key to using the subjunctive is to practice, practice, practice, until you develop a sense of the mode. Translation from English to Spanish will not help you here.

There are two sets of endings for the imperfect subjunctive: *-ra* and *-ase/ese*. They are interchangeable; however, *-ra* is used more frequently in the Americas. However, when the subjunctive substitutes for the conditional, then only the *-ra* form is correct for example, *¿Qué quisiera comprar?* (What *would* you want to buy?)

Imperatives

You can better understand why Spanish uses this form for commands if you consider that the culture accepts that the person issuing the command has almost no effective control over the person or thing designated to carry out the task. Yet, we all have to get things done, and we rely on others to do them. There are two ways to express a command, directly with the imperative form or indirectly with various other constructions. Since courtesy is valued, the indirect approach is frequently employed.

Refer to the grammar notes throughout the unit to review the formation of the subjunctive in the past and the two ways to express commands.

OTROS USOS DEL SUBJUNTIVO

I. Las conjunciones

Forma y contexto

En esta unidad se puede ver aún más claramente el uso del subjuntivo para expresar lo irreal o lo indefinido. Por ejemplo, si quiere comprar unas acciones de la compañía *X* y hay posibilidades de una subida del precio, Ud. quiere comprar sus acciones *antes* de la subida, por supuesto. Pero Ud. no puede influir en la subida ni puede saber cuándo o si el precio va a subir o bajar. Entonces, hay una relación entre su compra y la subida que se puede expresar así: "Quiero comprar unas acciones *antes de que suba* el precio". La subida es solamente una posibilidad. *Antes de que* es una conjunción que precede una cláusula en que se expresa lo posible o indefinido. Se usa el subjuntivo después de esta conjunción porque el precio todavía no ha subido ni se sabe cuándo va a subir. Existen varias conjunciones y expresiones que requieren el subjuntivo porque expresan esta relación entre lo real y lo irreal.

Ejemplos

Quiero vender mis acciones *antes de que baje* aún más el precio.
I want to sell my shares *before* the price *drops* even more.

Por si acaso Martí *iniciara* una rebelión, le expulsaron de Cuba.
Cuba got rid of Marti *in case* he *incited* a rebellion.

Tienen planes de volar al interior *a menos que* no *termine* la tormenta.
Unless the storm *does*n't *end*, they plan to fly to the interior.

GRAMMAR NOTE

Let's look at some of the adverbial expressions you will be using with the subjunctive. Refer to the section "Grammar as Culture and Style" for a complete listing. All involve some possible relation between the principal action or state and the anticipated one. For example, "I'll come over *provided that* my car starts." means that your coming over depends on the possibility of your car functioning properly. The following are some expressions classified in categories.

1. Time (when the result is uncertain): **antes (de) que, después (de) que, cuando, hasta que, tan pronto como, mientras que**

2. Purpose/contingency (when the anticipated response is uncertain): **para que, a fin de que, con tal de que, en caso de que, por si acaso, a menos que**

Práctica

Choose the appropriate phrase and write it in the space in each sentence as shown in the examples. Notice the context in which the conjunction is used.

Quiero llevarte al baile ___a menos que___ tengas otros planes. (a menos que, con de tal que)

Fui con mamá al almacén ___para que___ me comprara zapatos. (aunque, para que)

1. Toda la familia se reúne para la cena _____ sea imposible. (a menos que, antes de que)

2. Te ayudará el consejero _____ mejores tu actitud acerca de los estudios. (cuando, a fin de que)

3. No queríamos empezar la celebración _____ vinieras. (con tal que, hasta que)

4. _____ hubiera tan poco sol, los jóvenes seguían tomando fotos del grupo. (Aunque, Luego que)

5. Los amigos jamás nos llevarán _____ paguemos la gasolina. (en cuanto que, sin que)

6. _____ se mezclara la raza europea en América, había otras mezclas grandes de indios. (Mientras que, Antes de que)

7. No me gusta que tenga que vestirme así _____ me acepten los otros. (para que, en caso de que)

8. _____ me conduzcas al oro escondido, Cuauhtémoc, serás libre. (Antes de que, Después de que)

9. Me prometió papá que _____ yo obtuviera y mantuviera 4.0 en los estudios, me compraría un auto. (tanto como, tan pronto como)

10. Continuará comprando los productos caros mucha gente _____ esto contribuya a la subida del nivel de la inflación. (aunque, con tal de que)

Escenario

Mezcla, víctima, riqueza y esperanza

Llene los espacios para completar el párrafo que describe unos aspectos de la conquista española. Al final del párrafo hay una lista de las selecciones para cada espacio. Las selecciones corresponden a las letras que siguen los espacios.

Antes de que _____[a] los españoles con sus armas poderosas y sus esperanzas ávidas de tesoro, había una historia que _____[b] reflejar la mezcla de civilizaciones que resultaría en el trato injusto de la población india. Quién hubiera sabido que _____[c] esas civilizaciones complejas en grupos fragmentados de humanos sin cohesión social o derechos a fin de que muchos

_____[d] a ser esclavos. Dondequiera que uno mirara, observaría a los indios trabajando en

las tierras y en las minas mientras que sus dueños _____[e] de los productos de la labor de

estos desdichados individuos que antes fueron orgullosos guerreros, artesanos y constructores. Así vivirían

hasta que _____[f] protección contra los abusos humanos mediante las leyes inspiradas por

el clérigo Bartolomé de las Casas, llamadas "Las Leyes de las Indias".

Selecciones:

[a] llegaran, salieran; [b] pudiera, fuera; [c] se convirtieran, hubieran sido convertidos; [d] llegaran, pensaran; [e] se divirtieran, gozaran; [f] recibieran, esperaran

Tarea escrita

Ahora, escriba por lo menos cuatro oraciones sobre una injusticia verdadera o ficticia. Se puede utilizar algunas frases de los ejercicios como modelo para sus oraciones. Al fin, compare sus oraciones con las de otros estudiantes.

Choices

Read the following examples. First, fill in the blank with the correct form of the verb given in parentheses. Clues to the context are provided by the other sentence(s). Then revise each sentence by choosing alternative words to replace the verb in parentheses or the underlined word in the sentence. *It is not necessary to fill in all the blanks for choices.* Write your revised sentences on a separate sheet of paper. You may have to change the original sentence slightly to accommodate your choices.

> Es necesario trabajar para que mi padre no ___pague___ todos mis gastos personales.
> Trabajo a fin de que me haga más independiente. (pagar)
>
> *Choices:* ___sufra___ , ___se comprometa___ , ___tenga que pagar___
>
> Antes de que ___llegáramos___ a Sevilla, tuvieron lugar "Las Romerías". Lástima que comenzara la fiesta antes de nuestra llegada. (llegar)
>
> *Choices:* ___viniéramos___ , ___viajáramos___ , ___Después de que___ , ___saliéramos de___

1. No querían ir a la playa a menos que _____ los turistas. (partir)

   Choices: _____, _____, _____.

2. Antes de que _____ yo a trabajar en la ciudad, regresaba frecuentemente a casa.

   Después de vivir sola, llegué a estimar a mis padres. (empezar)

   Choices: _____, _____, _____.

3. Todo está arreglado <u>para que</u> _____ celebrar tu triunfo. Así que debes dejar de

   preocuparte de los detalles. (poder)

   Choices: _____, _____, _____.

4. <u>A menos que</u> nosotros _____ este proyecto, no iremos a la playa. Parece que no lo vamos a terminar nunca. (terminar)

   Choices: _____, _____, _____.

5. Los indios del Perú crearon grandes figuras en la llanura aunque no las _____ en su forma completa. Solamente del aire se ven las formas de animales gigantescos. (percibir)

   Choices: _____, _____, _____.

6. Leí las instrucciones tres veces <u>por si acaso</u> los escritores _____ un detalle importante. La construcción de un reactor nuclear es algo serio. (omitir)

   Choices: _____, _____, _____.

7. Estudia tanto como sea posible, a fin de que no te _____ en el barrio. No quieres quedarte aquí para siempre. (quedar)

   Choices: _____, _____, _____.

8. ¿Por qué no nos reunamos temprano? Quiero llegar al estadio antes de que _____ los otros espectadores. (venir)

   Choices: _____, _____, _____.

PRÁCTICA AVANZADA

Escoja un tema de interés sobre sus reuniones con sus amigos. Escriba por lo menos cuatro oraciones, utilizando las conjunciones y los verbos en el subjuntivo. Trate de emplear cambios de persona, conjunto y contexto.

Respuestas

In this exercise, you will use conjunctions and the subjunctive in response to a question or statement. Study the examples, paying close attention to the context of the sentence. Complete the exercise by referring to the English words and the verb in italics. To avoid direct translation, the English words are given out of order. Some items begin with a few words in Spanish to help you along.

   —¿Cuál es uno de los problemas con la democracia en algunos países no desarrollados?

   —<u>Pues, aunque tengan el voto, muchas personas no pueden ni leer ni escribir.</u>

   (well,/the vote,/they have/even though/neither read/many people/nor write/can.   *tener*)

   —¿Está allí mi hijo mayor?

   —<u>No, señora, a menos que haya entrado por la otra puerta.</u>

   (No, ma'am,/door/unless/he/by the other/has.   *entrar*)

1 . —¿No hay muchos restaurantes que sirvan platos regionales?

   —Sí los hay, _____.

   (yes, there are,/although/they/customers/very few.   *servir*)

2 . —He observado que en el jardín muchísimas niñitas se ponen zapatos viejos.

   —Claro. _____.

   (right. / they/so that/wear them/good shoes/don't get/their   *ensuciar*)

3. —¿A qué hora vamos a comer? Tengo un hambre canina.

   —_____.

   (we'll eat/you/after/market/with me/to the open-air.   *ir*)

4. —¿Por qué hay rejas en todas las ventanas?

   —_____.

   (there/they're/so that/enter/thieves/not   *poder*)

5. —¿Cuándo vienen a visitarme tú y Julia en Barcelona?

   —No sé. _____.

   (I don't know. / we/probably/enough/as soon as/money/for the trip.   *ahorrar*)

6. —¿Por qué no van ustedes al Baile de la Victoria?

   —_____.

   (the house/we can't leave/until/our chores.   *terminar*)

7. —¿Qué les parece el nuevo libro de texto a sus estudiantes?

   —Bastante bien. _____.

   (well enough. / like it/they/even though/difficulty/it/reading/they.   *tener*)

8. —No tienes muchas dificultades con tus padres, ¿verdad?

   —No tantas. Me apoyan _____.

   (not too many. / they support me/I/my own way/while.   *buscar*)

Aplicación

Escriba unas sugerencias sobre aspectos importantes de la vida. Utilice las indicaciones en inglés como modelo para sus buenos consejos.

Contexto	Español
Look a stranger's gift over before accepting it.	Examine ... ofrecido por un extraño ...
After a friend offers you help, show your appreciation. agradecimiento	... un amigo ...
Leave time for rest, even though your work is important.	Deje suficiente tiempo ...
State your beliefs provided that you truly believe them.	... sus creencias ... de verdad
Support your friends unless they betray (*traicionar*) you.	Apoye ...
Always tell the truth so that you can sleep well.	Siempre ... dormir ...

EXPERIENCIAS

En un papel, escriba por lo menos cuatro oraciones sobre otras sugerencias para triunfar en la vida. Después, compare sus oraciones con los modelos.

II. Otros usos adverbiales

Forma y contexto

En la cultura hispana, hay situaciones en que no hay ni definición ni dirección, nada esperada ni contingente de una razón explicada. La situación llega a expresarse así: "todo a su gusto". Por ejemplo, unos novios tienen cuatro horas libres y tienen hambre. Imagine la escena:

—¿Dónde quieres comer?

—A tu gusto. *Dondequiera* que quieras. Es tu dinero que gastamos, ¿no?

Se usa el subjuntivo después de palabras compuestas, tales como *dondequiera*, *cualquiera*, *cualesquiera*, *cuandoquiera*. Además hay expresiones que utilizan *por ... que* que requieren el subjuntivo. Examine los siguientes ejemplos.

Ejemplos

Por más rico *que sea*, me cae gordo ese hombre. *No matter how* rich he *may be*, I don't like that man.

Por rápido *que funcione*, la computadora me da dolor de cabeza.
However fast it *may run*, the computer gives me a pain.

Podemos salir *cuandoquiera* que *acabemos* la lección.
Whenever we *finish* the lesson, we can leave.

Invite a *quienesquiera* que Ud. desee.   Invite *whoever* you wish.

Me encantarían *cualesquiera* de los premios que pudiera ganar.
I would love *any* of the prizes I could win.

Lo haré *comoquiera* que me *dé* la gana.
I'll do it *however* I *see* fit.

GRAMMAR NOTE

The use of the subjunctive here refers to the unlimited references about which we cannot be specific: *wherever, however, whenever, whoever,* and the like. In addition, there is a combination of words to describe an unlimited or very uncertain quality: *por* + adjective or adverb + *que,* followed by the subjunctive.

The "-evers" are formed by adding *quiera* to words such as *quien, cuando, adonde, donde, como, cual.* Note, however, that the plural form does not simply add *s* to the end of the word.

Singular	Plural
quienquiera	quien**es**quiera
cualquier, cualquiera	cual**es**quiera

Other indefinite expressions include *cualquier cosa* and *lo que, el que, los que,* and the like.

Digan lo que digan, no voy a cambiar de opinión.
Let them say *whatever they like,* I'm not going to change my opinion.

De las muchachas, las que quieran pueden ayudarnos.
Of the girls, *the ones who want to* can help us.

Another pattern is one that relies on the rule in Spanish that "if it doesn't exist, the verb cannot be indicative; it must be subjunctive." The negative part of the sentence uses the subjunctive, and the positive part uses the indicative.

No es que comas mucho, es que debes guardar la línea.
It's not that you eat a lot, you just need to watch your weight.

No era que fueran monstruos, simplemente seguían los mandatos de sus jefes.
It wasn't that they were monsters, they were just following their bosses' orders.

Práctica

Choose the appropriate form of the subjunctive and write it in the space in each sentence as shown in the examples. Notice the context in which the subjunctive is used.

Va a apreciar la cortesía mexicana cualquiera que ____visite____ ese país. (visita, visite)

Por mucho que me __pidas__, eres demasiado joven para ir a ese baile. (pidas, pidieras)

1. Cuandoquiera que _____ a Quito, tráigame un regalo de los Estados Unidos. (regrese, regresara)

2. Por mucho que _____ de menos su hogar, los hijos iban a disfrutar del semestre en el Perú. (echaran, echarían)

3. Dondequiera que _____, espero que encontremos personas que hablen inglés. (viajemos, viajamos)

4. No era seguro que los soldados _____ a Cuba, pero Cortés quería evitarlo. (hayan regresado, regresaran)

5. Este año, estudiantes míos, les daré un dulce a quienesquiera que _____ en español sin ayuda. (hablen, hable)

6. Por más rápido que se _____ los campesinos a la ciudad, la pobreza sigue aumentándose. (trasladaran, trasladen)

7. En los barrios pobres de Lima, de todo lo que _____, poco recibirán del gobierno. (necesitaban, necesiten)

8. ¡Ponce de León! Dondequiera que _____, no habría hallado la fuente de la juventud. (buscaría, buscara)

9. Hombres, al que _____ tierra primero, le daré un escudo. (observara, observe)

10. No te entiendo por más que _____ las instrucciones. (repites, repitas)

11. No es que no me _____ las cerezas, solamente no tengo hambre. (gustan, gusten)

12. _____ o no _____, es tu decisión. (Bebas, bebes)

Escenario

El gran viaje

Llene los espacios para completar el diálogo sobre un viaje que va a hacer un amigo de sus padres. Al final del párrafo hay una lista de las selecciones para cada espacio. Las selecciones corresponden a las letras que siguen los espacios.

—Dígame _____[a¹] _____[a²] acerca de Galicia. Me preparo para viajar allí, pero no sé casi nada sobre el lugar.

—Bueno, _____[b] yo gozara de Madrid, quería mucho visitar Galicia   y estuve allí dos semanas. _____[c¹] que _____[c²] allá, encontrará un país de encanto.

—_____[d¹] _____[d²] que Ud. exagera, pero he oído que llueve mucho allí.

—Sí, Galicia tiene lluvias regulares pero _____[e¹] uno _____[e²] que quedarse en el hotel. _____[f¹] que _____[f²], habrá mucho que ver, _____.[g]

Selecciones:

[a¹] lo mucho que, lo que; [a²] pueda, pudiera; [b] por más que, por mucho que; [c¹] Quienquiera, Dondequiera; [c²] vaya, va; [d¹] No más que, No es que; [d²] creas, crea; [e¹] no es que, es necesario que; [e²] tengas, tenga; [f¹] Cuandoquiera, Comoquiera; [f²] vayas, vaya; [g] llevas o no llevas, llueva o no llueva

Tarea escrita

Ahora, escriba por lo menos cuatro oraciones sobre consejos para un viajero. Se puede utilizar algunas frases de los ejercicios como modelo para sus oraciones. Al fin, compare sus oraciones con las de otros estudiantes.

Choices

Read the following examples. First, fill in the blank with the correct form of the verb given in parentheses. Clues to the context are provided by the other sentence(s). Then revise each sentence by choosing alternative words to replace the verb in parentheses. *It is not necessary to fill in all the blanks for choices.* Write your revised sentences on a separate sheet of paper. You may have to change the original sentence slightly to accommodate your choices.

Dondequiera que __vieran__, los españoles esperaban encontrar un tesoro. ¿Cómo pudieron creer que el oro brotara como una fuente? (ver)

Choices: __buscaran__, __fueran__, __miraran__.

Por mucho que yo __hubiera estudiado__, no habría aprobado el examen. Había preguntas sobre cosas que no habíamos estudiado en clase. (estudiar)

Choices: __hubiera tratado__, __hubiera intentado__, __hubiera leído__.

1. Adondequiera que _____ el perro, espero que esté bien. Es imposible saber dónde pueda estar. (ir)

   Choices: _____, _____, _____.

2. Por interesantes que _____ los títulos, no me gustan tales películas. De todos modos, no se muestra el tema verdadero en el título. (ser)

   Choices: _____, _____, _____.

3. No era que _____ a San Martín, pero el nuevo país no necesitaba un héroe. La gente simplemente no le tenía confianza. (odiar)

   Choices: _____, _____, _____.

4. Siendo cómico, cualquier cosa que _____, no lo habríamos tomado en serio. Se rieron de él la única vez que se mostraba muy serio. (decir)

   Choices: _____, _____, _____.

5. Por rápidamente que Paco _____, no pensaría en los riesgos de un accidente. Parecía loco al manejar un auto. (conducir)

   Choices: _____, _____, _____.

6. Cuanto más _____ los jóvenes de la escuela, más aumentará el desempleo. Sin prepararse, no podrán encontrar buenos empleos. (salir)

   Choices: _____, _____, _____.

7. Quienquiera que _____ más de su dinero que su espíritu llegará a ser pobre. Dar a otros le brinda más satisfacción espiritual. (cuidar)

   Choices: _____, _____, _____.

8. Por muchas montañas que yo _____, no hay ninguna más peligrosa que aquélla. Por poco me muero durante la subida. (subir)

   Choices: _____, _____, _____.

Continuación

Complete el siguiente párrafo sobre las reglas para una búsqueda de cosas chistosas o inútiles (*scavenger hunt*). Utilice las palabras de la lista. Se puede sustituir las palabras de la lista con otras, pero guarde el sentido del párrafo.

_____ esperen participar en la búsqueda tienen que registrarse antes del viernes. No hay límites en el número que _____ participar. _____ que _____ debe estar en la escuela antes de las nueve, el sábado entrante. _____ quien _____, no se lo admitirá después de las 9:15. La búsqueda empieza a las nueve y media. Se puede buscar _____ cosa que _____ inútil o chistosa. Los que _____ antes del mediodía con la mayoría de las cosas pueden ser los campeones.

Lista: cualquier, cualquiera, participar, poder, quienesquiera, regresar, ser, venir

PRÁCTICA AVANZADA

Escoja un tema de interés sobre los concursos. Escriba por lo menos cuatro oraciones, utilizando los usos del subjuntivo de esta unidad. Trate de emplear cambios de persona, conjunto y contexto.

Respuestas

In this exercise, you will use the the subjunctive in response to a question or statement. Study the examples, paying close attention to the context of the sentence. Complete the exercise by referring to the clues in Spanish in parentheses. This exercise requires you to write the response on your own!

—¿Tienes algunas sugerencias antes de que yo salga para España?

—<u>Por mucho que compres en el viaje, ten ciudado con las tallas de la ropa.</u>

(por mucho que/comprar/viaje/tener cuidado/tallas/ropa)

—En las viviendas, se sufre por la falta de servicios públicos.

—<u>Dondequiera que vivan los pobres, no habrá ni electricidad ni agua.</u>

(dondequiera/los pobres/vivir/no haber/electricidad/agua)

1. —Su negocio de turismo en Mallorca va muy bien, ¿no?

   —_____.

   (adondequiera/los europeos/ir/siempre/preferir/Mallorca)

2. —¿A quién pagamos por las entradas para el baile? Quiero llevar a mi prima.

   —_____.

   (quienquiera/llevar/baile/a mí/me/pagar/ahora)

3. —¿Ud. no cree que ganemos este partido?

   —_____.

   (ni modo./por mucho que/luchar/ir a fracasar)

4. —¿Por qué expulsaron a José Martí cuando era todavía joven?

   —_____.

   (ellos/temer/lo que/poder/escribir/la libertad)

5. —Alguien te vio ayer en la llantería, pero tú no tienes auto. ¿Qué va?

   —_____.

   (buscar empleo. / adondequiera/ir/no haber/puestos)

6. —Unos chismosos me han contado que tu hermano fue culpable de robar la droguería.

   —_____.

   (decir/lo que/querer. / hermano/ser/inocente)

7. —¡Qué decisión! ¿Debo comer el último dulce de la caja?

   —_____.

   (comerlo/no comerlo. / no/interesarme/tus/dilemas/culinarias)

8. —Esos dos hombres no se habrían visto desde hace mucho tiempo. Están abrazándose.

   —_____.

   (no ser que/ser/amigos/pero/así/saludarse/hombres/hispanos)

Aplicación

Escriba un ensayo sobre cómo Ud. considere el futuro. Utilice las indicaciones en inglés como modelo para el ensayo.

Contexto	Español
The future can be what . . .	. . . lo que . . .
Whoever helps you . . .	Quienesquiera . . .
Wherever I go . . .	. . . que vaya . . .
The ones who triumph are . . .	Los que . . .
However much money I have, . . .	. . . dinero . . .
Whatever happens, I will always . . .	. . . lo que . . . siempre . . .

EXPERIENCIAS

En un papel, escriba por lo menos cuatro oraciones sobre cómo se comportará Ud. en el futuro. Después, compare sus oraciones con los modelos.

III. ¡Escriba con estilo!

SELECCIONES DE MODO

Explicación y modificaciones

Lea la primera selección de abajo. Busque las palabras difíciles en un diccionario y apúntelas en un cuaderno de nuevas palabras. Analice la construcción de las oraciones para entender el sentido o significado básico del autor, y la función estilística del subjuntivo. También, examine la primera modificación basada en la selección original. Es una composición nueva con solamente sustituciones de vocabulario.

Selección original:

«Tal vez <u>la muerte</u> <u>llegara a</u> buscarme en este <u>lugar</u>, donde se sentía tan <u>distante</u>. Tal vez <u>encontrara</u> <u>el amor</u> en esta <u>tierra</u> de <u>cuatro</u> <u>planos</u>: <u>el cielo</u>, <u>el mar</u>, <u>la tierra</u>, <u>la vida</u>.»
(Pasaje de *Cuatro años abordo de mi mismo* por Eduardo Zalamea Borda, pág. 129.)

Primera modificación:

<u>Tal vez</u> <u>el fallecimiento</u> <u>me hallara</u> finalmente en este <u>sitio</u>, donde se sentía tan <u>aislado</u>. Tal vez <u>hallara</u> <u>la afición</u> en este <u>terreno</u> de <u>cuatro</u> <u>dimensiones</u>: <u>el celeste</u>, <u>el océano</u>, <u>el terreno</u>, <u>la existencia</u>.

Ahora, examine la segunda modificación de la selección original. Es un ejemplo de la tarea de esta sección: escriba una nueva composición basada en su selección de algunos párrafos de estilo literario.

Segunda modificación:

Tal vez mi amante quisiera buscarme en esta playa, donde se siente tan aislado. Tal vez nos prometiéramos el matrimonio en este año de cuatro cumbres: la búsqueda, el encuentro, el verano, la separación.

Análisis:

Usted ve en la selección original que una persona piensa en un acontecimiento que tiene la posibilidad de suceder. Uno es inevitable, *la muerte llegara,* pero el otro es una esperanza, *encontrara el amor.* También, hay un cambio del sentido del primer verbo al segundo verbo. De un fatalismo, se cambia a esperanza. Y, la esperanza en la segunda modificación continúa expresándose *(quisiera buscarme* y *nos prometiéramos).* Finalmente, todo se explica en un contexto de dos dimensiones, una de la naturaleza, otra de las experiencias críticas de una relación.

TAREA ESCRITA

Ahora, escriba en un papel una composición nueva basada en la selección original con sustituciones de vocabulario. Mantenga la forma y las ideas de la original. Después, trate de escribir otra composición semejante sobre un tema de interés personal. Se puede cambiar el vocabulario necesario para expresar sus propias ideas.

Práctica

The following are simplified versions of the selections listed below. Complete the exercises by: (1) underlining the correct form which is similar to that used in the style selections, or (2) writing the correct form of the verb given in parentheses in the space provided.

1. Lo empujó fuertemente hasta lograr que _____ y _____ de roncar.

    (removerse, dejar)

2. Cortés mandó quemar las naves para que sus soldados no _____ a Cuba.

    (regresar)

3. No por resignación sino por agotamiento, se tendió para dormir hasta que le (despertaran, despertarían)

    los soldados.

4. Dos hombres iban con Moctezuma y me detuvieron para que yo no lo _____.

    (tocar)

5. Proyectan aceptar o rechazar la lista sin que _____ ni _____

    cualquiera de las bases. (añadirse, cancelarse)

Ejercicios

Analice las selecciones siguientes. Busque las palabras difíciles en un diccionario. Después, escriba nuevas composiciones al sustituir las palabras subrayadas. Cambie el vocabulario para expresar sus propios pensamientos. Compare sus composiciones con los modelos y con las composiciones de otros estudiantes. Si quiere, puede trabajar en un grupo o en pareja. (Mínimo: dos selecciones)

1. «Le dio <u>fuertes</u> <u>empellones</u> hasta <u>conseguir</u> que <u>se removiera</u> y dejara de <u>roncar</u>.» (*Los de abajo* de Mariano Azuela, pág. 13.)

2 . «Para <u>evitar</u> que sus <u>tropas</u>, como <u>intentaban</u>, <u>volviesen</u> a <u>Cuba</u>, (Cortés) hizo <u>quemar</u> <u>las naves</u>.» (Sobre la conquista de México en *Cumbres de la civilización española* por Gloria Giner de los Ríos y Laura García Lorca de los Ríos, pág. 94.)

3. «Más <u>por agotamiento</u> que por <u>resignación</u>, <u>se tendió</u> cuan largo era y cerró los <u>ojos</u> <u>resueltamente</u>, <u>dispuesto</u> a dormir <u>hasta que</u> sus <u>feroces</u> <u>vigilantes</u> le <u>despertaran</u> o <u>el sol</u> de la mañana le <u>quemara</u> las orejas.» (*Los de abajo*, pág. 17.)

4. «... <u>aquellos</u> dos <u>señores</u> que con él <u>iban</u> me <u>detuvieron</u> con las <u>manos</u> para que no lo <u>tocase</u>...» (Cortés y su encuentro con Moctezuma. Recuerdos de Cortés citados en *Cumbres de la civilización española*, pág. 98.)

5. «Según <u>el proyecto</u>, la lista <u>recomendada</u> puede ser <u>aceptada</u> o <u>rechazada</u> en su totalidad, <u>sin que</u> <u>se añadan</u> o <u>retiren</u> <u>bases</u>.» (Una recomendación de que se cierren varias bases militares en los Estados Unidos. *El mundo hispanoamericano,* 5 de enero de 1989. Orlando, Florida.)

IV. Vocabulario

EJERCICIO DE VOCABULARIO

En esta unidad, Ud. ha buscado los significados de varias palabras. Ahora, vamos a ampliar el vocabulario al examinar las relaciones entre familias de palabras. También vamos a ver cómo se puede extender el significado mediante la correspondencia de un conjunto de palabras. Se presentan unas cuantas familias y conjuntos a continuación. En los conjuntos, las palabras subrayadas son sinónimos o antónimos. Para entenderlas mejor, consulte un diccionario.

Familias

influir/influencia/influjo/influyente

abatir/abatido/abatimiento/abatirse

plan/planear/planeo/planificar

Conjuntos

subir/levantar/ascender/elevar/<u>bajar</u>

abatir/humillar/decaer/desfallecer/<u>levantarse</u>

demandar/pedir/solicitar/suplicar/<u>rechazar</u>

Familias y conjuntos

INSTRUCCIONES: El vocabulario de una lengua consiste, en gran parte, en agrupaciones o conjuntos de palabras. Estilísticamente, el escritor necesita una familia grande de palabras para desarrollar sus pensamientos. Experimente con las palabras de algunas familias o algunos conjuntos de arriba.

Tarea escrita

En un papel, escriba por lo menos cuatro oraciones sobre un tema y use cualesquiera de las frases anteriores que Ud. prefiera.

Familias y conjuntos

En las selecciones y los ejercicios anteriores, aparecen otras familias de palabras con que Ud. puede practicar. Aquí se indica el valor gramatical de las palabras: verbo, sustantivo, adjetivo, adverbio, etc.) Busque otros ejemplos en un diccionario. Escriba oraciones sobre sus experiencias o sobre las experiencias de otros conocidos. (Mínimo: cuatro oraciones)

iniciar (verbo	iniciador sustantivo y adjetivo	inicial sustantivo	iniciativa sustantivo	inicio sustantivo	iniciado sustantivo y adjetivo)

almacenar (verbo	almacén sustantivo	almacenaje sustantivo	almacenista sustantivo)

depender (verbo	dependiente sustantivo y adjetivo		dependencia sustantivo)

Palabras en contexto

Observe las combinaciones de las siguientes familias y sus clasificaciones. Note que se identifican las palabras mediante su sentido o sus usos, no por su descripción gramatical. El sentido de una palabra depende, en mayor parte, de nuestro entendimiento de su uso en la oración. Busque el significado de las palabras desconocidas.

mensual (condición	mensualidad actualidad	mensurable condición	// mes // tiempo	mesada pago)

arriesgar (acción	riesgo acción	arriesgado condición)

amante (persona	amar sentir	// //	amor sentido	amoroso actitud	amorío realidad)

Tarea escrita

Ahora, describa a algunos jóvenes o miembros de su familia de manera personal, empleando algunas palabras de la sección de vocabulario.

V. Grammar as Culture and Style

Hispanic people use the subjunctive mood to describe a variety of relationships. On examining some of the relationships, you will find that the separation between main verb and dependent verb is even more in evidence. Since this unit deals with adverbial expressions that separate the verbs, the concept of time is used to convey the cultural connotations. That is, whenever the action of the subordinate verb takes place, it is a bit delayed from the main action to which it is related. Example: "I will call you *after* you get home." This sentence describes an action that has to wait for the other to occur, and no one knows for certain when it will occur. Thus, the subjunctive is used for the subordinate verb. Below is an extensive list of the words (conjunctions) that connect similar relationships in the Hispanic world. Although they may mean more to you in English, at first, try to focus on the sense of what they convey. Avoid translating whenever possible. Begin to use Spanish the way the Spanish-speaking people do—namely, as if there were no English!

There are two categories of these expressions One deals with those that always take the subjunctive: *Te haré el préstamo* **con tal que** *pagues tus otras deudas.* (I'll give you the loan provided that you pay off your other debts.) Other conjunctions link ideas that (1) are indefinite or uncertain or (2) have been or are definite. When there is uncertainty over the completion of the action or definite state of being, the subjunctive is used. For example, ***Tan pronto como*** *llegues, llámame.* (As soon as you arrive, call me.)

1. Always followed by the subjunctive:

antes (de) que	before
sin que	without
a fin de que	so that, in order that
para que	so that, in order that
a menos (de) que	unless
a no ser que	unless
no sea que	unless, lest
no vaya a ser que	lest
con tal (de) que	provided that
en caso (de) que	in case that
por si acaso	in case
no fuera que	unless, lest (Used only with imperfect and past perfect subjunctive.)

Note: The parentheses around *de* in some of the expressions indicate that occasionally *de* is omitted.

2. Require the subjunctive if the outcome is uncertain. (If it is certain, use the indicative.):

después (de) que	after
cuando	when
aunque	although
aun cuando	even when (*reflecting theory or supposition = subjunctive*)
tan pronto como	as soon as
en cuanto	as soon as

así que	after (soon)
luego que	after (soon)
de manera que	so that *(showing intention = subjunctive)*
de modo que	so that
hasta que	until
mientras (que)	while

Recognizing when expressions take the subjunctive depends on your understanding that most of them reflect something *in the future,* or some form of *supposition,* relative to the main idea.

Other Uses of the Subjunctive

One of the other concepts in this unit reflects the Hispanic sense of doing one's own thing without imposition from authority. Even though there is respect for authority figures in the family, wherever you want to roam is your business. The expressions below give an unlimited range of flexibility and, therefore, generally are subjunctive. The expressions also imply that many unexpected things can occur when you are not in control of your destiny. Whenever they indicate customary behavior, however, use the indicative.

Let's look first at the unlimited expressions. Some of these are compound words formed with *quiera,* which comes from the past subjunctive of *querer.*

dondequiera	wherever	**cuánto**	how much, how
adondequiera	(to) wherever	**adónde**	where to
cuandoquiera	whenever	**de dónde**	from where
cualquiera	whatever, whoever	**cómo**	how
quienquiera	whoever, whomever		
lo / los / las + que	that which (whatever)		

él, ella (ellos, ellas) + que he (she, they), who (whoever)

por (más) + *adj./adv.* **+ que** however + adj./adv. + as; no matter how + adj./adv.

However, when there is a regularity of occurrence or state of being, the indicative is needed because there's no uncertainty: "As interesting as they usually are to many people, I do not read true-life books." "As often as we went to Maine, I always enjoyed it."

Two other open-ended expressions are consistent with the explanation above:

1. Affirmative followed by negative: *bebas o no bebas* (drink it or not); *vengan o no vengan* (they can come or not)

2. Alternative expressions for the "-ever" words:

sea lo que sea	what-
" **donde** "	where-
" **cuando** "	when- + -ever it may be.
" **quien** "	who-
" **como** "	how-

The final use of the subjunctive in this unit helps you deny a supposition taken (or understood) by another person and set the record straight.

No es que estés gordo, sólo puedes bajar un poco de peso.
It isn't that you are fat, you just could lose some weight.

Remember that Spanish cannot express something in the indicative that does not exist, so the subjunctive is obviously needed to complete the denial part of the sentence:

no es/era/será/sería/ha sido, etc., **que** + subjunctive

SUBJUNTIVO CON CONDICIONAL

I. Lo contrario

Forma y contexto

Esta unidad describe el sentimiento de incertidumbre (el subjuntivo) con respecto a la pura especulación. Las condiciones culturales que vamos a examinar reflejan una esperanza —dentro de la condición para la cual no exista medio con que lograrla y, posiblemente, no pueda existir. Entonces se usa el subjuntivo para expresar algo que es *contrario a los asuntos reales*. Por ejemplo: "Si no *hubiera comido* todos los dulces, no me sentiría enferma ahora". Recuerda la descripción del condicional (véase la Unidad 3). Ud. notará aquí la extensión de la realidad ("... no me *sentiría* enferma ..."). Pero, la realidad es que la persona sí está enferma, sí comió todos los dulces.

Otro ejemplo de este concepto se ve en la construcción, *como si* con el subjuntivo. Por ejemplo, "En nuestra sociedad, muchas personas gastan dinero *como si* brotara de los árboles". Otra vez, la realidad es que no se crea el dinero sino por los esfuerzos de alguien.

Ejemplos

> Chico, si *estudiaras* más, recibirías la beca.
> If you *studied* more, you'd get the scholarship.

> Si *hubiera sido* posible, nos habríamos quedado un mes en Madrid.
> We would have stayed a month in Madrid if *were* possible.

> Te hablaron como si *fueras* rey del mundo.
> They talked to you as if you *were* king of the world.

GRAMMAR NOTE

Just a reminder here that you will be using only past subjunctive and conditional forms for these statements, which are often called "contrary to fact" statement. *Como si* + the past subjunctive (meaning "as if...") is basically a variation of the contrary-to-fact situation.

Note that very often, the past subjunctive (the *-ra* form only) is used instead of the conditional perfect (sometimes, the conditional) and is regularly used as a substitute for the conditional with three verbs: *deber, querer,* and *poder.*

debiera quisiera   **pudiera**

Práctica

Choose the appropriate form of the subjunctive and write it in the space in each sentence as shown in the examples. Notice the context in which the pattern is used.

En la cúpula de la iglesia, parece como si unas figuras de alabastro __crecieran__ por sí mismas. (crecerían, crecieran)

Me gustaría llevar a Elena al baile si me __aceptara__ la invitación. (aceptara, aceptaría)

1. Si _____ arreglado mejor las vacaciones, no habríamos perdido tiempo en los viajes cortos. (hubiéramos, habríamos)

2. Te saluda como si te _____ . (conocería, conocerías)

3. Si Cortés no _____ desmantelado las naves, sus hombres _____ a Cuba. (habría, hubiera / regresarían, habrían regresado)

4. Se abren restaurantes internacionales por aquí como si la ciudad _____ un gran centro cultural. (sería, fuera)

5. Ah, la historia. Si Atahualpa _____ asido a los españoles rápidamente, Pizarro no habría conquistado el imperio incaico. (hubiera, estuviera)

6. Seguirían muchos clientes ricos comprando en las tiendas especiales aunque les _____ más las cosas. (costaran, costarían)

7. Si no se _____ controlar al principio la entrada de pobres a la ciudad, subiría el nivel de la miseria. (podría, pudiera)

8. No sería razonable que Ud. _____ un compromiso si _____ no cumplir con ello. (hiciera, haría / pensara, piense)

9. Si _____ los hijos en mi librería durante el verano, podrían ahorrar para su auto. (trabajaran, trabajen)

10. Esos condenados actuaban como si no les _____ nada. (habría dicho, hubiera dicho)

Escenario

La juventud

Llene los espacios para completar el diálogo sobre los días de la juventud. Al final del diálogo hay una lista de las selecciones para cada espacio. Las selecciones corresponden a las letras que siguen los espacios.

—¿Recuerdas, Ignacio, el día que quebraste la ventana de la sala al tratar de jugar al béisbol, _____[a] _____[b] Roberto Clemente?

—Bueno, si no me _____[c] tanto, no me enfadaría tanto.

—¡Qué va con enfadarte! Si _____[d] controlar el bate, no le _____[e] la bola tanto hacia la izquierda, directamente a la casa.

—No fue así. Rosa y Carmen le explicaron a mamá que _____[f] Ignacio el que

_____[g] la ventana. Ay, Raúl, siempre te has comportado como si nunca

_____[h] cosas delincuentes.

Selecciones:

[a] si, como si; [b] fueras, fuera; [c] hubieras fastidiado, fastidiarías; [d] hubieras sabido, supieras; [e] hubieras pegado, habrías pegado; [f] habrá sido, había sido; [g] habría roto, había roto; [h] hiciste, hicieras

TAREA ESCRITA

Ahora, escriba por lo menos cuatro oraciones sobre un recuerdo de su niñez. Se puede utilizar algunas frases de los ejercicios como modelo para sus oraciones. Al fin, compare sus oraciones con las de otros estudiantes.

Choices

Read the following examples. First, fill in the blank with the correct form of the verb given in parentheses. Clues to the context are provided by the other sentence(s). Then revise each sentence by choosing alternative words to replace the verb in parentheses. *It is not necessary to fill in all the blanks for choices.* Write your revised sentences on a separate sheet of paper. You may have to change the original sentence slightly to accommodate your choices.

Si no   hubieras estudiado   tanto, no te habrías graduado. (estudiar)

Choices: hubieras trabajado ,   te hubieras dedicado ,   te hubieras esmerado

Los artesanos montañeses continúan con sus métodos antiguos como si no   hubiera   máquinas modernas. (haber)

Choices: existieran ,   compraran ,   supieran de   .

1.   El jugador perdería si no _____ atento. Debe jugar atentamente para no perder el

partido. (mantenerse)

Choices: _____, _____, _____.

2.   En Toledo corríamos como si nos _____ la oportunidad de ver cosas de interés. Nos

conducían como si tuviéramos que ver cada sitio de interés histórico. (perder)

Choices: _____, _____, _____.

3. Los turistas dijeron que no _____ nada más que descansar. Después de subir las pirámides a pie, les gustaría regresar al hotel. (querer)

   Choices: _____, _____, _____.

4. No asistiría a esa universidad si no me _____ mis padres el dinero. Ese apoyó me ayudó mucho cuando no tenía ni un centavo. (prestar)

   Choices: _____, _____, _____.

5. Los indios en el Perú construyen sus balsas como si no _____ los tiempos. Es como si vivieran en tiempos antiguos. (cambiar)

   Choices: _____, _____, _____.

6. Si _____ Sor Juana Inés de la Cruz hoy en día, la considerarían como genio. Es una lástima que viviera y escribiera en días de segregación femenina. (vivir)

   Choices: _____, _____, _____.

7. Tú te diviertes tanto tiempo en la playa como si no te _____ el sol. Pagarás más tarde por exponerte a los rayos ultravioletas. (hacer daño)

   Choices: _____, _____, _____.

8 . Si me _____, no habría olvidado de tu cumpleaños. Sabes muy bien que no me sirve la memoria para nada. (recordar)

   Choices: _____, _____, _____.

Continuación

Complete el siguiente párrafo sobre algunas costumbres de los españoles al establecerse en el Nuevo Mundo. Utilice los verbos en el subjuntivo. Se puede sustituir los verbos de la lista con otros, pero guarde el sentido del párrafo.

No era que los españoles _____ en esta gran aventura como colonizadores. Al contrario, vinieron como si _____ oro y plata por todas parte y que _____ ricos a España. En fin, muchísimos se quedaron, pero no era su costumbre la labor manual. Siendo conquistados los aztecas, los espanoles utilizaron estos pobres como si _____ esclavos. No era que los conquistados no _____ sido acostumbrados a trabajar en las minas ni en los terrenos. Era como si los españoles _____ dueños de todo en un país de una civilización rica.

Lista: considerarse, encontrar, haber, regresar, ser, venir

Escoja un tema de interés sobre una cultura indígena. Escriba por lo menos cuatro oraciones, utilizando los verbos en el subjuntivo. Trate de emplear cambios de persona, conjunto y contexto.

Aplicación

Escriba un ensayo sobre las cosas que le molestan. Utilice las indicaciones en inglés como modelo para el ensayo.

Contexto	**Español**
Some people act as if young people have no value system.	Algunas personas ... como si ...
It looks as if somewhere in the world a war is going on.	Parece como si ...
It's not that people were smarter in the past, they just didn't have as much to worry about.	No es que ...
Some people drive as if they were the only ones on the road.	Hay gente que ...
Many people spend money as if it grew on trees.	Muchas personas ...

EXPERIENCIAS

En un papel, escriba por lo menos cuatro oraciones sobre algunas actitudes irritantes. Después, compare sus oraciones con los modelos.

II. ¡Escriba con estilo!
SELECCIONES DE MODO

Explicación y modificaciones

Lea la primera selección de abajo. Busque las palabras difíciles en un diccionario y apúntelas en un cuaderno de nuevas palabras. Analice la construcción de las oraciones para entender el sentido o significado básico del autor, y la función estilística del subjuntivo (describir un asunto contrario a la realidad, hacer una especulación o una petición, etc.). También, examine la primera modificación basada en la selección original. Es una composición nueva con solamente sustituciones de vocabulario.

Selección original:

«Estamos en <u>una</u> <u>lucha</u>, ... No <u>hay que</u> <u>pensar</u> ahora, hay que <u>luchar</u>. <u>Luchar</u> sin <u>darse cuenta</u>, como si uno no tuviera <u>recuerdos</u> y <u>pensamientos</u>. ... ¿<u>qué va</u> <u>con</u> todo esto?»
(Pasaje de «La región más transparente» por Carlos Fuentes en *Literatura de la América hispánica: Antología e historia,* ed. por Frederick S. Stimson y Ricardo Navas-Raiz, pág. 353.)

Primera modificación:

> Estamos en <u>una</u> <u>pelea</u>, ... No <u>debe</u> <u>meditar</u> ahora, hay que <u>pelear</u>. <u>Pelear</u> sin <u>preocuparse</u>, como si uno no tuviera <u>memorias</u> y <u>sueños</u>. ... ¿<u>qué resulta de</u> todo esto?

Ahora, examine la segunda modificación de la selección original. Es un ejemplo de la tarea de esta sección: escriba una nueva composición basada en su selección de algunos párrafos de estilo literario.

Segunda modificación:

> Estamos en <u>un</u> <u>terremoto</u>, ... No <u>es</u> <u>posible</u> <u>huir</u> ahora, hay que <u>protegernos</u>. <u>Protegernos</u> sin <u>pensar</u> <u>en otra cosa</u>, como si uno no tuviera <u>esperanzas</u> ni <u>salidas</u>.

Análisis:

En la selección original y la segunda modificación son muy claras las realidades: *Estamos en una lucha/un terremoto* y *hay que luchar/protegernos*. No hay que pensar en otro remedio. Esto introduce el aspecto contrario: "no hay que" más el infinitivo. Pero se rechaza esta realidad en la cláusula introducida por las palabras *como si*: "sin darse cuenta *como si* uno no tuviera recuerdos o esperanzas".

TAREA ESCRITA

Ahora, escriba en un papel una composición nueva basada en la selección original con sustituciones de vocabulario. Mantenga la forma y las ideas de la original. Después, trate de escribir otra composición semejante sobre un tema de interés personal. Se puede cambiar el vocabulario necesario para expresar sus propias ideas.

Práctica

The following are simplified versions of the selections listed below. Complete the exercises by (1) <u>underlining</u> the correct form which is similar to that used in the style selections, or (2) writing the correct form of the verb given in parentheses in the space provided.

1. Pachi era un hombre grueso que de otra manera (había, hubiera) parecido alto.

2. Sería falso amigo si yo _____ tal cosa y haría gran daño si

   _____ en que él _____ con mi hija. (hacer, consentir, casar)

3. Sería un objeto de estudio interesante si _____ en el misterio de las almas y se

   _____ la historia de personajes pasados para entenderlos. (penetrar, reconstruir)

4. Me abrazó admirada de verme hombre, como si el tiempo no _____ sobre mí. (pasar)

5. No había ninguna raya que no _____ orden. Se _____ en las

   orillas del río para la última batalla contra los tigres, ganara o no ganara. (recibir, concentrar)

Ejercicios

Analice las selecciones siguientes. Busque las palabras difíciles en un diccionario. Después, escriba nuevas composiciones al sustituir las palabras subrayadas. Cambie el vocabulario para expresar sus propios pensamientos. Compare sus composiciones con los modelos y con las composiciones de otros estudiantes. Si quiere, puede trabajar en un grupo o en pareja. (Mínimo: dos selecciones)

1. «<u>Pachi</u> era un <u>hombre</u> que hubiera <u>parecido</u> alto <u>a no ser</u> tan <u>grueso</u>; era <u>cuadrado</u> <u>visto</u> por detrás, <u>redondo</u> <u>por delante</u> y <u>monstruosamente</u> <u>tripudo</u> de <u>perfil</u> ...» (Pasaje de "Las coles del cementerio" de Pío Baroja en *Cuentos y narraciones,* ed. por Harriet de Onís, pág. 88.)

2. «<u>Por Dios</u>, amigo, si hiciera yo <u>tal cosa</u>, sería muy <u>falso</u> amigo. Tienes muy buen <u>hijo</u>, y yo haría muy gran <u>daño</u> si <u>consintiera</u> en <u>su mal</u> o su <u>muerte</u>. <u>Por</u> <u>cierto</u>, si casara con mi <u>hija</u>, o sería <u>muerto</u> o le <u>valdría</u> más la muerte que la <u>vida</u>.» (Pasaje de "El mancebo que casó con una mujer brava" por don Juan Manuel en *Calidoscopio español,* ed. por Robert D. O'Neal y Marina García Burdick, pág. 64.)

3 . «Si nos fuera dado <u>penetrar</u> en el <u>misterioso</u> <u>laboratorio</u> de <u>las almas</u> y <u>se</u> <u>reconstruyera</u> <u>la historia</u> <u>íntima</u> de las del <u>pasado</u> para encontrar la <u>fórmula</u> de sus <u>definitivos</u> <u>carácteres</u> <u>morales</u>, sería un <u>interesante</u> objeto de estudio.» (Pasaje de *Ariel,* por José Enrique Rodó, pág. 77-8.)

4 . «Me <u>embrazó</u> casi <u>convulsivamente</u>, admirada de <u>encontrarme</u> <u>convertido</u> en un hombre, como si hubiese <u>creído</u> que el tiempo no <u>pasaría</u> sobre mí ...» (Pasaje de *Pensativa* de Jesús Goytortúa, pág. 35.)

5 . «No <u>quedó</u> raya en todo (el río) que no <u>recibiera</u> <u>orden</u> de <u>concentrarse</u> en <u>las orillas</u> del <u>río</u>, <u>alrededor</u> de la isla ... a <u>defender</u> <u>el paso</u> contra <u>los tigres</u>.» (Pasaje de "El Paso del Yabebiri" por Horacio Quiroga en *Imaginación y fantasía: Cuentos de las Américas,* pág. 27.)

III. Vocabulario

EJERCICIO DE VOCABULARIO

En esta unidad, Ud. ha buscado los significados de varias palabras. Ahora, vamos a ampliar el vocabulario al examinar las relaciones entre familias de palabras. También vamos a ver cómo se puede extender el significado mediante la correspondencia de un conjunto de palabras. Se presentan unas cuantas familias y conjuntos a continuación. En los conjuntos, las palabras subrayadas son sinónimos o antónimos. Para entenderlas mejor, consulte un diccionario.

Familias	**Conjuntos**
cuadrar/cuadrado/cuadrante/cuadricular/cuadrilla	amanecer/madrugada/aurora/aclarar/<u>ofuscar</u>
sabor/saborear/sabroso	aprehender/coger/prender/capturar/<u>soltar</u>
espina/espinazo/espinilla/espinaca/espino	penetrar/introducir/meterse/entrar/<u>salir</u>

Familias y conjuntos

INSTRUCCIONES: El vocabulario de una lengua consiste, en gran parte, en agrupaciones o conjuntos de palabras. Estilísticamente, el escritor necesita una familia grande de palabras para desarrollar sus pensamientos. Experimente con las palabras de algunas familias o algunos conjuntos de arriba.

TAREA ESCRITA

En un papel, escriba por lo menos cuatro oraciones sobre un tema y use cualesquiera de las frases anteriores que Ud. prefiera.

Familias y conjuntos

En las selecciones y los ejercicios anteriores, aparecen otras familias de palabras con que Ud. puede practicar. Aquí se indica el valor gramatical de las palabras: verbo, sustantivo, adjetivo, adverbio, etc.) Busque otros ejemplos en un diccionario. Escriba oraciones sobre sus experiencias o sobre las experiencias de otros conocidos. (Mínimo: cuatro oraciones)

pleno	plenitud	plenario	en pleno día	
(adjetivo	sustantivo	adjetivo	adverbio)	

medio	mediocre	mediocridad	mediodía	medir
(sustantivo	adjetivo	sustantivo	sustantivo	verbo)

redondear	redondez	redondo	redonda	redondel
(verbo	sustantivo	adjetivo	sustantivo	sustantivo)

Palabras en contexto

Observe las combinaciones de las siguientes familias y sus clasificaciones. Note que se identifican las palabras mediante su sentido o sus usos, no por su descripción gramatical. El sentido de una palabra depende, en mayor parte, de nuestro entendimiento de su uso en la oración. Busque el significado de las palabras desconocidas.

desenvolver	desenvuelto	envolveren	voltorio	envoltura	
(acción	condición	acción	condición	condición)	

miseria	misericordia	miserable	misericordioso	misero	
(condición	actitud	condición	actitud	persona)	

vagón	vago	vaguear	vagar	vagabundear	vagabundo
(cosa	condición	acción	acción	acción	persona)

TAREA ESCRITA

Ahora, describa a algunos jóvenes o miembros de su familia de manera personal, empleando algunas palabras de la sección de vocabulario.

Ampliando el vocabulario

Algunas de las nuevas palabras de esta unidad nos dan ejemplos de cómo ampliar el vocabulario. Dos de estas son *raya* y *medio*. Preste atención a los distintos significados y las relaciones entre las palabras.

raya	línea, límite (pez picazón)
día de raya	día de paga (México)
mantener a raya	mantener algo dentro de unos límites
pasar de la raya	pasar fuera del límite, de la línea/frontera
rayar	confinar; hacer líneas; dañar por rayar con líneas; pagar a los trabajadores (México)
rayar el alba	amanecer
rayar en	está al borde de
rayarse uno	hacerse rico, ayudarse bien (Colombia)

medio (adj.)	la mitad
mediocre	ni bueno ni malo
mediodía	las doce del día
medioeval	de la Edad Media; siglos pasados
media	calcetín
mediación	pacificación entre disputantes
mediador	persona que pacifica
a mediados de	cerca de la mitad, en el centro
medianía	mediocridad
mediano	moderado
medianoche	las doce de la noche
mediante	por medio de, a través de
mediar	tratar de hacer la paz
medir	especificar los tamaños de las cosas (p. ej., longitud, anchura, profundidad y altura)
medir las calles	estar desocupado, andar las calles sin trabajo
medirse	guardar las palabras o acciones
medirse con otro	luchar con otro, hacer comparación entre tamaños, potencias, fuerzas, etc.
intermedio	segundo, después del nivel básico, descanso entre eventos

IV. Grammar as Culture and Style

Dreams come true in movies and in other dreams! However we plan to accomplish our goals, we usually wind up with something different from what we dreamed of. Nevertheless, we don't stop dreaming and speculating about life and events. What would you *really* do *if you were* among the rich and famous? The truth is, most of us never stop wondering. This is the context in which Spanish-speaking people combine the forms of the conditional and past subjunctive moods. Note the following example of the conditional *(would not)* completing the speculation *(if we had listened)* in the past.

Si escucháramos las instrucciones, no estaríamos perdidos.
If we *had listened* to the directions, we wouldn't be lost.

Nos miran *como si fuéramos* de otro planeta.
They're looking at us *as though we were* from another planet.

LA POSESIÓN

I. Adjetivos y pronombres

A. Adjetivos posesivos

Forma y contexto

El indicar la posesión es una característica típica para muchas gentes. Se puede expresar muy simplemente la posesión en español con las palabras *mi/mis, tu/tus, nuestro/nuestros, nuestra/nuestras,* y *su/sus,* colocándolas antes del objeto poseído. En la cultura hispana es aún más expresiva y en esto se ilumina la relación entre el poseedor y la posesión. Así, se oyen formas distintas que son aumentaciones de ésas: *mío, tuyo, suyo* (note las formas completas en la explicación gramatical).

Ejemplos

Esta casa es *mía*. Así que, salgan de aquí.

This house is *mine*. So, get out of here.

¿No es este libro *suyo*?

Isn't this book *yours*?

Aquí están unas maletas, pero no son *mías*

Here are some bags, but they aren't *mine*.

¡No me gustan los amigos *suyos*!

I don't like those friends of *yours*.

GRAMMAR NOTE

The complete set of possessive words used in this format is not formidable:

mi — **mío(s), mía(s)**   nuestro — **nuestro(s), nuestra(s)**

tu — **tuyo(s), tuya(s)**   su — **suyo(s), suya(s)**

You'll see that these words are like adjectives; they ageee in number and gender with the words they modify.

Práctica

Choose the appropriate possessive form and write it in the space in each sentence as shown in the examples. Notice the context in which the possessive form is used.

Hoy es tu día de cumpleaños. El lunes es ___mío___. (suyo, mío, mi)

Ud. puede caminar aquí. Es derecho ___suyo___. (suyos, tuyo, suyo)

1. El arte _____ tradicional es indígena. También tenemos arte moderno. (nuestra, suya, nuestro)

2 . En México la familia es muy nuclear. Para muchos norteamericanos, la familia _____ es muy diferente. (suya, mía, su)

3. Ten vergüenza por ese perro _____. Me ensució la ropa de cama. (suyo, tuyo, mío)

4. Señor, este automóvil no es _____. Éste es mi carro. (tuyo, suyo, de él)

5. Papá, acabo de cortar ese árbol _____. ¡No te digo una mentira! (tuyo, nuestra, suyo)

6. Sra. Ramos, le doy un pequeño regalo de parte _____. Yo mismo lo tejé. (mía, vuestro, suya)

7. Vámonos. El autobús se llena rápidamente. Es _____ este autobús verde. (nuestro, suyos, mío)

8. Tu plato hispano favorito es arroz con pollo, pero la cazuela de mariscos es _____. ¡Me fascina! (nuestro, mías, mía)

9. Es muy engañoso entregar la tarea que no es _____. ¿No le da pena? (suya, nuestras, mía)

10. Mamacita _____, ¡no me impongas esa restricción! (nuestra, suya, mía)

Escenario

Llene los espacios para completar el diálogo entre dos personas después de una excursión en el campo. Al final del diálogo hay una lista de las selecciones para cada espacio. Las selecciones corresponden a las letras que siguen los espacios.

—Mira, ese suéter, ¿no es _____?[a]

—No, no es _____.[b] Creía que era _____.[c] Pues, ¿es de María?

—No, tampoco puede ser _____[d]. Debe ser de Lidia entonces.

—Y, ¿estos zapatos también? No son de mi talla.

—¡Esos aquí! Son _____[e]. Los buscaba por todas partes.

—Entonces, si son _____[f], llévatelos y dejemos las otras cosas en el garaje. Tengo hambre y es hora del almuerzo.

—Está bien si no haya más cosas _____[g] por aquí.

Selecciones:

[a] mío, tuyo, míos; [b] mío, tuyo, tuya; [c] tuyo, mío, suyo; [d] tuyo, mío, suyo; [e] míos, tuyos, suyos; [f] míos, tuyos, suyos; [g] tuyo, mío, mías

TAREA ESCRITA

Ahora, escriba por lo menos cuatro oraciones sobre experiencias que reflejen sus posesiones o las de otros conocidos. Se puede utilizar algunas frases de los ejercicios como modelo para sus oraciones. Al fin, compare sus oraciones con las de otros estudiantes.

Choices

Read the following examples. Fill in the blank with the correct possessive form. Clues to the correct form are provided by the underlined word(s) in the other sentence(s).

Ese libro es ___mío___. Lo compré ayer.

¿Nuestra? No, señora. Esa basura es de otros. Siempre limpiamos ___nuestro___ sitio después de las actividades.

1. ¿Estas maletas _____ también se van a Madrid? ¿No quiere usted registrar todo su equipaje?

2. Esos amigos _____ me molestan. ¿Por qué no busques otros compadres?

3. ¡Afuera con esos zapatos _____! Acabo de limpiar el suelo. No entre Ud. por aquí.

4. Ud. viene muy tarde a saldar esta deuda _____. Su debilidad es la tardanza en saldarla.

5. ¿No es _____ ese coche que se lleva el policía? ¿Qué podemos hacer?

6. ¡Qué lástima! La grabadora robada era _____. Me lo regaló mi abuela.

7. ¡Ajá! Es _____ este tren directo a Córdoba, ¿verdad? Tengo que llegar a Córdoba a las diez en punto.

8. Mire, esa casa con la piscina grande es _____. ¡Nosotros tenemos la alberca más grande de la colonia!

PRÁCTICA AVANZADA

Escoja un tema de interés sobre las posesiones no sólo de Ud. sino de otras personas también. Escriba por lo menos cuatro oraciones, utilizando los verbos en el pretérito. Trate de emplear cambios de persona, conjunto y contexto.

Aplicación

Usted tiene la responsabilidad de repartir los regalos el día de la Navidad. Escriba lo que va a decir. Utilice las indicaciones en inglés como modelo.

Contexto	Español
This package must be yours, Mom.	Este paquete ...
Here are those CDs of yours, Paquito.	Aquí ...
This package is mine, not yours, Dad.	Este paquete ...
A gift of mine, again. These have to be the socks I want.	De nuevo un regalo ...
Here, Grandma and Grandpa. Are these video games yours?	... juego electrónicos ...
This is an airline ticket for that vacation of yours, Mom and Dad.	Aquí tienen un billete para esas vacaciones ...

EXPERIENCIAS

En un papel, escriba por lo menos cuatro oraciones sobre regalos para amigos o familiares. Después, compare sus oraciones con los modelos.

B.   Pronombres posesivos

Forma y contexto

En español se puede ampliar la expresión de la posesión al añadir la palabra *el, los, la* o *las*. Por ejemplo, en vez de decir *Esta casa es mía*, se puede decir *Ésta es la mía*. Siempre existe más de una manera de expresarse en español.

Práctica

Choose the appropriate form of the possessive from the three in parentheses and write it in the space in each sentence as shown in the examples. In some cases, an underlined word will give you a clue to the appropriate form.

Estamos listos para aceptar las maletas. ¿Dónde están __las suyas__, señor? (las tuyas, las suyas, las mías)

Hemos viajado por las montañas de Arizona. __Las nuestras__ en México donde vivimos son más altas. (Suyas, Las nuestras, Las suyas)

1. Ud. ha pintado una escena hermosa. ¿Qué opina Ud. de _____? Sé que yo no soy artista. (la mía, las mías, la suya)

2. Regina, esas sandalias que te aprietan son mías. _____ están en tu cuarto. (Las suyas, Tuyas, Las tuyas)

3 . ¡Qué diferencia! Las farmacias en su ciudad están abiertas toda la noche pero _____ se cierran a las siete. Vivimos en un pueblo pequeño. (las nuestras, las suyas, las mías)

4. Carmencita, esta perla es barata, pero _____ que tienes puesta es hermosa. (la suya, la tuya, nuestra)

5. En su clase de español, los "ojos de dios" son juguetes, pero _____, en los pueblos indios de <u>nuestro</u> país, son símbolos religiosos. (los nuestros, los suyos, los de Ud.)

6. Él es tan egoista, se interesa sólo en sus cosas e ignora _____. (las de él, las mías, los nuestros.)

Escenario

Llene los espacios para completar el diálogo sobre las estrellas de cine y sus películas. Al final del párrafo hay una lista de las selecciones para cada espacio. Las selecciones corresponden a las letras que siguen los espacios.

—Pues, para actrices favoritas, _____[a] es María Teresa en *Dos corazones.* Y, ¿_____?[b]

—Bueno, _____[c] es Iris Mendoza en *Perdido en el espacio.*

—Tú conoces a mi prima, Elena, ¿no? Adivina quién será _____[d]. Es la actriz, Fulana Alvarado. Creo que es la favorita de mi madre también. Sus preferencias y _____[e] son completamente diferentes.

Selecciones:

[a] las mías, la mía, las tuyas; [b] la mía, la tuya, el tuyo; [c] el mío, la mía, la tuya; [d] la tuya, la mía, la suya; [e] las suyas, las tuyas, las mías

TAREA ESCRITA

Ahora, escriba por lo menos cuatro oraciones sobre las preferencias que Ud. comparte con otras personas. Se puede utilizar algunas frases de los ejercicios como modelo para sus oraciones. Al fin, compare sus oraciones con las de otros estudiantes.

Respuestas

In this exercise, you will use the possessive form in response to a question or statement. Study the examples, paying close attention to the context of the sentence. Complete the exercise by referring to the English words. To avoid direct translation, the English words are given out of order. Some items begin with a few words in Spanish to help you along.

—¿Por qué manejas el coche de tus padres? ¿Dónde está el tuyo?

—<u>El mío está en el taller.</u>

(is/mine/the shop.)

—¡Cuánto me gustan estos días de sol! ¿Son los favoritos de su familia también?

—<u>A ver. Los nuestros con los días cuando hace fresco.</u>

(let's see. / are/days/ours/it's cool/when)

1. —¿No prefieres usar mi calculadora? Es nueva.

    —En realidad, no._____.

    (not really. / mine/more functions/has/than yours.)

2. —En la Costa Brava, nuestras casas son blancas. ¿Es así en la Florida?

    —No_____.

    (no. / in Florida/colors/different/ours/are. / mine/blue and gray/is.)

3 . —¿Cuál es tu baile favorito, el flamenco?

    —Ni modo_____.

    (no way. / the Chilean dance/mine/La Cuenca/is.)

5. —A muchas personas les parecen únicos sus problemas y sus ansiedades.

    —Al contrario, señor_____.

    On the contrary, sir. / many/as yours/have/problems/the same/and mine.)

Aplicación

Lea el siguiente párrafo en inglés. Luego, escriba una descripción de las diferencias entre las casas en España y las de dónde vive Ud. Utilice el contexto solamente como un punto de partida.

Contexto

On comparing houses in the city, many of theirs open directly on the street, but ours have porches. Many of theirs have gratings on the windows and doors, especially the ones that face the street. Many of ours have bars on the windows and doors all around the house. In theirs, there is often an enclosed patio. In ours, an outside garden is common.

EXPERIENCIAS

En un papel, escriba por lo menos cuatro oraciones en que Ud. compara algún aspecto de otro país con el suyo. Por ejemplo, se puede comparar los animales, los días de fiesta, la ropa, los deportes o las bellas artes. Después, compare sus oraciones con las de otros estudiantes.

C. Suyo

Ahora que Ud. ve la diferencia entre las expresiones que indican posesión, puede examinar la clarificación que a veces es necesario con la palabra *suyo*. Se necesita aclarar a quién o a qué se refiere esa palabra cuando puede referirse a diferentes personas o cosas. En este caso, se explica la posesión mejor con *de Ud. (Uds.), de él (ellos), de ella (ellas)*.

Por ejemplo, ¿a quién le gusta la canción en esta oración?: "Ese mariachi va a cantar una canción favorita suya". No hay manera de saber. Pero, al decir "la canción favorita *de él*", sabemos a quién se refiere. Examine este ejemplo.

¿Quién sabe?: Sr. Ramírez, Ud. no ha tomado el abrigo suyo sino el suyo.

Aclarado: Sr. Ramírez, Ud. no ha tomado el abrigo de Ud. sino el de él.

TAREA ESCRITA

Escriba un diálogo de por lo menos cuatro oraciones sobre la noche que Ud. se encargó de repartir todos los abrigos, los sombreros y las botas a todas las personas que asistieron al baile. Se puede utilizar algunas frases de los ejercicios como modelo para sus oraciones. Al fin, compare su diálogo con el de otros estudiantes.

II. ¡Escriba con estilo!
SELECCIONES DE MODO

Explicación y modificaciones

Lea la primera selección de abajo. Busque las palabras difíciles en un diccionario y apúntelas en un cuaderno de nuevas palabras. Analice la construcción de las oraciones para entender el sentido o significado básico del autor, y la función estilística de las formas posesivas. También, examine la primera modificación basada en la selección original. Es una composición nueva con solamente sustituciones de vocabulario.

Selección original:

—Bien, hijo mío. ¿Qué te ocurre?

—Nada de particular. El rey quiere hacerme fusilar y los suyos me están buscando por todas partes.

(Adaptación de "El alcázar no se rinde" por Carlos Ruiz de Azilú en *Galería hispánica* de Robert Lado et al., pág. 55.)

Primera modificación:

—Bien, niño mío. ¿Qué te pasa?

—Nada especial. El dictador quiere hacerme matar y sus hombres me están rastreando en todas las guaridas mías.

Ahora, examine la segunda modificación. Es un ejemplo de la tarea de esta sección: escribir una nueva composición basada en su selección de algunos párrafos de estilo literario.

Segunda modificación:

—Bien, padre mío. ¿Qué te pasa?

—Algo interesante. El jefe quiere ascenderme y las recomendaciones suyas me están ayudando de varias maneras.

Análisis:

Observe que estos ejemplos muestran la forma posesiva en la posición normal de los adjetivos en español (*hijo mío* y *las recomendaciones suyas*). *Los suyos* de la selección original se refiere a la relación entre el rey y sus hombres o soldados. También hay una relación entre una intención (*quiere hacerme*) y su resultado esperado (*me están buscando* o *me están rastreando*).

TAREA ESCRITA

Ahora, escriba en un papel una composición nueva basada en la selección original con sustituciones de vocabulario. Mantenga la forma y las ideas de la original. Después, trate de escribir otra composición semejante sobre un tema de interés personal. Se puede cambiar el vocabulario necesario para expresar sus propias ideas.

Práctica

The following are simplified versions of the selections listed below. Complete the exercises by: (1) underlining the correct form which is similar to that used in the style selections, or (2) writing the correct possessive form given in parentheses in the space provided.

1. Al poco tiempo, un amigo _____ vino a hablar con él. (suyo, de Ud.)

2. La posición de Rafael sobre el asunto es diferente de _____. (las suyas, la mía)

3. Ningún país jamás ha mostrado una frontera más definida que _____. (suya, la nuestra)

4. La patria, hijo mío, es lo que todos amamos. No lo constituye solamente nuestro hogar. La patria es, finalmente, _____. (de Ud., nuestra)

5. La lucha de Bolívar por el derecho de ser libre en América no era solamente (el suyo, suya).

Ejercicios

Analice las selecciones siguientes. Busque las palabras difíciles en un diccionario. Después, escriba nuevas composiciones al sustituir las palabras subrayadas. Cambie el vocabulario para expresar sus propios pensamientos. Compare sus composiciones con los modelos y con las composiciones de otros estudiantes. Si quiere, puede trabajar en un grupo o en pareja. (Mínimo: dos selecciones)

1. «Poco tiempo después de llegar de Europa, le llevó allí un amigo suyo.» (Pasaje de *Martín Rivas* de Blest Gana, pág. 25.)

2. «Rafael ocupa una posición muy distinta de la mía.» (Pasaje de *Martín Rivas*, pág. 86.)

3. «Es nuestra patria ... Ningún hombre, jamás ha tenido una patria tan bien delimitada como la nuestra.» ("La patria" de Horacio Quiroga en *Cuentos y narraciones* de Harriet de Onís, pág. 132.)

4. «La patria, hijo mío, es el conjunto de nuestros amores. Comienza en el hogar paterno, pero no lo

constituye él solo. En el hogar no está nuestro amigo querido ... —su patria, en fin, es a la vez la patria nuestra.» ("La patria" de Horacio Quiroga en *Cuentos y narraciones* de Harriet de Onís, pág. 134.)

5. La lucha (de Bolívar) no era únicamente suya. "Bolívar no defendió con tanto fuego el derecho de los hombres a gobernarse por sí mismos, como el derecho de América a ser libre." (Pasaje de *Tres héroes* por José Martí, en *El Siglo de Oro,* pág. 17.)

III. Vocabulario

EJERCICIO DE VOCABULARIO

En esta unidad, Ud. ha buscado los significados de varias palabras. Ahora, vamos a ampliar el vocabulario al examinar las relaciones entre familias de palabras. También vamos a ver cómo se puede extender el significado mediante la correspondencia de un conjunto de palabras. Se presentan unas cuantas familias y conjuntos a continuación. En los conjuntos, las palabras subrayadas son sinónimos o antónimos. Para entenderlas mejor, consulte un diccionario.

Familias	Conjuntos
ocurrir/ocurrente/ocurrencia	caso/ocasión/suceso/incidente/deshecha
buscar/busca/búsqueda	distinta/diferente/semejante/mismo
enseñar/enseñanza/seña	avanzar/acercar/adelantar/retrasar/retirar
solicitar/solícito/solicitud/solicitante	bendición/gracia/maldición/cinismo

Familias y conjuntos

INSTRUCCIONES: El vocabulario de una lengua consiste, en gran parte, en agrupaciones o conjuntos de palabras. Estilísticamente, el escritor necesita una familia grande de palabras para desarrollar sus pensamientos. Experimente con las palabras de algunas familias o algunos conjuntos de arriba.

Familias y conjuntos

En las selecciones y los ejercicios anteriores, aparecen otras familias de palabras con que Ud. puede practicar. Aquí se indica el valor gramatical de las palabras: verbo, sustantivo, adjetivo, adverbio, etc.) Busque otros ejemplos en un diccionario. Escriba oraciones sobre sus experiencias o sobre las experiencias de otros conocidos. (Mínimo: cuatro oraciones)

hacer	hacedero	hecho	hechizo	
(verbo	adjetivo	sustantivo	adjetivo)	

servir	servidor s	ervicio	servil	servilleta
(verbo	sustantivo	sustantivo	adjetivo	sustantivo)

humillar	humilde	humildemente	humildad	
(verbo	adjetivo	adverbio	sustantivo)	

Other examples of possible vocabulary "clusters" can be found by looking up other words underlined in the "Selecciones de modo." Use them for increased recognition and practice.

Palabras en contexto

Observe las combinaciones de las siguientes familias y sus clasificaciones. Note que se identifican las palabras mediante su sentido o sus usos, no por su descripción gramatical. El sentido de una palabra depende, en mayor parte, de nuestro entendimiento de su uso en la oración. Busque el significado de las palabras desconocidas.

solicitar	solícito	solicitación	solicitud	solicitante
(acción	actitud	acción	actitud, condición	persona)

constituir	constitución	constituyente	constitucional	constitutivo
(acción	cosa, acción	cualidad, cosa	condición legal	condición)

TAREA ESCRITA

Ahora, describa a algunos jóvenes o miembros de su familia de manera personal, empleando algunas palabras de la sección de vocabulario.

IV. Grammar as Culture and Style

In many respects, explaining who is in possession of what in Spanish is not so different from English. (And, not so different from many other languages, as well.) For the most part, Spanish-speaking people just mention the "whose" word before the "what," keeping the two in agreement where needed. The pronouns *mi, tu,* and *su* need only agree in number: *mis libros, tus plumas, su amigo.* Describing possessions of your own together with other persons *(nosotros, nosotras)* requires agreement of the noun with the possessive adjective: *nuestro amigo, nuestra patria, nuestros equipos,* and *nuestras escuelas.*

These expressions are matched with variations (few languages leave possession to one set of words):

mi — de mí   **nuestro — de nosotros**

tu — de tí   **nuestra — de nosotros**

su — de él,   de ellos,   de ella,   de ellas,   de usted,   de ustedes

Often, these expressions are used for stylistic purposes, but the third person forms constantly serve to avoid the possible confusions that arise from the multiple meanings of *su.*

The next style of expressing possession is longer, but it is formed from the pronouns already listed: *mi(s)* becomes *mío(s)*; *tu(s)* becomes *tuyo(s)*; *su(s)* becomes *suyo(s)* or *suya(s)*; and *nuestro(s)* and *nuestra(s)* stay the same. In this form, the possessive describes what is possessed more specifically because these forms have to agree with the endings of the possessions. Again, problems can arise from any unclear references in *suyo(s)* or *suya(s),* so clarification is frequently required (as above):

suyo(s), suya(s) = de Ud., de Uds.; de él, de ellos; de ella, de ellas

Another form of the possessive is semiindependent. The pronoun stands in place of the noun (person, place, thing, activity, etc.). So, when something that belongs to someone or something else is mentioned, subsequent references to it are made solely by the possessive word with an article:

el mío, **la** mía, **los** míos, **las** mias   **el** tuyo, **la** tuya, **los** tuyos, **las** tuyas

el suyo, **la** suya, **los** suyos, **las** suyas   **el** nuestro, **la** nuestra, **los** nuestros, **las** nuestras

The different status of this form is highlighted by the fact that, as pronouns, they can be both subjects and objects of verbs. Avoid the indiscriminate use of *suyo* and *suya*. Unless the antecedent is very clear, they can create confusion.

UNIDAD 10

PARA

I. Destinos e intenciones

A. Objetos y personas

Forma y contexto

En español se expresa el destino de objetos y personas muy directamente con una palabra sencilla, *para*. Esta palabra tiene otro sentido cultural: la intención o el fin de una acción o el uso de algo. Muchas veces, el uso cultural en el habla normal describe la combinación de las acciones. Una acción sigue de la intención o del fin de otra. Examine los siguientes ejemplos que expresan los fines o destinos de las acciones.

Ejemplos

Mi tío sale mañana *para Acapulco*.
My uncle's leaving *for Acapulco* tomorrow.

Dos billetes *para la lotería,* por favor.
Two tickets *for the lottery*, please.

Para la salud no fumo.
For my health, I don't smoke.

También, una persona puede ser el destino de algo, es decir, el recipiente o el beneficiario.

Hijito mío, tengo un regalo *para ti*.
Son, I have a gift *for you*.

Los viajeros compraron recuerdos *para sus parientes*.
The travelers bought souvenirs *for their relatives*.

GRAMMAR NOTE

Of course, there are no changes in this word, such as the endings of verbs and possessive pronouns. What *does* change is the context that influences the use of *para* to express destination (meaning a place, a thing, or a person). Also, we can use *para* to define things in terms of their specific purpose: a candy box is a box *for* candy, baby powder is powder *for* a baby, and so on.

Práctica

Choose the appropriate word or words that complete the context for the use of *para*. Write the word or words in the space in each sentence as shown in the examples.

> Hombres, aquí construimos barcos para __la victoria__ contra los aztecas. (los reyes, la victoria)
>
> Mañana empezamos el viaje para __España__. (España, la caja)

1. Pues, capitán Cortés, ¿no embarcamos ya para _____ a Cuba? (la vuelta, la conquista)

2. Nuestro equipo sale para _____ donde tiene lugar el campeonato. (el estadio, la capital)

3. ¿Son estas estatuas de oro para _____ o para Pizarro? (el rey, la ley)

4. Amigo mío, tú has llegado muy tarde para _____. (la práctica, practicando)

5. La última tortura que Cortés tenía para _____ fue quemarle los pies. (Cuauhtémoc, la conquista)

6. Este suéter que compré en el mercado al aire libre es para _____. (la venta, mi novia)

7. Necesitamos unas habitaciones para los _____ sin techo. (líderes, pobres)

8. Tratábamos de subir al tren para _____ cuando se cayó una maleta. (Sevilla, la estación)

Escenario

Llene los espacios para completar la siguiente carta. Al final del párrafo hay una lista de las selecciones para cada espacio. Las selecciones corresponden a las letras que siguen los espacios.

Querido amigo,

Imagínate que ya estamos de vacaciones. Estoy haciendo planes _____[a] a México. Según el horario de aviones, salgo _____[b] el viernes próximo y regreso dentro de seis días. Después de unos días en la capital, tomamos un autobús _____[c] a las platerías de Taxco. ¿Quieres que te compre algo de plata _____[d] en Taxco? Necesitas contestarme antes de mi salida _____[e] de donde tomamos el vuelo a México. De la capital, salimos _____[f] del Golfo de México, y vamos a visitar Veracruz. Otros días son libres _____[g]. Espero que tengamos tiempo _____[h] porque quiero regatear con los vendedores.

Selecciones:

[a] para un viaje, para los exámenes; [b] para la casa, para la capital; [c] para la salida, para una excursión; [d] para ti, para mí; [e] para Nueva York, para México; [f] para el gasto, para la costa; [g] para los viajeros, para ti; [h] para las compras, para los enfermos

TAREA ESCRITA

Ahora, escriba por lo menos cuatro oraciones sobre sus planes para las vacaciones. Se puede utilizar algunas frases de los ejercicios como modelo para sus oraciones. Al fin, compare sus oraciones con las de otros estudiantes.

Continuación

Complete el siguiente párrafo sobre la celebración del regreso de los soldados de un conflicto en otro país. Utilice *para* y las palabras de la lista. Se puede sustituir las palabrs de la lista con otras, pero guarde el sentido del párrafo.

El sábado pasado hubo una fiesta _____ de nuestro pueblo que habían

regresado de un conflicto en el extranjero. Habían de llegar el viernes, pero tuvieron que esperar

_____. Algunos habían salido _____ hace ocho meses. Así que

_____, el regreso de sus seres queridos hubiera de ser muy emocionante. Todos se

divirtieron mucho. Pues, ahora están planeando otra fiesta _____ del regreso de los

soldados el año que entra.

Lista: aniversario, extranjero, familias, soldados, transporte militar

PRÁCTICA AVANZADA

Escoja un tema de interés sobre los días de fiesta. Escriba por lo menos cuatro oraciones, utilizando *para.* Trate de emplear cambios de persona, conjunto y contexto.

Respuestas

In this exercise, you will use a phrase with *para* in response to a question or statement. Study the examples, paying close attention to the context of the sentence. Complete the exercise by referring to the English words and the clue in italics that indicates the purpose or destination. To avoid direct translation, the English words are given out of order. Some items begin with a few words in Spanish to help you along.

—¿Por qué no tiene mejor nivel de vida el pueblo peruano?

—La economía no es ventajosa para la población general.

(*the general population*/is not advantageous/economy/the/is not/for.)

—¿Adónde vamos la semana próxima? Quiero ver la corrida. ¿Y tú?

—Quiero ir a Pamplona para la fiesta de San Fermín.

(I want/of San Fermín/to Pamplona/to go/*the festival*)

1. —¿Cómo viajaremos a la celebración de la independencia de Chile?

   —_____.

   (I hope/the plane/we take/*to the capital*.)

2. —¿Por qué compraste tantas bolsas de cuero?

   —_____.

   (*my nieces*/I need/gifts.)

3. —Mamá, esta camisa sólo me costó diez dólares.

   —¿De veras?_____.

   (really? / twenty/*a new shirt*/you/I gave. / please/the change.)

4 . —Y, ¿qué va a hacer Ud. con esta jaula?

   —¿No puede Ud. adivinar?_____.

   (can't you guess? / is/*birds*/the cage. / a canary/to buy/I'm going.)

5. —He notado que tú no fumas tanto como antes. Ojalá que lo sigas.

   —Claro._____.

   (of course. / I know/bad/it's/*my health*.)

6. —¿Adónde vamos tan de prisa? ¿Hay algo especial?

   —_____.

   (going/*the park*/we're. / in two minutes/a concert/there's.)

Aplicación

Escriba un artículo de periódico sobre los requisitos para las universidades. Utilice las indicaciones en inglés como modelo para el artículo.

Contexto	Español
For high-paying jobs, a college education is necessary.	... los empleos que pagan mucho ...
You should send for an application soon.	... enviar ... una solicitud ...
Applications should be received by March for many colleges.	... para muchas universidades.
You will need to have money for the admission fee.	... dinero ... los derechos de entrada.
Universities frequently offer loans for students who need help.	... a menudo ... préstamos ...
There are counselors for new students in most universities.	... consejeros ... en la mayoría ...

E<small>XPERIENCIAS</small>

En un papel, escriba por lo menos cuatro oraciones sobre los requisitos para un curso, un club o un equipo. Después, compare sus oraciones con los modelos.

B. Acciones como destinos o intenciones

Forma y contexto

Las acciones, tanto como las personas y los objetos, pueden ser el destino o el fin de otra acción. Para expresarlo, utilizamos *para* y el infinitivo del verbo.

Ejemplos

Fue a San Miguel de Allende *para estudiar* pintura.
He went to San Miguel de Allende *to study* painting.

Voy a Houston *para ver* el "Astrodome".
I'm going to Houston *in order to see* the Astrodome.

Estudiamos *para poder* instruir a otros.
We study *in order to be able* to teach others.

Práctica

Choose the appropriate infinitive that completes the meaning of each sentence. Write it in a phrase with *para* in the space in each sentence as shown in the examples. Notice the context in which *para* is used.

Tengo cheques viajeros __para cambiar__ a pesos. (vender, regalar, cambiar)

Es necesario tener paciencia __para lograr__ nuestra meta. (fracasar, lograr, terminar)

1. Los montañeses en Lima trabajan juntos _____ su nivel de vida. (empeorar, mejorar, esperar)

2. ¿Necesitas otro bolígrafo _____ la carta? (enviar, leer, escribir)

3. Tenemos suficiente dinero _____ el viaje a Toluca. (hacer, viajar, poder)

4. ¿Por qué no te acuestas _____ un poco? (hacer ejercicios, descansar, animarte)

5. _____, todas las plantas requieren agua y sol. (morir, secarse, florecer)

6. Pizarro tendió una trampa _____ a Atahualpa. (derrotar, tratar, ayudar)

7. Tomo ocho vasos de agua al día _____ la salud. (llevar, soportar, mantener)

8. Bartolomé de las Casa propuso leyes _____ a los indios. (engañar, coger, proteger)

9. _____ el premio, tendremos que inventar algo fabuloso. (perder, ganar, empezar)

10. El maestro entró en el cuarto _____ a los combatientes. (separar, luchar, dar las gracias)

Escenario

Buenos consejos

Llene los espacios para completar la lista de consejos. Al final de los consejos hay una lista de las selecciones para cada espacio. Las selecciones corresponden a las letras que siguen los espacios.

_____[a] sano: ejercicio, descanso y comida bien nutritiva.

_____[b] de la vida: tolerancia, amor y un buen sentido de humor.

_____[c]: observar, escuchar, estudiar y, sobre todo, pensar.

_____[d] dinero: trabajar, ahorrar, dar a otros y no perderse en contarlo.

_____[e]: alimentación, vivienda, ropa e inteligencia.

_____[f]: espíritu, generosidad, sensibilidad y compasión.

Selecciones:

[a] Para gozar, Para vivir; [b] Para disfrutar, Para sufrir; [c] Para aprender, Para conocer; [d] Para malgastar, Para ganar; [e] Para fracasar, Para sobrevivir; [f] Para amar, Para odiar

Tarea escrita

Ahora, escriba por lo menos otros cuatro consejos. Compare sus oraciones con las de otros estudiantes.

Respuestas

In this exercise, you will use *para* and an infinitive in response to a question or statement. Study the examples, paying close attention to the context of the sentence. Complete the exercise by referring to the English words and the clue in italics that indicates the purpose or destination. To avoid direct translation, the English words are given out of order. Some items begin with a few words in Spanish to help you along.

—¡Hombre, cuántas horas has estudiado últimamente!

—Claro, es necesario para aprobar el examen final de la clase de trigonometría.

(of course,/*to pass*/it's necessary/in trigonometry class/the final exam.)

—Este cuaderno está lleno de dibujos. ¿Es Ud. artista?

—No, pero dibujo para no aburrirme.

(no,/*I'm not bored*/I draw.)

1. —Hay de todo en esta tienda.

   —Es cierto. _____.

   (you're right. / something/there's/everyone/*to satisfy*.)

2.   —¿Por qué se trasladan los campesinos a las ciudades?

—_____.

(to the cities/*to improve*/they move/of living/their standard.)

3.   —¿Por qué entrevistaron al goleador del equipo de fútbol en el aeropuerto?

—_____.

(abroad/*to participate*/in the World Cup/he's going.)

4.   —¿Adónde va Ud. ahora?

—_____.

(*amusing myself*/some/I need/new mysteries.)

5.   —Mire cuántos estudiantes salen de esa escuela. ¿Es hora del almuerzo?

—_____.

(yes,/many go/*to eat lunch*/home.)

6.   —¿Tú solo? ¿Dónde estará la cuadrilla de tus amigos?

—_____.

(to the supermarket/*to buy*/refreshments/they've gone/for the group.)

EXPERIENCIAS

En un papel, escriba por lo menos seis oraciones sobre las maneras de combatir las enfermedades. En cada oración, utilice *para* y un infinitivo. Si quiera, puede consultar la lista de verbos y frases apropiados. Después, compare sus oraciones con las de los otros estudiantes.

Lista: aprender, mantener la salud, no contagiarse, no enfermarse, sanarse, seguir luchando

C. El contraste, la definición y la duración

Forma y contexto

Hay otras cuantas interpretaciones de los usos de esta corta palabra.

1.   Para expresar contraste: *Para ser invierno, hace mucho calor.* Esto significa que el invierno es diferente de lo que normalmente debe ser.

2.   Para expresar la definición o el propósito de algo: *Este estante es para mi colección de cerámica.* Se usa *para* aquí para expresar cómo se utiliza el estante.

3.   Para expresar un período de tiempo, específicamente para el resultado de algo: *El mecánico le tendrá el auto para las cinco.* Aquí se indica un punto específico en el futuro. También se utiliza para indicar

un tiempo en que algo se termina: *Es mejor quedarse callado para toda la vida que herir a la gente con sus palabras.*

Práctica

Choose the word or phrase that best completes the context of *para* and write it in the space in each sentence as shown in the examples.

El teatro está bastante lleno para ___un día de semana___. (un día de semana, la mañana)

Recibí una hermosa caja para ___dulces___, ¡pero sin chocolates! (regalos, dulces)

1. Todas las solicitudes deben estar listas para _____, antes del mediodía. (el viernes, la universidad)

2. Para _____ pocos, los españoles lucharon como leones contra los aztecas. (ser, estar)

3 . En la esquina está la nueva tienda de ropa para _____. (niños, esta semana)

4 . Donde hoy hay un hotel, antes hubo una escuela para _____ árabes. (ser, los artesanos)

5. Para ser los _____ futuros, los jóvenes no se interesan mucho en la política. (líderes, atletas)

6. Me gusta mucho el sabor de esta crema para _____ que me sugeriste. (los dientes, las manos)

7. Para _____, tú sí hablas mucho. (callarse, ser tímida)

8. Estaré aquí sólo para _____. Regreso a casa el lunes. (ayudarlos, unos días)

9 . Todos los preparativos están listos para _____ y la fiesta de la Independencia. (el 4 de julio, las vacaciones)

Escenario

Un viajecito

Llene los espacios para completar el diálogo sobre los preparativos de una familia para un viaje. Al final del diálogo hay una lista de las selecciones para cada espacio. Las selecciones corresponden a las letras que siguen los espacios.

Mamá: ¿No están listos? Todo debe estar en el coche _____[a] porque salimos al mediodía en punto. ¿Han empacado la pasta para los dientes?

Hijo mayor: Sí, mamá. ¿No llevamos demasiado _____[b] tan corto?

Mamá:	Ay, hijo, ¿no les dije que alquilamos habitaciones _____[c]?
Hijo menor:	Ojalá que haya dos cuartos de baño. No me gusta su _____[d]. Huele a ratones muertos.
Hija:	Oye, mami. ¿Llevamos la _____[e]?
Mamá:	No, tu papá quiere comer en los restaurantes. Además hace mucho frío _____[f]. Apúrense, hijos. Les espero abajo.

Selecciones:

[a] para las dos, para las doce; [b] para viajar, para un viaje; [c] para una semana, para este año; [d] loción para las manos, salsa para las tortillas; [e] cesta para meriendas, carpeta para meriendas; [f] para el miércoles, para ser verano

TAREA ESCRITA

Ahora, escriba por lo menos cuatro oraciones sobre los preparativos para un viaje. Utilice *para* en expresiones de contraste, propósito y tiempo. Se puede utilizar algunas frases de los ejercicios como modelo para sus oraciones. Al fin, compare sus oraciones con las de otros estudiantes.

Respuestas

In this exercise, you will use *para* in expressions of contrast, purpose, and time in response to questions or statements. Study the examples, paying close attention to the context of the sentence. Complete the exercise by referring to the English words and the clue in italics that indicates the phrase to be used with *para*. To avoid direct translation, the English words are given out of order. Some items begin with a few words in Spanish to help you along.

—¿Todavía está descompuesto su auto?

—Sí, está con el mecánico. Lo tendré para el sábado.

(yes,/with/it's/the mechanic. / *by Saturday*/it/I'll have.)

—Mamacita, ¿te gusta mucho el flan que preparé?

—Pues, para una niña de nueve años, cocinas bien.

(well,/cook/*for a nine-year-old girl,*/well/cook.)

1. —¿Por qué nos detenemos en el supermercado?

—Mamá quiere _____.

(mom wants/hot sauce/*tortillas*/to buy.)

2. —¿Qué huele en ese paquete? Me gusta mucho.

— _____.

(*bath gel*/it's. / like/it/smells/roses.)

3. —Perdóneme si le haya pisado. No bailo muy bien.

   —Al contrario, _____.

   (on the contrary,/well/*for a big man*/dance/you.)

4. —¿Estás dedicando mucho tiempo al proyecto para la clase de historia?

   —Por supuesto. _____.

   (of course. / *Tuesday*/the teacher/it/is expecting.)

5. —Ay, ¡me duele la rodilla! La lastimé ayer.

   —Necesitas _____.

   (you need/*for fast, effective relief*/a pill.)

6. —¡Cuánto quisiera yo correr con los toros en Pamplona!

   —¿Estás loco? _____.

   (are you nuts? / you have/ideas/*a coward*/brave.)

7. —Necesito que me compongan estos zapatos. ¿Cuándo estarán listos?

   —Seguramente _____.

   (for sure/be ready/they'll/*4:30 this afternoon*.)

8. —No esperaba que viéramos tantas flores en el norte de México.

   —¡De veras! _____.

   (for sure! / *for a desert*/in the spring/colorful/the landscape/is.)

Aplicación

Su clase está patrocinando una venta especial para la caridad. Ud. está encargado de escribir un anuncio para la venta de cosas viejas y usadas. Utilice las indicaciones en inglés como modelo.

Contexto	Español
The students are sponsoring a sale for charity.	... la caridad
There will be merchandise for everyone.	Habrá ...
Buyers who come by 10 a.m. will receive a free gift.	Los compradores ... un regalo gratis.
For secondhand items, they are in excellent condition.	... de segunda mano ... excelentes condiciones.
Articles for the home and the office!	Artículos ...
Women's clothing!	... damas

EXPERIENCIAS

En un papel, escriba por lo menos cuatro oraciones sobre una visita a un mercado de objetos de segunda mano. Después, compare sus oraciones con los modelos.

D. Modismos con *para*

Forma y contexto

Para también se usa en preguntas y en expresiones idiomáticas. Normalmente, la pregunta *¿por qué?* se refiere a la razón de nuestras acciones. Otra pregunta que examina la intención de una acción es *¿para qué?* A esta pregunta a veces contestamos, *para nada.* La cultura hispana también presta atención a los destinos de las personas y las cosas: *¿para dónde?* A esta pregunta podemos contestar simplemente: *para acá* o *para allá.* Examine los siguientes ejemplos.

Ejemplos

¿Para qué son estos aparatos?	*What* are these devices *for?*
¿Para qué nos esforzamos tanto?	*What* are we making such an effort *for?*
¿Para dónde va ese tren?	*Where* is that train going?

Hay muchos modismos que emplean *para.* La mayoría se entiende fácilmente. Lea la lista a continuación.

decir / hablar para sí = to talk to oneself

>Tu papá me preocupa. *Habló para sí* toda la noche.

echar(se) para atrás = to back out, give in, back down, etc.

>Íbamos a ponerte trampa, pero Juan *se echó para atrás.*

estar para + infinitive = to be ready (to), to be about to (do something)

>*Estamos para* poner en marcha nuestros planes.

faltar (reference to time) **para** = to be (reference to time) left until

>*Faltan* diez días *para* Navidad. Me *falta* tiempo *para* ir de compras.

no hay para qué + infinitive = there's no reason to

>*No hay para qué* preocuparte.

ser para volverse loco = to be about to go crazy, to be enough to drive one crazy

>No cesa ese ruido. *Es para volverse loco.*

servir para + infinitive or noun = to be used for, something serves in order to

>Esta caña *sirve para* pescar. / El patio *sirve para* un centro de actividad.

tener para + infinitive or noun = to have enough (time, money, etc.)

>No *tengo para* comprar ese auto. / *Tenemos para* dos días.

Otros modismos con *para:*

>**para colmo de males** = that's the last straw; that does it

>**para nada** = for nothing

>**para siempre** = forever

>**para su gobierno** = for your guidance

>**sin qué ni para qué** = with no apparent reason, without any reason to it

GRAMMAR NOTE

There are many more uses and idiomatic expressions for *para* than can be covered in one unit. Take the time to go "hunting" in your dictionary for useful expression. Also, study the following chart to expand your interrogative horizons.

Se pregunta:	Para saber:	Se pregunta:	Para saber:
¿para qué?	la razón	**¿para dónde?**	el destino o la dirección
¿para cuándo?	el tiempo definido	**¿para cuánto(s)?**	la cantidad o el tiempo
¿para quién(es)?	la(s) persona(s)	que recibe(n) algo	

Práctica

Choose the most appropriate question or idiomatic expression with *para* and write it in the space in each sentence as shown in the examples. Notice the context in which the phrase or expression is used.

¿ __Para qué__ llevas este amuleto? ¿Es para protegerte contra fantasmas? (Para dónde, Para qué)

¿ __Para quién__ es este paquete? ¿Será para tu novia? (Para quién, Para cuánto)

1. ¿_____ estará el presidente en Japón? Pensé que ya había llegado. (Para dónde, Para cuándo)

2. ¿_____ compraste ese anillo de plata? ¿Es un regalo para mí? (Para qué, Para quién)

3. ¡_____! Con más esfuerzo saldrás triunfante. (No hables para ti, No te eches para atrás)

4. ¿_____ las boleadoras a los gauchos argentinos? ¿Eran juguetes? (Para qué servían, Para qué tenían)

5. ¿_____ fueron los judíos después de ser expulsados de España? En aquel entonces no existía Israel. (Para cuándo, Para dónde)

6. ¿Quiere Ud. que traigamos las mesas _____? No caben aquí. (para acá, para allá)

7. _____ preocuparte. Si estudias con diligencia, aprobarás el examen. (Para colmo de males, No hay para qué)

8. Nuestra amistad es _____. Jamás dejaré de ser tu amigo. (para siempre, para nada)

9. No puedo ayudarlos ahora. En este momento _____ salir de la oficina. (tengo para, estoy para)

10. ¡Caramba! _____ el baile y todavía no tengo pareja. (Es para

volverme loco, Faltan dos días para)

TAREA ESCRITA

Ahora, escriba por lo menos seis oraciones, utilizando los modismos con *para*. Se puede utilizar algunas frases del ejercicio como modelo para sus oraciones. Al fin, compare sus oraciones con las de otros estudiantes.

 II. ¡Escriba con estilo!
SELECCIONES DE MODO

Explicación y modificaciones

A continuación hay una selección en que el significado de destino, por ejemplo, es crítico para el estilo del autor. Lea la primera selección y busque las palabras difíciles en un diccionario. Luego, apúntelas en un cuaderno de nuevas palabras. Analice la construcción de las oraciones para entender el sentido o significado básico del autor, y la función estilística de *para* (destino, intención o propósito, expresión de tiempo, definición o modismo). También, examine la primera modificación basada en la selección original. Es una composición nueva con solamente sustituciones de vocabulario.

Selección original:

La oscuridad, y pronto llegaría el tren para Madrid. Pero, ¿regresaría? Al presidente le prometió su trabajo para el año, nada más. Sin embargo, se preguntaba para qué trabajar, para dónde ir, y para quién vivir.

Primera modificación:

El anochecer, y pronto vendría el tren para Analucía. Pero, ¿volvería? Al jefe se le obligó su labor para doce meses, no más. Sin embargo, se preguntaba para qué aspirar, para dónde andar, y para quién existir.

Ahora, examine la segunda modificación. Es un ejemplo de la tarea de esta sección: escribir una nueva composición basada en su selección de algunos párrafos de estilo literario.

Segunda modificación:

La medianoche, y pronto saldría el tren para la frontera. Pero, ¿sobreviviría? A su esposa le aseguró su regreso para la Navidad, no más tarde. Sin embargo, se preguntaba para qué preocuparse, para dónde huir, y para quién morir.

Análisis:

En la selección y las modificaciones hay varios usos de *para*: el destino *(Madrid, Andalucía, la frontera),* el tiempo limitado *(el año, doce mese, la Navidad),* y la pregunta respecto a los propósitos de las acciones (*para qué, para dónde* y *para quién*). En el párrafo se combina una acción en el pasado (*prometió, obligó, aseguró*) con preguntas sobre el futuro (*para qué trabajar, para dónde ir*), pero la situación principal se basa en el presente, en la estación del tren.

TAREA ESCRITA

Ahora, escriba en un papel una composición nueva basada en la selección original con sustituciones de vocabulario. Mantenga la forma y las ideas de la original. Después, trate de escribir otra composición semejante sobre un tema de interés personal. Se puede cambiar el vocabulario necesario para expresar sus propias ideas.

Práctica

The following are simplified versions of the selections listed below. Complete the exercises by: (1) underlining the correct form which is similar to that used in the style selections, or (2) writing the correct expression or word given in parentheses in the space provided.

1. Hay suficientes proyectiles para la _____ del mundo. ¿_____

    construimos más? (seguridad, destrucción / Para qué, Para cuándo)

2 . Para (el campesino, los ricos) la vida es la lucha por (la supervivencia, el pasado).

3. Necesitamos la comunicación moderna para (llegar, transportar) los asuntos del mundo a la casa.

4. José es pequeño para _____. Tiene quince años. (su vejez, su edad)

5. Es necesario ser más listo para _____ mozo de ciego. (llegar, ser)

6. No tenía _____ ni _____ y ya tenía hambre y sed. (para comer, para

    jugar / para trabajar, para beber)

Ejercicios

Analice las selecciones siguientes. Busque las palabras difíciles en un diccionario. Después, escriba nuevas composiciones al sustituir las palabras subrayadas. Cambie el vocabulario para expresar sus propios pensamientos. Compare sus composiciones con los modelos y con las composiciones de otros estudiantes. Si quiere, puede trabajar en un grupo o en pareja. (Mínimo: dos selecciones)

1. Por fin, el número de proyectiles es supersuficiente para la completa destrucción del mundo. ¿Para

    qué, entonces, el impulso a la construcción y la prueba de otros tantos?

2. La vida para el campesino es, en general, muy sencilla, consiste básicamente en proveer para su

    supervivencia. (De los discursos políticos del candidato para la presidencia de México, Gustavo Díaz

    Ordaz, 1964.)

3. La communicación técnica tiene gran habilidad para transportar cualquier lugar del mundo

    directamente a nuestras salas.

4. José es un <u>chico</u> mexicano. Es <u>bastante</u> <u>pequeño</u> para su edad de <u>doce años</u>. <u>De todos modos,</u> <u>pasa por</u> <u>quince</u>.

5. «¡Tonto! ... aprende, que para ser <u>mozo</u> de <u>ciego</u> debes ser más <u>listo</u>.» (*Lazarillo de Tormes,* de autor anónimo.)

6. ¡<u>Desierto</u>! Nada para beber ni <u>comer</u>. <u>Por todas partes</u> se veían <u>ondulaciones</u> de calor. No <u>aparecía</u> ninguna ruta para <u>escaparse</u> de <u>la muerte</u> por <u>la sed</u>. ¿Para dónde, entonces?

III. Vocabulario

EJERCICIO DE VOCABULARIO

En esta unidad, Ud. ha buscado los significados de varias palabras. Ahora, vamos a ampliar el vocabulario al examinar las relaciones entre familias de palabras. También vamos a ver cómo se puede extender el significado mediante la correspondencia de un conjunto de palabras. Se presentan unas cuantas familias y conjuntos a continuación. En los conjuntos, las palabras subrayadas son sinónimos o antónimos. Para entenderlas mejor, consulte un diccionario.

Familias	**Conjuntos**
bañarse/baño/bañada/bañera	negociar/comerciar/tratar/vender/<u>conservar</u>
quejar/queja/quejido/quejoso	tirar/lanzar/volcar/<u>guardar</u>/<u>coger</u>
utilizar/útil/utilidad/utilitario	prometer/ofrecer/obligarse/<u>negar(se)</u>
poblano/poblar/población/poblado	oler/olfatear/husmear/rastrear/<u>ignorar</u>

Familias y conjuntos

INSTRUCCIONES: El vocabulario de una lengua consiste, en gran parte, en agrupaciones o conjuntos de palabras. Estilísticamente, el escritor necesita una familia grande de palabras para desarrollar sus pensamientos. Experimente con las palabras de algunas familias o algunos conjuntos de arriba.

TAREA ESCRITA

En un papel, escriba por lo menos cuatro oraciones sobre un tema y use cualesquiera de las frases anteriores que Ud. prefiera.

Familias y conjuntos

En las selecciones y los ejercicios anteriores, aparecen otras familias de palabras con que Ud. puede practicar. Aquí se indica el valor gramatical de las palabras: verbo, sustantivo, adjetivo, adverbio, etc.) Busque otros ejemplos en un diccionario. Escriba oraciones sobre sus experiencias o sobre las experiencias de otros conocidos. (Mínimo: cuatro oraciones)

preparar	preparación	preparativo		
(verbo	sustantivo	adjetivo y sustantivo)		
regatear	regateo	regatón	regatonería	
(verbo	sustantivo	sustantivo	sustantivo)	
tentación	tentar	tentador	tentalear	tentativa
(sustantivo	verbo	sustantivo	verbo	adjetivo)
sugerir	sugerencia	sugestión	sugestivo	
(verbo	sustantivo	sustantivo	adjetivo)	

Palabras en contexto

Observe las combinaciones de las siguientes familias y sus clasificaciones. Note que se identifican las palabras mediante su sentido o sus usos, no por su descripción gramatical. El sentido de una palabra depende, en mayor parte, de nuestro entendimiento de su uso en la oración. Busque el significado de las palabras desconocidas.

refresco	refrescar	refrescante	refresquería	// confitería
(cosa	acción	condición	lugar	// lugar relacionado)
pegar	pegajosopegote	pegadizo	pega	pegadura
(acción	condición cosa	condición, cosa	acción	acción relacionada)

corriente	correr	corrido	correría	corredor	corrida
(acción, condición	acción	condición acción relacionada		lugar	acción, ocasión)

montañés	montaña	montañoso	montañismo	montañero	monte
(cualidad, persona	cosa	condición	actividad	persona	cosa relacionada)

TAREA ESCRITA

Ahora, describa a algunos jóvenes o miembros de su familia de manera personal, empleando algunas palabras de la sección de vocabulario.

IV. Grammar as Culture and Style

To move ahead in life, one needs destinations and purposes. This is the basic use of *para* in Spanish; it introduces the destination or purpose of the speaker or writer. The "destination" may be a place or a person: The train leaves (destined) *for* Madrid. This book is (destined) *for* my brother. And the "purpose" may be an event, an action, or the benefit of a person: I'm studying *for* (the purpose of) the final exam. She's exercising *for* (the purpose of) her health. He went to town *in order* to buy a hat (for the purpose of buying a hat). We're making this *for* (the purpose of) our mother.

There are other variations in the way Spanish-speaking people express purpose or intention, as well as a number of idiomatic expressions. (1) One variation indicates a specific amount of time intended for a certain activity: I'll take this room *for* the whole week. The car will be ready *by* Monday. (2)

Another variation expresses contrast, for example, when something appears to differ from the ordinary expectations in a given situation. For example, when a youngster demonstrates mature qualities: *For a child,* she is very generous. (3) A final variation is a means of defining things in terms of their intended purpose: A box *for* candy is a candy box *(una caja para dulces).* A medical school is a school *for* doctors *(una escuela para médicos).*

Para also appears in many idiomatic expressions that are useful in a variety of situations within Hispanic cultures. Try to use them in your own sentences in order to add a little zest. You'll be surprised by how quickly they become second nature to you!

UNIDAD 11

POR

I. Los usos de *por*

A. Medios, modos, lugares y agentes

Forma y contexto

En los asuntos comunes de la vida, nos expresamos de una gran variedad de maneras o métodos mediante los cuales la vida se mantiene o se cambia. Utilizamos *por* para indicar el agente o el medio de algo. Por ejemplo, nosostros nos enteramos de las noticias del día *por* la radio o *por* la televisión. Así indicamos el medio de recibir las noticias. También indicamos lugar con *por*. Por ejemplo, antes de las maravillas de la tecnología, los pregoneros públicos andaban *por* las calles, gritando las noticias del día. Además, *por* sirve para expresar el modo de hacer algo. Por ejemplo, *por* sus esfuerzos, han aprendido a hablar español.

Ejemplos

Juan acaba de hablarme *por teléfono*.
Juan just called me *on the phone*.

En Pamplona, los toros corren *por las calles* al redondel.
In Pamplona, the bulls run *through the streets* to the bullring.

Tú has ganado la beca *por la dedicación* a los estudios.
You have won the scholarship *because of dedication* to your studies.

Otro uso de *por* es para indicar el agente en las oraciones pasivas. (Véase la Unidad 15.)
Un agente es una persona o una cosa que produce un efecto. Por ejemplo, las noticias son transmitidas *por la televisión*. En este sentido la televisión es el agente.

Ejemplos

Los niños fueron castigados *por sus padres*.

The children were punished *by their parents*.

Las casas fueron dañadas *por el viento fuerte*.

The houses were damaged *by the strong wind*.

GRAMMAR NOTE

There are no endings, pronouns, or noun agreements to worry about in using *por.*
However, it pays to learn the many ways in which this word is used. For starters,

por serves to indicate manner, means, place, and agent. Manner and means, or methods, can be grouped around certaind concepts:

1. Transport: **por** + *avión, tren, auto,* etc. (*En* frequently substitutes for *por* in this usage.)

2. Information: **por** + *los libros, las noticias, las señales,* etc.

3. Efforts: **por** + *el trabajo, los estudios, la dedicación,* etc.

4. Natural forces: **por** + *el terremoto, el volcán, la tormenta,* etc.

5. Technology: **por** + *máquina, computadora, microondas,* etc.

Of course, there are limitless categories of places for *por* to signal, such as *el aire, las calles, las montañas, el mar.* Other connotations related to agents and methods are physical means and movement through and around things and places.

(Oh, by the way, you may wonder why *para* was presented first. Well, there are fewer uses for it—mainly purpose and destination. However, there are countless uses of *por* throughout the Spanish-speaking world.)

Práctica

Choose the appropriate object of *por* and write it in the space in each sentence as shown in the examples. Notice the context in which the preposition is used.

La agricultura llegará a ser productiva sólo __por los métodos__ avanzados. (la tecnología, los métodos)

La economía incaica no estaba organizada __por un sistema__ monetario. (un beneficio, un sistema)

1. Las enfermedades fueron agravadas por _____ de comida y de agua corriente. (la subida, falta)

2. Lima, fundada por _____, es la capital del Perú. (Pizarro, la conquista)

3. La cosecha agrícola, que se transporta por _____, está aumentándose. (avión, mano)

4. La corriente eléctrica se propaga por _____ de la casa. (la ventana, los alambres)

5. El perrito está corriendo por _____ peligrosa. (la comida, la calle)

6. En el Ecuador nos gustaba andar por _____ para comprar productos indígenas. (las lluvias, los mercados al aire libre)

7. Jugamos muy mal, pero ganamos el partido por _____. (nuestros esfuerzos, pura suerte)

8. Los españoles navegaron por _____ de África antes de atravesar el Atlántico. (el océano, la costa)

9.   Los turistas llegarán a Madrid de Atlanta por _____ la semana entrante. (autobús, avión)

10. La presentación de pinturas es protegida por _____ silenciosas. (alarmar, alarmas)

Escenario

¿Cómo se va de aquí para allá?

Hay una huelga de trabajadores del servicio de transporte público. Llene los espacios para completar el siguiente diálogo. Al final del diálogo hay una lista de las selecciones para cada espacio. Las selecciones corresponden a las letras que siguen los espacios.

—Dicen por _____[a] que los trabajadores están de huelga. No hay servicio de transporte.

—Sí, me enteré de la huelga por _____[b] mientras me desayunaba.

—¿Qué hago? Siempre voy a las clases por _____[c].

—Entonces, hoy vete por _____[d].

—¡No, no y no! Por _____[e] que tuve, me da miedo manejar. No he manejado desde entonces.

—Pues, no me importa si vas por _____[f], ten cuidado. No te acerques a los huelguistas. Muchas veces las huelgas se ponen violentas. Hace tres años mi hermano fue herido por

_____[g] que estaban peleando.

Selecciones:

[a] la televisión, la tarde; [b] la información, la radio; [c] mi hermano, tranvía; [d] suerte, automóvil; [e] un accidente, el carro; [f] los ríos, avión; [g] unas calles, unos huelguistas

TAREA ESCRITA

Ahora, escriba por lo menos cuatro oraciones sobre su rutina diaria (cómo va a la escuela, cómo recibe informes). Se puede utilizar algunas frases de los ejercicios como modelo para sus oraciones. Al fin, compare sus oraciones con las de otros estudiantes.

Choices

Read the following examples. First, fill in the blank with the most appropiate prepositional phrase given in parentheses. Clues to the context are provided by the other sentence(s). Then revise each sentence by choosing alternative words to replace the objects of the prepositional phrases. *It is not necessary to fill in all the blanks for choices.* Write your revised sentences on a separate sheet of paper. You may have to change the original sentence slightly to accommodate your choices.

Fuimos amenazados __por nuestros enemigos__. Se puso serio la situación. (por los músicos, por nuestros enemigos)

Choices: __por los iraquíes__ , __por las pandillas__ , __por los terroristas__ .

Iba paseando __por el jardín__ cuando observé la golondrina. (por el túnel, por el jardín)

Choices: __por la pradera__ , __por el parque__ , __por el bosque__ .

1. Los estudiantes regresan de España _____. ¿Llegará a tiempo? (por los ríos, por avión)

   Choices: _____, _____, _____.

2. La clase prestó atención a la presentación _____. Era un orador inspirado. (por la radio, por el senador)

   Choices: _____, _____, _____.

3. Venezuela ha llegado a ser muy rica _____. No tiene otra industria tan importante. (por el petróleo, por las huelgas)

   Choices: _____, _____, _____.

4. La población en los Estados Unidos está cambiándose en gran parte _____. Ha llegado a ser una nación multicultural. (por la tecnología, por los hispanos)

   Choices: _____, _____, _____.

5. Esta cesta fue tejida _____. La cestería es una de muchas artes tradicionales. (por los artesanos, por máquina electrónica)

   Choices: _____, _____, _____.

6. San Martín derrotó a los españoles en Chile después de una marcha _____. (por los Alpes, por los Andes)

   Choices: _____, _____, _____.

7. En la actualidad, no es extraño comunicarnos con personas en otro país _____. Así son las maravillas tecnológicas. (por correo, por computadoras)

   Choices: _____, _____, _____.

8. Estaban buscando _____ a los fugitivos. Se preguntaban para dónde irían. (por la televisión, por todas partes)

   Choices: _____, _____, _____.

PRÁCTICA AVANZADA

Escoja un tema de interés sobre los viajes. Escriba por lo menos cuatro oraciones, utilizando expresiones con *por*. Trate de emplear cambios de persona, conjunto y contexto.

Respuestas

In this exercise, you will use prepositional phrases with *por* in response to a question or statement. Study the examples, paying close attention to the context of the sentence. Complete the exercise by referring to the English words and the clue in italics that indicates the phrase to be used with *por*. To avoid direct translation, the English words are given out of order. Some items begin with a few words in Spanish to help you along.

> —¿Cómo vamos al centro si el carro todavía no funciona?
>
> –No sé. Tendremos que ir por transporte público.
>
> (I don't know. / *public transportation*/we'll/to go/have.)
>
> —¿Podremos ver el desfile desde nuestra habitación en el hotel?
>
> —Por supuesto. Pasará por la calle debajo de nuestro balcón.
>
> (of course. / *the street*/it will pass/our balcony/under.)

1. —¿Es posible que Rosa haya recibido el paquete que le envié?

   —Claro. Si lo _____.

   (sure. / *air mail*/sent/if/it/you.)

2. —Creo que me he equivocado de carretera para llegar a la capital.

   —Es verdad. _____.

   (you're right. / and/should have gone/*bus*/I.)

3. —¿Cómo supiste del terremoto en Guayaquil?

   —Bueno, _____.

   (well,/the news/I heard/*radio*.)

4. —¿Todavía tienes dolor de muelas?

   —Ya no. _____.

   (not now. / I talked/and now/*phone*/to the dentist/doesn't hurt/my tooth.)

6. —Joaquín es rico y no me parece influido por el materialismo.

   —Claro. _____.

   (right. / every penny/*hard work*/he earned.)

7. —¿Qué música es ésa que viene de la casa de Teresita?

   — _____.

   (a serenade/it's/*mariachis*.)

8. —¿Es cierto que el asesino fue capturado?

—_____.

(yes,/*two police officers*/he/last night/was captured.)

Aplicación

Hubo un terremoto y el gobierno necesita informar a sus ciudadanos acerca de las circunstancias. Escriba un un anuncio público. Utilice las indicaciones en inglés como modelo para el anuncio.

Contexto	Español
Listen to public announcements on radio or television.	Escuchen ...
Help for the victims is offered by the Red Cross.	Ayuda a los víctimas ... la Cruz Roja.
Do not go near the area by car.	No se acerquen ...
Emergency vehicles must get through the streets.	Es esencial ... los vehículos ...
It's not possible to go through the center of the city.	No es posible ...
A detailed report will be made soon by the president.	Pronto ... un informe detallado ...

EXPERIENCIAS

En un papel, escriba por lo menos cuatro oraciones sobre los efectos de un desastre natural. Después, compare sus oraciones con los modelos.

B.   Causas y motivos

Forma y contexto

Hay innumerables causas de las experiencias humanas. No son muy diferentes estas experiencias en las culturas del mundo cuando se refieren a los asuntos básicos, los cuales son bastante similares. Las diferencias culturales surgen por lo general en la manera de expresarse física y lingüísticamente dentro de las situaciones. Examine ahora el contexto de las causas en la vida hispana. Se pueden dividir entre (1) las razones o causas verdaderas y (2) los motivos que nos influyen. En el primer caso, entendemos una causa que ya sucedió o que se espera: *Por haber recibido la beca, mi hermano llegó a ser abogado.* De otro modo, hay motivos que sugieren un resultado: *Los soldados lucharon por la independencia.* Otro sentido tiene que ver con la perspectiva futura, o sea, las acciones no terminadas: *Ya es hora de dormir y todavía me queda un informe por escribir.* Esto es semejante a una expresión de necesidad sin el impulso directo (véase la Unidad 16).

Ejemplos

Cancelaron el juego *por* la tempestad inesperada.
The game was called *on account of* an unexpected storm.

Mi madre hace todo *por* el bienestar de la familia.
My mother does everything for the family's well-being.

Ya ha aprendido mucho, pero hay mucho más *por* aprender.
You have already learned a lot, but there's a lot more *to learn.*
Trabajo *por* necesidad, no *por* gusto.
I work *out of* necessity, not *because* I enjoy it.

La historia de ese gran amor *está por* escribir.
The story of this great love *remains to be* written.

Todos los alumnos *están por* María.
All the students *are in favor of* María.

GRAMMAR NOTE

The use of *por* to express cause or motive can be grouped under two concepts: (1) actual causes or reasons (because of something already in process or expected to be) and (2) causes that are based on a variety of motives or purposes yet to come. A variation of the latter is using *por* with an infinitive to show an action that remains to be completed or realized.

One idiom used in this section is *estar por*, which means "to remain to be," as well as "to be in favor of." Other idioms will be presented later in the unit.

Práctica

Choose the appropriate word or phrase that completes the use of *por* in the sentence and underline it as shown in the examples. Notice the context in which the prepositional phrase with *por* is used.

Todos estaban emocionados por (la visita, visitar) del presidente.

He perdido el tren por (la lluvia, tu culpa). ¿Por qué me detuviste?

1. Por su débil (salud, historia), se retiró de la competencia de natación.

2. Ud. va a aumentar de peso por esa (restricción, comida) alta en calorías.

3. No se sabe cuánto respeto tengan los estudiantes por (los maestros, el álgebra).

4. Por haber (gastado, disfrutado) tanto del primer semestre de español, nos inscribimos en el curso del segundo semestre.

5. José de San Martín luchó por (la independencia, la colonización) de Chile y Perú, pero después de todo se retiró a Francia.

6. Hay muchas mejoras por (sacar, lograr) para el bienestar del público.

7. Todos nosotros (éramos, estábamos) por el programa de reciclaje de las latas de aluminio.

8. Es bastante restringida la vida en varios países por (el militarismo, la democracia).

9. Mi amigo obtuvo un préstamo de la compañía de crédito, pero yo no lo haría por (dinero, nada).

Cobran intereses muy altos.

10. No comió la paella por (las náuseas, el hambre) que sentía.

Escenario

Hablan los héroes

Llene los espacios para completar el siguiente diálogo imaginario entre José de San Martín y Simón Bolívar, dos libertadores de los países sudamericanos. Al final del diálogo hay una lista de las selecciones para cada espacio. Las selecciones corresponden a las letras que siguen los espacios.

B: Pues por la _____[a] de sus tropas hemos ganado la gran lucha por

_____[b] los españoles.

M: Bueno, y nuestro pasaje por los Andes y el ataque a Chacabuco no hubiera tenido éxito sino por la

_____[c] de mis soldados.

B: Con todo, quedan muchas luchas todavía por _____[d], ¿no? La del Perú, la de la

unificación de nuestros pueblos tan divididos por _____[e].

M: Por _____[f], pienso retirarme del campo por no _____[g] con usted.

B: Le agradezco mucho por su _____[h]. Me inspiran y animan los sueños de tener una

gran nación como los Estados Unidos.

Selecciones:

[a] debilidad, ayuda; [b] independizarnos de, someternos a; [c] resolución, recomendación; [d] realizar, capturar; [e] la colonizacíon, las víctimas; [f] esa razón, esa batalla; [g] competir, compartir; [h] simpatía, magnanimidad

TAREA ESCRITA

Ahora, escriba por lo menos cuatro oraciones sobre una conversación entre dos héroes de la historia. Se puede utilizar algunas frases de los ejercicios como modelo para sus oraciones. Al fin, compare sus oraciones con las de otros estudiantes.

Choices

Read the following examples. First, fill in the blank with the most appropiate prepositional phrase or idiomatic expression given in parentheses. Clues to the context are often provided by the other sentence(s). Then revise each sentence by choosing alternative words to replace the prepositional phrase or expression. *It is not necessary to fill in all the blanks for choices.* Write your revised sentences on a separate sheet of paper. You may have to change the original sentence slightly to accommodate your choices.

Esa maestra me hace prestar atención no sólo _por su inteligencia_, sino también ¡por la voz fuerte! (por la información, por su inteligencia)

Choices: _por las lecciones interesantes_, _por su sentido de humor_, _por su personalidad_.

Yo no subiría esa montaña, ni _por todas las riquezas_ del mundo. Ya han muerto diez alpinistas. (por todos los gatos, por todas las riquezas)

Choices: _por todo el oro_, _por toda la fama_, _por el tesoro más valioso_.

1. Se reconoce este autor _____ de sus ideas y la riqueza de su lengua. ¡Ojalá que me pareciera tan claro Cervantes! (por la estupidez, por la claridad)

   Choices: _____, _____, _____.

2. Según unos comentaristas, se destruirá la sociedad _____ de las drogas. Pero también, hay los del dinero y del poder. (por los abusos, por las pandillas)

   Choices: _____, _____, _____.

3. El aeropuerto se cerró _____. En realidad, nada se movía por toda la ciudad. (por la noche, por la nevada)

   Choices: _____, _____, _____.

4. Por causa de sus guerras, España tenía muchos gastos _____ con el oro y la plata de América. España cumplió con sus deberes con el oro, pero a los indios les costó la vida. (por pagar, por recaudar)

   Choices: _____, _____, _____.

5. Pide a los jóvenes que no llamen _____ durante la cena. ¡La hermana tiene ocupado tanto ahora el teléfono! (por tu hermana, por el médico)

   Choices: _____, _____, _____.

6. Durante la última semana de clases había una epidemia de ausencias injustificadas. Veinte estudiantes han sido castigados _____. (por decir mentiras, por faltar las clases)

   Choices: _____, _____, _____.

7. Hemos hecho los planes preliminares para la excursión, pero todavía queda mucho _____. (por inventar, por planificar)

   Choices: _____, _____, _____.

8. El equipo de los Tigres cerraron la temporada con broche de oro. Los fanáticos les gritaron y

aplaudieron _____. (por haber perdido, por haber triunfado)

   Choices: _____, _____, _____.

Continuación

Imagínese que Ud. ha recibido una aprobación preliminaria de una universidad y fue a visitarla. Complete el siguiente párrafo sobre la visita. Utilice *por* y las palabras de la lista. Se puede sustituir las palabras de la lista con otras, pero guarde el sentido del párrafo.

   Por dos días visité la universidad de mi estado. Era muy grande y había mucho _____.

Todavía no tengo una impresión clara de lo que oí y observé. _____ una visita corta fue muy

interesante. Conocí a muchos estudiantes y _____ y sus _____ a mi

preguntas incesantes, la universidad está en la primera categoría de mi lista. Espero aprender más

_____ que recibí y _____ que me escribió un estudiante que se había

graduado el año anterior de mi escuela superior. Hay tantas decisiones _____ antes de

escoger una universidad. ¡Ojalá que la última sea la mejor para mí!

Lista: ellos, hacer, investigar, los catálogos y folletos, respuestas, ser, unas cartas

PRÁCTICA AVANZADA

Escoja un tema de interés sobre una decisión importante. Escriba por lo menos cuatro oraciones, utilizando los las frases con *por*. Trate de emplear cambios de persona, conjunto y contexto.

Respuestas

In this exercise, you will use *por* in an expression of cause or motive in response to a question or statement. Study the examples, paying close attention to the context of the sentence. Complete the exercise by referring to the English words and the clue in italics that indicates the phrase to be used with *por*. To avoid direct translation, the English words are given out of order. Some items begin with a few words in Spanish to help you along.

   —Según las noticias, había un voto importante en el concejo municipal.

   —Sí, pero no votaron por el programa de trabajos de verano para estudiantes.

   (yes, but/didn't vote/they/of summer jobs/*program*/for students.)

   —Usted tuvo dificultades médicas en el Uruguay, ¿verdad?

   —Créamelo. Casi cancelé el viaje por el dolor de muelas.

   (you better believe it. / canceled/almost/*toothache*/I/the trip.)

1. —Los españoles no estaban acostumbrados al trabajo manual, ¿no?

   —Es cierto. _____.

   (right. / *they were rich*/all the work/they had/servants/to do.)

2. —Están describiendo a Juanito como héroe. ¿Qué le pasó?

    _____.

    (a medal/*having saved*/him/they're giving/a man's life.)

3. —Estudiantes, necesitamos adelantarnos con las lecciones.

    _____.

    (I see. / we have/she means/*to cover*/before the exam/a lot left.)

4. —Manuel de Falla es bien conocido en los Estados Unidos, ¿verdad?

    —Sí, hace cincuenta años._____.

    (Sure, fifty years ago. / was known/*his operas and ballets*/he/and/*his other works.*)

5. —¿Por qué se enfadó la directora con el Sr. Rivera?

    _____.

    (don't you know? / well,/of lowering/he's/*in favor of*/the administrators' salaries.)

6. —Y, ¿vosotros insistís que estudiemos hasta la medianoche? ¡Qué va!

    —Sí, pero_____.

    (Yes, but/send/later/*pizza*/we'll.)

7. —En el Perú y en Chile, observamos varios festivales andinos.

    —¿No es cierto que_____.

    (isn't it true that/*men only*/are/of the festivals/many?)

8. —¿Es verdad que en los países hispanos no se miden las cosas en pies y libras?

    —Claro._____.

    (true. / meters/they use/and kilograms/*the metric system.*)

Aplicación

Escriba un informe sobre la geografía de su estado. Utilice las ideas de la descripción de España en inglés y examine el ejemplo parcial en español como modelo para el informe.

Spain is located on the Iberian Peninsula, limited on two sides by water. It is limited to the north by France and separated from the rest of Europe by the Pyrenees Mountains. The Iberian Peninsula is shared by Portugal, which is bordered on its west coast by the Atlantic Ocean. Spain is known for its mountains. The country and the peninsula, in general, can be said to be characterized by its different regions separated by the mountains.

Ejemplo: Virginia

> Virginia se ubica en la costa oriental de los Estados Unidos. Por el este, está limitada por la bahía Chesapeake y el océano Atlántico. ...

EXPERIENCIAS

En un papel, escriba un diálogo entre dos personas sobre cuál de los países hispanoamericanos es el más interesante. Escriba por lo menos seis oraciones. Después, compare sus oraciones con los modelos y con las oraciones de otros estudiantes.

C. Otros usos de *por*

Forma y contexto

Los cambios y trueques han formado parte de la vida desde la antigüedad. Pues, otro uso de *por* tiene que ver con esa faceta de la vida. Por ejemplo, ¿pagaría Ud. veinte mil dólares *por* un carro? ¿Serviría en el ejército o la cárcel *por* un amigo o una amiga? ¿Asistiría a una clase aburridísima *por* su hermano que está enfermo? Claro, hay diferentes cambios y trueques en la vida, ¿no?

Otro uso de *por* tiene que ver con el tiempo o la duración aproximada. Por ejemplo, si se cansa de estudiar, puede descansar *por* unos minutos, *por* unas horas, pero no *por* unos días. Pero, por ahora, el uso de esta preposición se concentra en la duración de (1) unas acciones o condiciones (por ejemplo, *Lucharon por tres años*); o (2) una parte del día (por ejemplo, *Salimos por la tarde*).

Mientras examinamos estas expresiones de los cambios y tiempos de la vida, se puede observar el contexto de una variedad de modismos de lugar, de motivo, de método, de causa, de cambio o de uso general.

Ejemplos

> Los antiguos comerciantes cambiaron sus mercancías *por otros productos.*
> Ancient traders exchanged their goods *for other products.*
>
> Te daré mi sándwich de jamón *por tu ensalada de atún.*
> I'll give you my ham sandwich *for your tuna salad.*
>
> Si mi hermano no paga los daños, yo pagaré *por él.*
> If my brother doesn't pay the damages, I'll pay *for him. (on his behalf)*
>
> Salimos temprano *por la mañana,* como a las cuatro.
> We're leaving early *in the morning,* about four.
>
> *Por tres años* San Martín entrenó sus tropas.
> *For three years* San Martín trained his troops.
>
> Por lo general, las travesuras durante la lección merecen un castigo fuerte.
> *Generally,* cutting up during the lesson warrants a strong punishment.

GRAMMAR NOTE

As it has been noted in various ways, there are commonalities and connections among the seemingly different parts of Spanish grammar. In the case of *por,* it is used to express various kinds of exchanges:

1. One thing or person taking the place of another: *Sánchez batea **por** el lanzador.*

2. The rate of exchange, for example the amount charged per item: *$1.00 **por** galón*

3. Monetary exchanges, such as paying <u>X</u> for <u>Y</u>: *Pago $5 **por** la entrada.*

4. Criterion or rate in terms of time, such as by the mile or by the month, week, etc.: *$200 **por** semana*

5. Equivalence in a physical, as well as moral or spiritual, sense: *Firma **por** mí. Este sábelotodo pasa **por** experto.*

Also, duration is expressed in terms of what period of time or for how long something has taken place or is expected to take place: "We left *in* (during) the morning." "The program of studies lasted *for* four years."

Even among the idiomatic expressions with *por*, commonalities exist when they are tied to the standard uses explained in this unit: agent, means, causes, exchanges, durations, directions/locations, etc. Some are just common idioms, but they go with various syntactical patterns. For example, remember *lo que*? If we say, "by means of" or "by" + *lo que*, we say nothing. However, if we remove *que* and substitute any of the following, we have various expressions for explaining things: *por lo visto, por los lados, por lo común, por lo menos,* and so on. For an extensive list of idiomatic expressions with *por,* consult the list in this unit's Grammar as Culture and Style section.

Práctica

Choose the more appropriate object of *por* of the two in parentheses and write it in the space in each sentence as shown in the examples. Notice the context in which the expression is used.

Durante las vacaciones, alquilamos la cabina por ____semana____ porque así nos sale más barata. (día, semana)

¡Por ____lo visto____, hay un sinfín de reglas gramaticales! (lo menos, lo visto)

1. Por _____ tendría España sus dominios en América. (siglos, los años)

2. No hay vuelo que salga para Madrid por _____. (ninguna parte, la mañana)

3. Sin la ayuda de mi tío, los gastos por _____ en la universidad serían imposibles para mí. (cursos, semestre)

4. El negociador ofreció a sí mismo por _____ capturada por los terroristas. (la víctima, supuesto)

5. Ella habla tan bien el español que pasó por _____ durante su viaje a Bogotá. (los Andes, colombiana).

6. Para la fiesta, Elena compró cinco kilos de mangos porque los vendían a $25 por _____. (kilograma, docena)

7. Los soldados dejaron a su compañero inconsciente por _____. (sano, muerto)

8. No debe Ud. trabajar para alguien sin saber cuánto se paga por _____. (moneda, hora)

9. Mi hermano puede correr muy rápidamente por _____ kilómetros. (el ciento, muchos)

10. El camino era torcido, estaba resbaloso y por _____ resbalamos hasta el precipicio. (esta razón, fortuna)

Escenario

Haciendo los arreglos

Ud. está encargado de hacer reservaciones en un hotel para la excursión de su clase. Llene los espacios para completar el diálogo. Al final del párrafo hay una lista de las selecciones para cada espacio. Las selecciones corresponden a las letras que siguen los espacios.

—Necesitamos habitaciones para veinte personas, cuatro por _____[a]. ¿Cuál es el precio por _____[b]?

—¿Por _____[c] las quiere usted?

—Nos quedaremos por cuatro días, o sea por _____[d].

—Puedo acomodarles por _____[e] cada persona.

—¿Se incluye el desayuno?

—Por _____[f], no se incluye. Con desayuno, le costará $65 por _____[g].

—No nos gusta desayunarnos. ¿Es posible sustituir el almuerzo por _____[h]?

—Sí, claro, con un límite de $5 por _____[i].

—Está bien. Que nos haga las reservaciones, pues.

Selecciones:

[a] cada una, cada persona; [b] día, mes; [c] cuántas personas, cuántos días; [d] tres noches, tres tardes; [e] $60, $600; [f] regla general, otra parte; [g] habitación, persona; [h] la piscina, el desayuno; [i] billete, habitación

Ahora, escriba por lo menos cuatro oraciones sobre los arreglos en un hotel por cinco días. Se puede utilizar algunas frases de los ejercicios como modelo para sus oraciones. Al fin, compare sus oraciones con las de otros estudiantes.

Choices

Read the following examples. First, fill in the blank with a word or phrase that you think completes the context of the sentence most appropriately. You will be using your own judgment. Clues to the context are sometimes provided by the other sentence(s). Then revise each sentence by choosing alternative words to replace your original choice. *It is not necessary to fill in all the blanks for choices.* Write your revised sentences on a separate sheet of paper. You may have to change the original sentence slightly to accommodate your choices.

__Por término medio__, ¿diría Ud. que los chicos gastan más que las chicas en la ropa?

Choices: __por regla general__, __por lo visto__, __por casualidad__

¿Tú quieres que te cuide ese perro feroz? ¿Me tomas __por loco__?

Choices: __por domador__, __por tonto__, __por ingenuo__

1. Según el itinerario, nos quedaremos en Córdoba _____. Me parece muy poco tiempo.

   Choices: _____, _____,

2. Compré este disco compacto, pero ahora no me gusta. Sé que a ti te gusta. Así que te doy ese disco compacto _____.

   Choices: _____, _____,

3. No pudimos comprar una hamburguesa _____ en esta ciudad. Ha de ser una comunidad de vegetarianos fanáticos.

   Choices: _____, _____,

4. Cuidado cuando quiera comprar algo en Europa. Se mide todo _____. No utilizan el sistema de medidas de los Estados Unidos.

   Choices: _____, _____,

5. Con tal de que no llueva, iremos a la playa _____. Después iremos al carnaval. Será un día inolvidable.

   Choices: _____, _____,

Escoja un tema de interés sobre una situación cómica. Escriba por lo menos cuatro oraciones, utilizando las expresiones con *por.* Trate de emplear cambios de persona, conjunto y contexto.

Respuestas

In this exercise, you will use prepositional phrases and idiomatic expression with *por* in response to a question or statement. Study the examples, paying close attention to the context of the sentence. Complete the exercise by referring to the English words and the clue in italics that indicates the phrase to be used with *por*. To avoid direct translation, the English words are given out of order. Some items begin with a few words in Spanish to help you along.

—¿Por dónde queda una farmacia? Me duele la cabeza y no tengo aspirinas.

—No estoy seguro. Pero creo que hay una por aquí cerca.

(I'm not sure. / there's one/I think/*near here.*)

—¿Estás enfermo? Tienes cara de muerto.

—Es un catarro, nada más. Por lo menos no tengo fiebre.

(a cold/just/it's. / I/*at least*/a fever/don't have.

1. —¿Son más largas las vacaciones de la escuela en Sudamérica que en los Estados Unidos?

    —Un poco, sí.

    (a little, yes. / their vacation/lasts/I do understand/*three months*.)

2. —No sé quién crees que sea yo, pero, no soy la señora Ruiz.

    —¡Ay, perdón!

    (oh, I'm sorry! / *my first-grade teacher*/you/I mistook.)

3. —¿Es verdad que Ana y Pancho han dejado de ser novios?

    —_____.

    (yes. / *another girl*/her/he left.)

4. —¿Por qué llevan todos el color morado hoy en Lima?

    —_____.

    (earthquakes/they believe/*apparently*/that it's protection/against.)

5. —No sabía qué hacer para la competencia de natación y le pedí consejos al Sr. Blanco.

    —No le hagas caso._____.

    (don't pay attention to him. / but/he passes/he doesn't know/*an expert*/anything.)

Aplicación

Escriba una lista de las informaciones, las instrucciones y los consejos en el pasatiempo de *camping*. Utilice las indicaciones en inglés como modelo para su lista.

Contexto	Español
Camping spaces are $30 a day.	Los espacios cuestan ...
It costs $5 extra for each person.	Cuesta ...

It costs $10 extra for a car.	También, cuesta ...
You can mail things twice a week.	Se puede enviar ...
You can buy charcoal by the pound.	Se puedecomprar ...
If you're not satisfied, you can change your space for another.	Si no se quede satisfecho, ...
Fortunately, there are many spaces.	...muchos sitios.

EXPERIENCIAS

En un papel, escriba por lo menos cuatro oraciones sobre su pasatiempo favorito. Después, compare sus oraciones con los modelos.

II. ¡Escriba con estilo!
SELECCIONES DE MODO

Explicación y modificaciones

Lea la primera selección de abajo. Busque las palabras difíciles en un diccionario y apúntelas en un cuaderno de nuevas palabras. Analice la construcción de las oraciones para entender el sentido o significado básico del autor, y la función estilística de los usos de *por*. También, examine la primera modificación basada en la selección original. Es una composición nueva con solamente sustituciones de vocabulario.

Selección original:

«La polvareda ondulosa e interminable se prolongaba por las opuestas direcciones de la vereda, en un hormiguero de sombreros de palma, viejos kakis mugrientos, frazadas musgas y el negrear movedizo de las caballerías.» (Pasaje de *Los de abajo* de Mariano Azuela, pág. 109.)

Primera modificación:

Los espirales de polvo ondulantes e interminables se entendían por ambas direcciones del sendero, en un movimiento perpetuo de sombreros de paja, viejos uniformes manchados, frazadas musgas y el negrear creciente de los soldados montados a caballo.

Ahora, examine la segunda modificación. Es un ejemplo de la tarea de esta sección: escribir una nueva composición basada en su selección de algunos párrafos de estilo literario.

Segunda modificación:

El valle verdoso e interminable se extendía por todas las direcciones de la entrada, en una abundancia de flores de primavera, viejos árboles florecientes, frazadas musgas y el negrear nuevo de las zarzamoras.

Análisis:

En la selección original, el autor empleó *por* para indicar lugar aproximado (*se prolongaba por las opuestas direcciones de la vereda*). En la segunda modificación hay una escena complementaria *(El valle ... se extendía por todas las direcciones de la entrada)*. Note la metáfora de la selección original que pinta un cuadro casi tocable y memorable *(un hormiguero de sombreros de palma, viejos kakis mugrientos ...)*.

Tarea escrita

Ahora, escriba en un papel una composición nueva basada en la selección original con sustituciones de vocabulario. Mantenga la forma y las ideas de la original. Después, trate de escribir otra composición semejante sobre un tema de interés personal. Se puede cambiar el vocabulario necesario para expresar sus propias ideas.

Práctica

The following are simplified versions of the selections listed below. Complete the exercises by: (1) underlining the correct expression which is similar to that used in the style selections, or (2) writing the correct expression given in parentheses in the space provided.

1. Movido como por (resortar, un resorte) se levantó, se pasó la mano _____ la frente como para disipar el miedo que sentía. (por cerca, por)

2. (Para, Por) otra parte, cada palabra sería motivo de un nuevo delito.

3. No me toques (por tanto, por lo tanto). No te entrego mi amor en los brazos, ni la boca o ni el cuello.

4. Llegaron _____ fin al campo situado en la sierra al atardecer, que acababa de dar a la sierra un color rojizo _____ un lado. (al, por / por, por encima)

5. Unos tormentos de la Inquisición parecían ser influidos (por de, por) los chinos que fueron maestros creadores de tormentos.

Ejercicios

Analice las selecciones siguientes. Busque las palabras difíciles en un diccionario. Después, escriba nuevas composiciones al sustituir las palabras subrayadas. Cambie el vocabulario para expresar sus propios pensamientos. Compare sus composiciones con los modelos y con las composiciones de otros estudiantes. Si quiere, puede trabajar en un grupo o en pareja. (Mínimo: dos selecciones)

1. « ... movido como por un resorte se puso en pie, se pasó la mano por la frente, como para arrancarse el miedo que estaba en su cabeza y no en su corazón...» (Pasaje de "El monte de las ánimas" por Gustavo Adolfo Bécquer, en *Readings in Spanish Literature,* ed. por Anthony Sahareas y Barbara Mujica, pág. 166.)

2. «Por otra parte, estoy seguro, cada palabra que soltase sería motivo de un nuevo delito.» (Pasaje de "El bacalao" por José Ruibal, en *Readings in Spanish Literature,* pág. 341.)

3. «No me toques, por tanto. Mentira al decir que te entrego mi amor en estos brazos extendidos, en mi boca, en mi cuello, ...» (Pasaje de "Íntima" de Gabriela Mistral, en *Literatura de la América Latina: Antología e historia,* pág. 134.)

4 . «Por fin llegaron al campo alto, echado en la soledad de la sierra, y fueron a parar con el coche frente al umbral de la casa. El atardecer daba a la sierra un color azuloso sombrío; por otro lado se marchaban, después de haber jugado su papel, ciertos rojos.» (Pasaje de "Todo verdor perecera" por Eduardo Mallea en *Literatura de la América Latina: Antología e historia,* pág. 164.)

5. (Acerca de la Inquisición) «Muchos de los tormentos parecían haber sido inspirados por los chinos, maestros en este arte, que se sentirían avergonzados ante los inquisidores de los tiempos modernos.» (Pasaje de *Un maya descubre España en 1530* por Erasmo Ancira, pág. 117.)

III. Vocabulario

EJERCICIO DE VOCABULARIO

En esta unidad, Ud. ha buscado los significados de varias palabras. Ahora, vamos a ampliar el vocabulario al examinar las relaciones entre familias de palabras. También vamos a ver cómo se puede extender el significado mediante la correspondencia de un conjunto de palabras. Se presentan unas cuantas familias y conjuntos a continuación. En los conjuntos, las palabras subrayadas son sinónimos o antónimos. Para entenderlas mejor, consulte un diccionario.

Familias

venerar/venerable/veneración/venerando
salvar/salvo/salvación/salvador
extender/extensión/extendido/extenso
país/paisaje/paisano/paisanaje

Conjuntos

gana/apetito/afán/gusto/desgano
rendir/vencer/capitular/resistir
lejano/apartado/distante/cercano
íntimo/intimar/intimidad/enemistad

Familias y conjuntos

INSTRUCCIONES: El vocabulario de una lengua consiste, en gran parte, en agrupaciones o conjuntos de palabras. Estilísticamente, el escritor necesita una familia grande de palabras para desarrollar sus pensamientos. Experimente con las palabras de algunas familias o algunos conjuntos de arriba.

TAREA ESCRITA

En un papel, escriba por lo menos cuatro oraciones sobre un tema y use cualesquiera de las frases anteriores que Ud. prefiera.

Familias y conjuntos

En las selecciones y los ejercicios anteriores, aparecen otras familias de palabras con que Ud. puede practicar. Aquí se indica el valor gramatical de las palabras: verbo, sustantivo, adjetivo, adverbio, etc.) Busque otros ejemplos en un diccionario. Escriba oraciones sobre sus experiencias o sobre las experiencias de otros conocidos. (Mínimo: cuatro oraciones)

nadar	nadada		nadador	natación
(verbo	sustantivo		sustantivo	sustantivo)

resbalar	resbaladero	resbaladizo	resbalón	resbaloso
(verbo	sustantivo	adjetivo	sustantivo	adjetivo)

torcer	torcido	torcedura	torsión	tuerca
(verbo	adjetivo	sustantivo	sustantivo	sustantivo)

Palabras en contexto

Observe las combinaciones de las siguientes familias y sus clasificaciones. Note que se identifican las palabras mediante su sentido o sus usos, no por su descripción gramatical. El sentido de una palabra depende, en mayor parte, de nuestro entendimiento de su uso en la oración. Busque el significado de las palabras desconocidas.

lejano	lejos	lejanía
(condición	condición	lugar)

travesura	travesear	través	travesía
(acción, cosa	acción	objeto relacionado	lugar, acción)

Tarea escrita

Ahora, describa a algunos jóvenes o miembros de su familia de manera personal, empleando algunas palabras de la sección de vocabulario.

IV. Grammar as Culture and Style

Look around your world and you will see myriad situations in which things happen due to identifiable causes. In the Hispanic world, the agent or cause of events does not differ so much from those which you recognize in your own culture: trains, planes, and automobiles; notices and books; accidents; machines; and the like. Although the situations expressed are similar in English-speaking cultures, there seem to be countless ways to express them with *por* in the Spanish-speaking world.

In summary, among the many uses of *por*, the following are the most common:

° to express means

° to express method

- ° to express place
- ° to express agent
- ° to express cause
- ° to express motive
- ° to express exchange
- ° to express equivalence
- ° to express limited or approximate time or duration

Idioms with *por*

The following is an extensive list of idiomatic expressions with *por.* By no means is this a list of all of them. As you progress in your studies, you'll find many more. Have fun experimenting with adding some zip to your repertoire.

por adelantado	in advance	**por lo común**	commonly
por ahora	for right now	**por lo cual**	for which reason
por aquí cerca	around here	**por lo demás**	moreover, for the rest
por avión	by plane	**por lo menos**	at least
por casualidad	by chance	**por lo pronto**	for the time being
por consiguiente	therefore, so	**por lo que toca**	with respect to
por cuenta y riesgo	at one's own risk	**por lo tanto**	therefore
por delante	in front	**por lo visto**	evidently, apparently
por dentro	inside, within	**por los lados**	through the sides
por desgracia	unfortunately	**por más** adj./adv. **que**	however much/ many *adj./adv.* that
por detrás	in the back	**por menudo**	in detail
¿por dónde?	which way?	**por ningún motivo**	no way!
por ejemplo	for example	**por ninguna parte**	nowhere, no place
por el rumbo de	in the direction of	**por otra parte**	on the other hand
por encima	on top, above	**por poco**	almost
por entre	among, between	**por primera vez**	for the first time
por eso	therefore	**por regla general**	generally, as a general rule
por extenso	at length, detail	**por lo que respecta a**	with respect to
por favor	please	**por segunda vez**	for the second time
por fin	finally, at last	**por si acaso**	just in case

por fórmula	as a matter of form	**por supuesto**	of course
por fortuna	fortunately	**por sus puños**	on one's own
por fuera	outside	**por término medio**	on the average
por hoy	for the time being	**por todas partes**	everywhere
por igual	even, equally	**por última vez**	for the last time
por intermedio de	through, with the help of	**por un lado ...**	on (the) one hand ...
por la inversa	on the contrary	**... por otro lado**	... on the other hand
por la mañana	in the morning	**dar por cierto**	take for granted
por la mitad	in half, in the middle	**dar por descontado**	take for granted
por la noche	at night	**dar por hecho**	be certain
por la tarde	in the afternoon	**dar por seguro**	feel sure
por las buenas	willingly	**estar por**	be in favor of
por las buenas o por las malas	whether one likes it or not	**preguntar por**	ask about
por las nubes	in the clouds	**preocuparse por**	worry about

DEMOSTRATIVOS

I. Adjetivos

A. Significado regular

Forma y contexto

En la lengua española hay un modo de demostrar dónde algo esté colocado con respecto a otra cosa. Es mediante los adjetivos demostrativos. Con estos adjetivos se expresa las tres dimensiones del espacio físico y figurativo y del tiempo abstracto: *este* (indica el lugar o posición más cerca del locutor), *ese* (indica el lugar o la posición menos cerca) y *aquel* (indica la posición más lejos). Cualquier cosa puede estar cerca o lejos, pero con estas tres palabras es posible distinguir entre los lugares y las cosas con bastante claridad aunque no exactamente. Estas palabras se colocan antes del sustantivo.

Ejemplos

Este aparato que tengo en las manos es una maravilla tecnológica.
This device that I'm holding in my hands is a technological wonder.

Los mangos que están en *ese* puesto de frutas se ven ricos.
The mangos at *that* fruit stand look delicious.

¡Qué hermosa es *aquella* vista del mar!
That view of the sea is simply beautiful!

Este libro es barato, *esa* bufanda es cara y, ¡*aquel* suéter no me conviene!
This book is cheap, *that* scarf is expensive, and *that* sweater *over there* just isn't me!

GRAMMAR NOTE

1. Most demonstrative adjectives have regular endings the same as other adjectives. That is, they agree with the nouns they modify.

Singular	*Plural*
Esta pluma es mía.	**Estas** plumas son mías.
Ese sombrero es tuyo.	**Esos** sombreros son tuyos.
Aquel auto es nuevo.	**Aquellos** autos son nuevos.
Aquella rosa es linda.	**Aquellas** rosas son lindas.

2. In describing a series, the only relevant position in terms of distance is the first (the one closest to the speaker). No matter how close the last item may be, Spanish always uses *aquel*. Examine the following diagram:

Imagine the speaker is at the left:

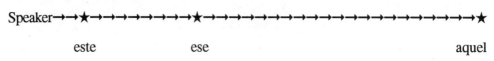

Speaker→→★→→→→→→→→→★→→→→→→→→→→→→→→→→→→→→→→→→→→★

              este   ese   aquel

Práctica

Choose the appropriate demonstrative adjective and write it in the space in each sentence as shown in the examples. Notice the context in which the demonstrative is used.

    __Esa__ chica me fascina. ¿Cómo se llama? (Ese, Esa)

    Prefiero ir al café que queda tres cuadras por __aquella__ plaza. (aquella, esa)

1. Quiero comprar _____ cestos que están en ese estante. (esos, estos)

2. Hoy con _____ examen, terminamos la lección del pretérito. (ese, este)

3. A los indios, _____ volcán allá les parecía a una mujer dormida encima de la montaña. (aquel, ese)

4. De _____ castillos construidos aquí durante la Edad Media tenemos el nombre de una región y de la lengua, castellano. (estos, aquellos)

5. Los jugadores de _____ equipo son más altos que los que están aquí. (ese, este)

6. Me gustan mucho _____ trajes en este armario. Son perfectos para nuestro drama. (aquellos, estos)

7. _____ chicas que están allí son estudiantes del programa de intercambio. (estas, esas)

8. El sol se refleja en los azulejos de _____ iglesias que se ven en los cerros lejanos. (estas, aquellas)

9. Es mío _____ libro aquí, pero esa pluma es suya. (este, aquel)

10. Me encantan _____ tiempos pasados de España. ¿Cuál de los siglos prefieres tú? (aquellos, esos)

TAREA ESCRITA

Ahora, escriba por lo menos cuatro oraciones en que Ud. describa su lugar favorito. Se puede utilizar algunas frases del ejercicio como modelo para sus oraciones. Al fin, compare sus oraciones con las de otros estudiantes.

B. Significado enfático

Forma y contexto

A veces, los hispanos, al igual que todos nosotros, quieren expresar algun sentimiento de disgusto, desdén o consternación. Pues, se puede expresar estos sentimientos por la posición posterior de los adjetivos demostrativos.

Ejemplos

¡Ay, qué maestro *ese* que nos dio tareas para las vacaciones!
That teacher gave us homework to do over vacation!

Si la vecina *aquella* estuviera aquí, le regañaría.
If *that* neighbor were here, I'd tell her off.

Choices

Read the following examples. First, fill in the blank with the appropriate demonstrative adjective in parentheses. Clues to the "location" of the noun in relation to the speaker are provided by the English sentence(s). Then revise each sentence by choosing alternative words to replace the noun and demonstrative adjective. *It is not necessary to fill in all the blanks for choices.* Write your revised sentences on a separate sheet of paper. You may have to change the original sentence slightly to accommodate your choices.

La máquina __esta__ está descompuesta. *(How about a hand here? Darn machine's broken!)*

Choices: __el carro este__ , __las computadoras estas__ , __la licuadora esta__ .

¡Tus amigos __esos__ me insultaron! *(Now, there are two jerks!)*

Choices: __los meseros esos__ , __las niñas esas__ , __los choferes esos__ .

1. _____ informe indica que los dos lados pronto llegarán a un acuerdo. *(This report shows hope for the end of the war.)*

   Choices: _____, _____, _____.

2. Mire hacia arriba donde están _____ muchachas. Es allá donde nos vamos a sentar. *(Good grief! We're in the nosebleed seats!)*

   Choices: _____, _____, _____.

3. Me dicen que _____ clase de artesanía de plata es muy vieja. *(Centuries ago they did that type of handiwork.)*

   Choices: _____, _____, _____.

4. Estoy completamente mojado. ¡Qué chaparrón _____! *(Downpours like this are common in the summer.)*

   Choices: _____, _____, _____.

5. Los taxistas _____ son ladrones. Ten cuidado en tu viaje por allá. *(The taxi drivers in that distant city are known for being unscrupulous.)*

   Choices: _____, _____, _____.

PRÁCTICA AVANZADA

Escoja un tema de interés sobre los viajes. Incluya situaciones agradables y desagradables. Escriba por lo menos cuatro oraciones, utilizando los adjetivos demostrativos. Trate de emplear cambios de persona, conjunto y contexto.

Respuestas

In this exercise, you will use demonstrative adjectives in response to a question or statement. Study the examples, paying close attention to the context of the sentence. Complete the exercise by referring to the scrambled English words that set the tone for the context and tense of the response. In this exercise, there is some freedom of response. Some items begin with a few words in Spanish to help you along.

—Y, ¿les gusta a Uds. el clima aquí en Acapulco?

—Pues, en este viaje el clima está templado.

(temperate/trip/weather/on/is/this.)

—Oye, ¿por qué tiraste piedras a mi perrito? Te está gruñiendo desde la puerta.

—El perrito ese me trató de morder cuando entré en la casa.

(when I came/that dog/to bite/tried/me/into the house.)

1. Bueno, Uds. tienen el último partido de béisbol el sábado, ¿cierto?

   —Verdad, pero _____.

   (true, but/that game/if we win/to championship/go on to/we may.)

2. —A menos que tú dejes de asociarte con "Los Leones", vas a quedarte en casa.

   —Pero, papá, _____.

   (but, Dad/my friends/with those guys/and I/don't hang out. / ¡gangs/those/criminal/are!)

3. —Me alegro de que los visitantes tengan buenos modales.

   — _____.

   (for example/is always/that girl/other people/helping.)

4. —¿Puede Ud. mostrarme la ruta para la capital?

   —¡Cómo no! Ud. _____.

   (sure! / you take/runs right over/that road/that/the mountain/way over there.)

5. —¿Es posible que las mujeres puedan trabajar con esos vehículos grandes de construcción?

    —Sí,_____.

    (yes,/to men/those/jobs/limited/are not.)

6. —El año pasado en México nos maravillamos con los murales pintados en edificios públicos.

    —Es verdad._____.

    (that's true. /are painted/murals/on a/those/grand scale. / events/they/historic/reflect.)

EXPERIENCIAS

En un papel, escriba por lo menos cuatro oraciones sobre un encuentro con alguien que tenga malos modales. Después, compare sus oraciones con los modelos y con las de otros estudiantes.

II. Los pronombres

Forma y contexto

¿Conoce Ud. a una persona que siempre habla de sus cosas y jamás se refiere a ellas usando el pronombre? Por ejemplo, "Mi auto es un convertible. En mi auto tengo cuatro altavoces. ¿Has visto mi auto ...?" ¿A quién le simpatizan esas personas? Al distinguir entre los tres demostrativos *(este, ese, aquel),* los hispanos sí emplean pronombres cuando son adecuados. Por ejemplo, "Hay tres caminos en el mapa: *éste* es más curvo que *ése.* Pero *aquél* que va por las montañas es aún más corto". (Note Ud. que al convertir el adjetivo en pronombre, se le pone acento.) Las posiciones o referencias que tienen los hispanos para separar o distinguir tienen, también, otra función. Indican o distinguen entre la última y la primera referencia a una cosa. Por ejemplo, "La diferencia entre estas estatuas es que *ésta* es de mármol y *ésa* es de arcilla". Examine los ejemplos.

Ejemplos

El último partido no es tan importante como *éste.* Si no lo ganamos, termina la temporada.
The last game isn't as important as *this one.* If we don't win it, the season's over.

Quiero subir las pirámides de Chichén Itzá, pero *aquélla* es muy escarpada.
I want to climb the pyramids at Chichén Itzá, but *that one's* too steep.

La balanza y la regla métrica son instrumentos de medición. *Aquélla* mide el peso y *ésta* mide la longitud.
The balance scale and the meter stick are measuring tools. *The former* measures weight, and *the latter* measures length.

GRAMMAR NOTES

The demonstrative pronouns have the same endings as the demonstrative adjectives. Rather than agree in number and gender with the word they modify, they agree in number and gender with the word they represent, in other words, with their antecedent.

Singular	*Plural*
Ésta es mía.	**Éstas** son mías.
Ése es tuyo.	**Ésos** son tuyos.
Aquél es nuevo.	**Aquéllos** son nuevos.
Aquélla es linda.	**Aquéllas** son lindas.

Note the accent marks. They differentiate the pronouns from the adjectives: *Estos hombres son chilenos, ésos son argentinos.*

The pronouns thus far agree in number and gender; however, there are neuter demonstrative pronouns *(esto, eso, aquello)* that don't carry accent marks. They are used to describe a general or abstract concept for which a specific noun (antecedent) is not mentioned.

—Me lastimé la mano, señora, y no puedo escribir el examen.

—*Eso* no te disculpa porque ¡es un examen oral!

The neuter demonstrative pronouns are also used to refer to a specific item of concern:

Esto del accidente me interesa, niño. (This business about the accident interests me, son.)

Demonstrative pronouns are also used to refer to two previously mentioned nouns. The closer one to the end of the sentence, "the latter," is referred to by *éste, ésta, éstos, éstas.* The one that is farther from the end of the sentence, "the former," is referred to by *aquél, aquélla, aquéllos, aquéllas.*

En la pintura sobre el descubrimiento, se ven un capitán español y una mujer india. *Ésta* es la Malinche y *aquél* es Hernán Cortés.

Práctica

Choose the appropriate demonstrative pronoun and write it in the space in each sentence as shown in the examples. Notice the context in which the each pronoun is used.

Deme unos duraznos maduros. <u>Aquéllos</u> que me vendió ayer estaban muy duros. (Aquéllos, Éstos)

En ruta al partido, pasamos dos restaurantes: El Pollo Relleno y La Cazuela. Las especialidades de <u>aquél</u> son los platos de pollo, pero las de <u>éste</u> son las cazuelas. (éste, aquél / éste, aquél)

1. En la representación de la batalla entre los moros y cristianos durante el festín de San Jorge,

   _____ siempre pierden. Los cristianos salen triunfantes. (aquéllos, éstos)

2. Algunos estudiantes tienen mucho dinero pero _____ es muy rico. (éste, ésta)

3. Hay tantas corbatas aquí, pero me gustan _____ para mi padre. (aquéllas, éstos)

4. Te pusiste una blusa igualita a la mía. A ver, _____ sí es la mía. ¡No puedes llevarla!
   (aquélla, ésta)

5. Por allá van los mariachis. ¡Qué guapo es _____ que toca el guitarrón! (éste, aquél)

6. Mire Ud. cuántas estatuitas de trofeo hay en este estante. _____ la ganó mi equipo
   de ajedrez. (Ésta, Ésa)

7. Esas tiendas en las Ramblas son tan finas como _____ aquí en Nueva York. (éstas,
   ésas)

8. _____ no es tan difícil como lo que aprendimos en otras unidades. (eso, esto)

9. Cuidado con las tallas de la ropa en España. _____ son del sistema métrico. (Ésas,
   Aquéllas)

10. He comprado más discos compactos de esta cantante que de _____. (ése, ésa)

Tarea escrita

Ahora, escriba por lo menos cuatro oraciones para describir sus posesiones más estimadas. Se puede utilizar algunas frases de los ejercicios como modelo para sus oraciones. Al fin, compare sus oraciones con las de otros estudiantes.

Choices

Read the following examples. First, fill in the blank with the correct demonstrative pronoun. Clues to the context are sometimes provided by the other sentence(s). Then revise each sentence by choosing alternative words to replace the antecedent and the pronoun. *It is not necessary to fill in all the blanks for choices.* Write your revised sentences on a separate sheet of paper. You may have to change the original sentence slightly to accommodate your choices.

Estos templos son bajos, pero ___aquéllos___ del sitio muy al norte son muy altos.

Choices: _pirámides/aquéllas_ , _ruinas/aquéllas_ , _edificios/aquéllos_ .

Hijo, escoge o el juguete de plástico o el reloj. __Éste__ te dura para toda la vida, pero __aquél__ estará roto dentro de dos días.

Choices: _carrito/aquél; novela clásica/Ésta_ .

1. Déjame ver. Este traje te queda bien, pero _____ te quedó chico.

   Choices: _____, _____, _____, _____.

2. Las regiones del norte son más húmedas que _____ aquí en Castilla.

   Choices: _____, _____, _____, _____.

3. Aquellos caballos de la finca corren rápido, pero _____ aquí han ganado muchas carreras.

   Choices: _____, _____, _____, _____.

4. Entre el acento castellano y el acento hispanoamericano, _____ no es más culto que

   _____.

   Choices: _____, _____, _____, _____.

5. No sé qué comprarle a mi mamá, la camisa o el cinturón. _____ es de seda y

   _____ es de cuero.

   Choices: _____, _____, _____, _____.

6. En esta época dependemos de la tecnología, pero en _____ ni siquiera había electricidad.

   Choices: _____, _____, _____, _____, _____.

7._____ me tiene preocupado. Parece que jamás encontraremos las soluciones a los problemas sociales más graves.

   Choices: _____, _____, _____, _____.

8.Pon las flores en esta mesa, no en _____ que está en el patio.

   Choices: _____, _____, _____, _____.

PRÁCTICA AVANZADA

Escoja un tema de interés sobre las selecciones entre los cursos de estudio, el vestuario, los lugares interesantes, etcétera. Escriba por lo menos cuatro oraciones, utilizando los pronombres demostrativos. Trate de variar sus oraciones.

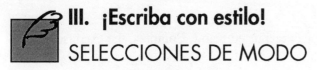

III. ¡Escriba con estilo!
SELECCIONES DE MODO

Explicación y modificaciones

Lea la primera selección de abajo. Busque las palabras difíciles en un diccionario y apúntelas en un cuaderno de nuevas palabras. Analice la construcción de las oraciones para entender el sentido o significado básico del autor, y la función estilística de los adjetivos y pronombres demostrativos. También, examine la primera modificación basada en la selección original. Es una composición nueva con solamente sustituciones de vocabulario.

Selección original:

«Un escultor es admirable, porque saca una figura de piedra bruta; pero esos hombres que hacen pueblos son como más que hombres. Quisieron algunas veces lo que no querían querer ... Ésos son héroes: los que padecen en pobreza y desgracia por defender una gran verdad.» (Pasaje de "Tres héroes" en *La edad de oro* por José Martí, pág. 19.)

Primera modificación:

El que esculpe es maravilloso, porque saca una forma de roca elemental; pero esos hombres que hacen naciones son como más que hombres. Esperaron a veces lo que no deseaban exigir ... Ésos son benefactores: los que sufren en escasez y desdicha por proteger una gran veracidad.

Ahora, examine la segunda modificación. Es un ejemplo de la tarea de esta sección: escribir una nueva composición basada en su selección de algunos párrafos de estilo literario.

Segunda modificación:

Un dictador es repugnante porque quita la libertad al pueblo común: pero esos hombres que hacen revoluciones son como más que protestantes. Persiguen muchas veces lo que no deben controlar ... Éstos son engañadores: los que aprovechan de la discordancia y la estrechez para realizar un gran engaño.

Análisis:

Dentro de la selección y la segunda modificación se ve un contraste entre un sujeto y el otro *(un escultor/un dictador ... esos hombres que hacen pueblos/revoluciones)* y sus descripciones. Hay contraste dentro de la descripción de las personas que hacen o pueblos o revoluciones. También los hombres llegan a su posición histórica como resultado de condiciones desgraciadas.

TAREA ESCRITA

Ahora, escriba en un papel una composición nueva basada en la selección original con sustituciones de vocabulario. Mantenga la forma y las ideas de la original. Después, trate de escribir otra composición semejante sobre un tema de interés personal. Se puede cambiar el vocabulario necesario para expresar sus propias ideas.

Práctica

The following are simplified versions of the selections listed below. Complete the exercises by underlining the correct form given in parentheses.

1. La belleza, la paz, el progreso, aún el ideal lejano, todos (estos, aquellos) son ideales a que debemos dedicar las fatigas y los dolores.

2. En las épocas precolombinas vivían muchas razas. (Aquéllas, Ésas) les dieron los sellos fuertes de la personalidad de los aztecas, los mayas y los indios peruanos a los indígenas presentes.

3. En su obra, el poeta revela el ritmo de su vida. (Eso, Esto) significa trabajos y fatigas.

4. El niño ayudó al ángel y (esto, éste) se puso en pie. Entonces, (esos, ésos) dos caminaron del brazo por las rutas de (aquel, este) mundo.

5. Yo conocí a Esther, y Uds. no. Fue un momento feliz (ese, esa) tarde de verano bajo un cielo azul mientras soplaba una brisa del mar.

Ejercicios

Analice las selecciones siguientes. Busque las palabras difíciles en un diccionario. Después, escriba nuevas composiciones al sustituir las palabras subrayadas. Cambie el vocabulario para expresar sus propios pensamientos. Compare sus composiciones con los modelos y con las composiciones de otros estudiantes. Si quiere, puede trabajar en un grupo o en pareja. (Mínimo: dos selecciones)

1. «Por la belleza, por la paz, por el progreso, por el ideal lejano, por lo que cada uno en nuestra esfera, pudiéramos hacer en favor de todo esto, comportemos nuestras fatigas y nuestros dolores. Ese ideal sea la lucecita que nos alumbre en nuestra noche.» (Pasaje de "Al margen de los clásicos, 'El Romancero'" de José Martínez Ruiz "Azorín", en *Curso avanzado de composición* de Julian Moreno-Lacalle, pág. 76.)

2. Antes de la conquista, América «estaba ya habitada por gran variedad de razas. Los habitantes de las tierras que luego fueron Iberoamérica eran muy diferentes de los que poblaron los futuros Estados Unidos ... Estos indígenas carecían de la cultura y de la fuerte personalidad de los aztecas mejicanos, de los mayas, ... de los indios peruanos o de los araucanos chilenos.» (Las raíces de Latinoamérica, *Iberoamérica: Su historia y su cultura* de Américo Castro, pág. 5.)

3. «El poeta también está rendido, fatigado, extenuado. En estos versos nos refiere el ritmo de su vida, toda trabajos y fatigas. Ni por un momento puede dejar de escribir. Sí; por un momento, sí. Es ahora ese momento ... Ahora tiene unos instantes de descanso.» (Pasaje de "Al margen de los clásicos, 'El Romancero'" en *Curso avanzado de composición,* pág. 76.)

4. «Los ángeles no pesan y la leve fuerza del niño bastó y sobró para que aquél se pusiese en pie. Su salvador le ofreció un brazo y se vio entonces el más raro espectáculo, un niño conduciendo a un ángel

por los <u>senderos</u> de este <u>mundo</u>.» (Pasaje de "El ángel caído" de Amado Nervo en *Imaginación y fantasía,* pág. 52.)

5. «Ustedes no <u>conocieron</u> a <u>Esther</u>. Yo tuve esa <u>dicha</u> por <u>una feliz</u> <u>casualidad</u>. Fue <u>una tarde</u> de <u>verano</u>, cuando <u>el cielo</u> era más <u>azul</u> y la brisa <u>marina acariciaba</u> la ciudad <u>porteña</u>.» (Pasaje de "La dueña de la guitarra de las conchas de dolores" por Carlos Luis Fallas en *Imaginación y fantasía,* pág. 3.)

IV. Vocabulario

EJERCICIO DE VOCABULARIO

En esta unidad, Ud. ha buscado los significados de varias palabras. Ahora, vamos a ampliar el vocabulario al examinar las relaciones entre familias de palabras. También vamos a ver cómo se puede extender el significado mediante la correspondencia de un conjunto de palabras. Se presentan unas cuantas familias y conjuntos a continuación. En los conjuntos, las palabras subrayadas son sinónimos o antónimos. Para entenderlas mejor, consulte un diccionario.

Familias

depositar/deposición/depositario/depósito

emplar/templado/templanza/temple

culto/cultura/cultivo/cultivar/cultivación

convenir/convenido/conveniencia/
conveniente/convenio

Conjuntos

elevar/levantar/erigir/edificar/ascender/<u>bajar</u> t

residencia/habitación/domicilio/morada/<u>campo raso</u>

derrochar/dilapidar/malgastar/disipar/<u>guardar</u>

dolor/mal/pena/pesar/
tristeza/tormento/<u>gozo</u>

Familias y conjuntos

INSTRUCCIONES: El vocabulario de una lengua consiste, en gran parte, en agrupaciones o conjuntos de palabras. Estilísticamente, el escritor necesita una familia grande de palabras para desarrollar sus pensamientos. Experimente con las palabras de algunas familias o algunos conjuntos de arriba.

TAREA ESCRITA

En un papel, escriba por lo menos cuatro oraciones sobre un tema y use cualesquiera de las frases anteriores que Ud. prefiera.

Familias y conjuntos

En las selecciones y los ejercicios anteriores, aparecen otras familias de palabras con que Ud. puede practicar. Aquí se indica el valor gramatical de las palabras: verbo, sustantivo, adjetivo, adverbio, etc. Busque otros ejemplos en un diccionario. Escriba oraciones sobre sus experiencias o sobre las experiencias de otros conocidos. (Mínimo: cuatro oraciones)

elevador	elevar	elevado	elevación
(sustantivo	verbo	adjetivo	sustantivo)

deportista	deporte	deportivo
(sustantivo	sustantivo	adjetivo)

residencia	residente	residir	residuo
(sustantivo	sustantivo	verbo	sustantivo, adjetivo

célebre	celebrar	celebración	celebridad
(adjetivo	verbo	sustantivo	sustantivo

Palabras en contexto

Observe las combinaciones de las siguientes familias y sus clasificaciones. Note que se identifican las palabras mediante su sentido o sus usos, no por su descripción gramatical. El sentido de una palabra depende, en mayor parte, de nuestro entendimiento de su uso en la oración. Busque el significado de las palabras desconocidas.

seco	secar	secante	secador
(condición	proceso	condición	agente)

maravillar	maravilla	maravilloso
(reacción	cosa, asunto	condición

falla	fallar	fallecer	fallo	fallecimiento	fallido
(estado	acción	acción relacionada	acto	resultado	condición)

TAREA ESCRITA

Ahora, describa a algunos jóvenes o miembros de su familia de manera personal, empleando algunas palabras de la sección de vocabulario.

V. Grammar as Culture and Style

Most peoples of the world have the need to differentiate among a number of people, places, and things which are mentioned in communications among them. The Hispanic culture embodies these distinctions in its language, as do many other Western cultures, with some similarity among them. So, the words that "demonstrate" the distinctions are called *demonstratives,* and they are used as adjectives and pronouns. In Spanish, the demonstrative adjectives agree with the nouns they modify, and the demonstrative pronouns agree with their antecedents.

These adjectives (and pronouns) distinguish among three positions when speaking of a physical presence or in a relative sequence when dealing with abstractions.

este (closest to the speaker, meaning "this") + noun

ese (the next closest to the speaker, meaning "that") + noun

aquel (the farthest from the speaker or the last of a series, meaning "that, over there") + noun

No matter how close the last *item in a series* may be, it's always expressed with *aquel.*

As you know, pronouns replace nouns. When demonstrative pronouns are used, they are differentiated from the adjectives by adding an accent mark *(éste, ése, aquél).* However, one set of pronouns refers to an indefinite or unspecified thing. The "thing" may be an abstract idea, previous news, the weather, or just about anything that has not definitely been identified. The pronoun is considered neuter (as opposed to masculine or feminine) and does not have an accent —*esto, eso, aquel*— and no plural. Add *de* and you have an expression used as a reference: *Eso de tu accidente, chico, me gustaría saberlo del comienzo.* ("Tell me about the deal with the accident, from the top.")

EL INFINITIVO

I. El infinitivo como sujeto

Forma y contexto

Durante la examinación de las estructuras en español, se observa el verbo mediante su uso en diferentes contextos de la cultura hispana: los modos, las situaciones y los tiempos. Ahora vamos a examinar el núcleo del verbo, el infinitivo, y su contexto sin tener que considerar las personas, los modos ni los tiempos. En esta unidad, vamos a examinar el infinitivo como una acción u ocasión, incluso como un asunto o una cosa (un sustantivo). Los hispanos describen sus experiencias mediante una variedad amplia de usos del infinitivo como sustantivo. En diferentes partes de esta unidad, se presentarán varios contextos para explicar los usos más arreglados según sus significados más o menos comunes.

Ejemplos

Practicar es necesario.
To practice is necessary. / *Practicing* is necessary.

Enseñar es *aprender* dos veces.
To teach is *to learn* twice.

Explorar América no fue el impulso de Colón ni de Isabel.
It wasn't Columbus's nor Isabella's compulsion *to explore* America.

En este pueblo es constante *el* agitado *ladrar* de los perros.
In this town, the agitated *barking* of the dogs is constant.

De la cumbre del monte, *el amanecer* nos sorprende por su belleza.
From the hilltop, *dawn* surprises us with its beauty.

GRAMMAR NOTE

In other units, various conjugated forms based on the infinitive have been presented. As the generic verb, the infinitive is usually reduced to the stem (its basic meaning). Here, we'll focus on the infinitive itself, without regard to tense, mode, and person which require changes of verb endings.

Because of the wide variety of uses for the infinitive, they are separated into three sections:

1. The infinitive as the **subject** or the **predicate nominative** of the sentence. Frequently, the infinitive stands alone, often as the first word of a sen
tence and always after the verb *ser.* Otherwise, it is treated as any other noun and, normally, requires the article *el* (only the masculine singular is used with

the infinitive). But, over years of usage, when the infinitive has been converted into a noun, it can be plural and can be modified. For example, *poder* is an infinitive that has also been converted into a noun. As a noun, it can be singular or plural: *La isla está en **el poder** de los tiranos. **Los poderes** del juez son limitados.*

2. The infinitive as **object:** the object of a verb or the object of a preposition. (See section II.)

3. Special or other uses of the infinitive: in definitions, to indicate the future, and as indirect passive. (See section III.)

Práctica

Choose the appropriate infinitive and write it in the space in each sentence as shown in the examples. Notice the context in which the infinitive is used.

    <u>El exagerar</u> es típico de niños a esa edad. (El exagerar, El trasladar)

    Es difícil <u>encontrar</u> ayuda en algunos países si no habla español. (encontrarse, encontrar)

1. _____ un carro por mucho tiempo sin descansar es peligroso. (Dormir, Manejar)

2. Si dijéramos que hablábamos español sin dificultad, sería _____. (exagerar, preparar)

3. Según los registradores, _____ las solicitudes a las universidades se tardará. (el enviar, el proteger)

4. _____ por la muerte del perro nos tocaba a todos. (Su pesar, Pesar)

5. Vivir libre es _____ la democracia. (abnegar, defender)

6. _____ los programas educativos por televisión dentro de la selva es muy ambicioso. (El pronunciar, El proyectar)

7. Con el tratado _____ proyectiles de guerra está asegurado. (el eliminar, el sustituir)

8. _____ al estilo flamenco es algo que he querido aprender a hacer. (jugar, danzar)

9. _____ en la graduación nos da tanto placer como tristeza. (El festejarse, El pensar)

10. Es lógico que si los _____ humanos ensucian la tierra, deben limpiarla. (seres, deberes)

Escenario

Unos amigos están discutiendo varios aspectos del estudio de español. Llene los espacios para completar el siguiente diálogo. Al final del diálogo hay una lista de las selecciones para cada espacio. Las selecciones corresponden a las letras que siguen los espacios.

—_____[a] bien es una de las destrezas más importantes.

—Sí, pero _____[b] es la más difícil.

—¡Ay de mí! _____[c] sin hacer errores para mí es aún más difícil.

_____[d] en español es el propósito de la clase, según mi maestro.

—Tambien _____[e], ¿no? Siempre escribimos oraciones en mi clase.

—Pero, _____[f] en español sin _____ al inglés es la meta más

importante de cualquiera que aprenda otro idioma. ¿No es cierto?

Selecciones:

[a] el pronunciar, el aprender de memoria; [b] copiar, traducir; [c] el entender, el hablar; [d] conversar, grabar; [e] escuchar, escribir; [f] prepararse, pensar; [g] traducir, jugar

TAREA ESCRITA

Ahora, escriba por lo menos cuatro oraciones sobre lo que piensa Ud. de aprender otro idioma. Se puede utilizar algunas frases de los ejercicios como modelo para sus oraciones. Al fin, compare sus oraciones con las de otros estudiantes.

Choices

Read the following examples. First, fill in the blank with an infinitive that completes the meaning of the sentence. Clues to the context are sometimes provided by the other sentence(s). Then revise each sentence by choosing alternative infinitives. *It is not necessary to fill in all the blanks for choices.* Write your revised sentences on a separate sheet of paper. You may have to change the original sentence slightly to accommodate your choices.

___Pasar___ la noche en un parador famoso sería una experiencia agradable.

Choices: ___quedarnos___ , ___estar___ , ___descansar___ .

___El cometer___ errores es algo perdonable. Pero, el defender los errores es imperdonable.

Choices: ___El hacer___ , ___El producir___ , ___El incurrir en___ .

1. _____ durante los días de la escuela te cansará. Demasiado trabajo no es bueno.

   Choices: _____, _____, _____.

2. Para todo hombre y animal, _____ bien depende del descanso y de la nutrición. Sin embargo, mucha gente parece funcionar bien aunque esté de mala salud.

    Choices: _____, _____, _____.

3. Para muchos andinos, _____ a la ciudad es _____ sus costumbres. Se pierden las tradiciones cuando dejan la vida del campo y adoptan la vida urbana.

    Choices: _____, _____, _____.

4 . _____ las selvas tropicales resulta en gran peligro para la atmósfera. ¡Nos vamos a tostar si continúa esa destrucción!

    Choices: _____, _____, _____.

5. El rápido _____ de los atletas bajo el sol caliente es dañino. Deben descansar a menudo y tomar mucha agua.

    Choices: _____, _____, _____.

Continuación

Complete el siguiente párrafo sobre las dificultades de trabajar y estudiar. Utilice las palabras de la lista. Se puede sustituir las palabras de la lista con otras, pero guarde el sentido del párrafo. (Unos verbos se usan más de una vez.)

Primero, tanto _____ como _____ resultan muy difíciles para las personas que tratan de mantener un empleo mientras asisten a la escuela. Aunque _____ más de veinte horas es prohibido para los jóvenes hasta la edad de 16, _____ con los deberes escolares todavía resulta ser difícil. _____ de una vida social es casi imposible si _____ las altas calificaciones es también importante. _____ las prioridades puede ayudar a los jóvenes que tratan de ser trabajadores y estudiantes excelentes. Es mejor que sufra el trabajo que los estudios.

Lista: cumplir, disfrutar, establecer, estudiar, sacar, trabajar

PRÁCTICA AVANZADA

Escoja un tema de interés sobre los estudios. Escriba por lo menos cuatro oraciones, utilizando los infinitivos como sustantivos. Trate de emplear cambios de persona, conjunto y contexto.

II. El infinitivo como objeto

Forma y contexto

Del sujeto al objeto no hay una gran transición. Considere Ud. cuántas veces se cambia de posición la misma cosa, un asunto o una experiencia en sus pensamientos. Su contexto cultural influye en el significado del infinitivo como sustantivo (sea acción, condición, estado, asunto o cosa). ¿Cuáles son estas influencias culturales con respecto a esta clase de sustantivo? Pues, (1) otras acciones (por ejemplo, *Me mandan **llevar** un sombrero cuando hace mucho frío*); (2) algunas condiciones o algunos estados (por ejemplo, *Es mejor **viajar** por tren*); o (3) una variedad de preposiciones (por ejemplo, *La lista de preposiciones en la nota gramatical les ayudarán **a aprender** algunas*). Hay mucha variedad también entre estas acciones y condiciones o los estados que modifican el objeto. Unas diferencias surgen mediante las significaciones de los verbos de la proposición original. Otras dependen de unas reglas sobre el uso de preposiciones entre el verbo y su complemento infinitivo.

A. Infinitivos que siguen los verbos principales

Se puede combinar un verbo y un infinitivo sin una preposición si el sujeto no cambia. Por ejemplo, en la oración *Juan quiere caminar,* es Juan que quiere y es él que va a caminar. Si hay un cambio de sujeto, se usa el subjuntivo: *Juan quiere que ellos caminen.*

Ejemplos

El turista prefirió *quedarse* en el hotel.

The tourist preferred *to stay* in the hotel.

Nuestros graduados esperan *vivir* muy cómodamente.

Our graduates expect *to live* very comfortably.

Cortés pensaba *atacar* Tenochtitlán por agua.

Cortés planned *to attack* Tenochtitlán by water.

GRAMMAR NOTE

As an object of another verb, the infinitive follows the same rule as for any regular noun. However, there are several considerations:

1. No change of person from one verb to the other: *Deseo **ir** al centro.* ("I want to go downtown.") Note: If a change of person occurs—for example, I want someone else to go downtown—Spanish requires the subjunctive.

2. Infinitives as objects of verbs that do not require a preposition: *puedo **triunfar**, decidieron **viajar**, esperamos **visitarte**.* Some of these are *querer, ver, poder, esperar,* and *decidir.* (See the Grammar as Culture and Style section for a more extensive list.) Avoid the temptation to add an *a* between the verb and the infinitive when there is no need.

Práctica

Choose the appropriate infinitive that completes the meaning of the sentence and write it in the space in each sentence as shown in the examples. Notice the context in which the infinitive is used.

Los aztecas les impedían __salir__ a los españoles que trataban de escaparse de la ciudad. (salir, entrar)

Ojalá que los hijos decidan __seguir__ los estudios en la universidad. (perseguir, seguir)

1. Los autobuses deben _____ por aquí cada diez minutos. (pasar, volver)

2. Bartolomé de las Casas prometió _____ a los indios esclavizados. (solicitar, salvar)

3. El agente me aconsejó _____ poco llenas las maletas. Así habrá espacio para los regalos y los recuerdos. (llevar, llegar)

4. En general algunos rancheros ricos han podido _____ los mejores terrenos en Latinoamérica. (producir, cultivar)

5. Con tal de que no prefieras _____ temprano, vamos juntos a las ocho. (llegar, atrasarte)

6. Los maestros no temen _____ el discurso a menos que haya un examen después. (prolongarse, alargar)

7. Los bomberos mandaron _____ los edificios cerca del incendio. (entrar, evacuar)

8. Anoche oímos _____ un conjunto peruano. (hablar, cantar)

9. Para los policías es mejor que el delincuente admita _____ hecho. (haberlo, tenerlo)

10. Los jóvenes parecen _____ la importancia de educarse acerca de la salud. (contender, comprender)

TAREA ESCRITA

Ahora, escriba por lo menos cuatro oraciones sobre alguna faceta del medio ambiente, tal como la contaminación del aire. Se puede utilizar algunas frases de los ejercicios como modelo para sus oraciones. Al fin, compare sus oraciones con las de otros estudiantes.

Choices
Read the following examples. First, fill in the blank with an infinitive that completes the meaning of the sentence. Clues to the context are sometimes provided by the other sentence(s). Then revise each sentence by choosing alternative infinitives. *It is not necessary to fill in all the blanks for choices.* Write your revised sentences on a separate sheet of paper. You may have to change the original sentence slightly to accommodate your choices.

No dejes para mañana lo que puedes ___hacer___ hoy. Así se hacen las cosas.

Choices: _terminar_ , _lograr_ , _emprender_ .

En nuestro club de optimistas, prohibimos ___pensar___ mal de las otras personas.

Choices: ___hablar___ , ___enojarnos del___ , ___preocuparnos del___ .

1. Los entrenadores me dejarán _____ en el primer tercio. La competenciaa será

   emocionante para mí.

   Choices: _____, _____, _____.

2. Después del partido, los jugadores debían _____ a la fiesta aunque lo perdieran. Sin

   embargo, ¡es difícil divertirse después de una derrota!

   Choices: _____, _____, _____.

3. Muchos campesinos prefieren _____ la medicina del curandero. En las áreas

   remotas, no se consiguen servicios de los médicos.

   Choices: _____, _____, _____.

4. ¡Hombre, mis padres no me impedirán _____ con Uds. a España! Pero me dicen que

   no pagarán por el viaje.

   Choices: _____, _____, _____.

5. Colón nombró a los indígenas "indios" por haber creído _____ las Indias.

   Comoquiera que les llamara, halló un mundo nuevo.

   Choices: _____, _____, _____.

6. Cuando vigilaban el banco, los policías vieron _____ al ladrón y lo capturaron.

   Apenas había pasado el ladrón por la puerta cuando lo cogieron.

   Choices: _____, _____, _____.

7. Hoy ustedes parecen _____ mucho mejor que antes. Por supuesto, recitar es más

   que pronunciar. Y, ¡menos que conversar!

   Choices: _____, _____, _____.

8. No te permito _____ así de mi hermana. Yo la puedo criticar, pero tú no.

   Choices: _____, _____, _____.

PRÁCTICA AVANZADA

Escoja un tema de interés sobre las noticias del día. Escriba por lo menos cuatro oraciones, utilizando los infinitivos como objetos. Trate de emplear cambios de persona, conjunto y contexto.

Respuestas

In this exercise, you will use infinitives as objects in response to questions or statements. Study the examples, paying close attention to the context of the sentence. Use the phrases in Spanish as a clue to the response that includes an infinitive as an object of a verb or a preposition. Some items begin with a few words in Spanish to help you along.

—¿Por qué quiere Ud. cambiar de clase?

—No puedo concentrar en este ambiente.

(En este ambiente, la concentración es difícil. No puedo.)

—¿Has oído de la situación de María?

—Sí, no le dejaron publicar un artículo acerca de las madres juveniles.

(Sí, no permitieron que ella publicara un artículo. Trataba las madres juveniles.)

1. —¿Cómo has bajado tanto de peso? ¿Empezaste a correr?

    —No. Simplemente _____.

    (Tomé la decisión de no comer tanto.)

2. —¿Qué piensas tú? ¿Estará a tiempo el tren para Ávila?

    —_____.

    (Oí a ese hombre. Dijo que llegará tarde.)

3. —Mire cuántos niños hay en el parque del Retiro.

    —Sí. _____.

    (Todos los domingos vienen muchas familias. Les encanta el parque.)

4. —¿Por qué no puedes ir al cine conmigo?

    —_____.

    (Corto la césped del jardín. Mi padre me mandó.)

5. —La historia de la conquista no nos revela una buena perspectiva de los españoles.

    —Verdad. Lástima que _____.

    (Creían que tenían la razón por cuestiones religiosas.)

6. —Esos muchachos siempre andan al sur de la escuela pero viven al oeste.

    —¿No sabes por qué? _____.

    (Temen que encuentren a los muchachos esos de la pandilla.)

7. —Perdóname. La pelea que tuvimos ayer era ridícula.

    —Es cierto. _____.

    (Te dije muchas cosas que tú no mereciste. Lo siento.)

8.   —¿Cómo podemos ir al juego juntos en un solo autobús? Somos muchos.

—No se preocupen. _____.

(Nos darán otros dos autobuses. Me prometieron.)

Aplicación

Escriba consejos para su diario personal sobre actividades o deberes. Utilice las indicaciones en inglés como modelo para el informe.

Contexto	**Español**
To:	
Be able to enjoy a beautiful sunrise or sunset.	... un amanecer ...
Be with family on special occasions.	... con la familia ...
Decide to give to others, especially to the needy.	... sobre todo a los necesitados.
Expect to see something beautiful every day.	... algo hermoso ...
Be able to relax and enjoy life.	... la vida.
Be able to accept help from others.	... la ayuda que otros me ofrezcan.
Allow myself to make mistakes.	... cometer errores.

EXPERIENCIAS

En un papel, escriba por lo menos cuatro oraciones más para su diario personal. Después, compare sus oraciones con los modelos y con las de otros estudiantes.

B. Infinitivos usados con preposiciones

Forma y contexto

Examinemos ahora el infinitivo como objeto de la preposición. Para los hispanoparlantes son inmensas las posibilidades de expresarse con el uso de preposiciones. Una clase de verbos las lleva siempre ante el infinitivo complemento. Por ejemplo, *El joven ha dejado **de** fumar pero su amiga ha empezado **a** fumar.* Una preposición se encuentra muy frecuentemente al principio de la oración como introducción a las demás y más importantes ideas. Por ejemplo, ***Al** comer el potaje, la niña se echó a dormir un rato.* Las otras preposiciones con que Ud. practicaba en la Unidad 7 también se usan aquí antes del infinitivo para continuar la idea o la proposición básica de la oración. Por ejemplo, *Cogió su revolver **antes de** confrontar al ladrón.* Hay otros cuantos verbos que requieren una preposición antes de un sustantivo. Por supuesto, la requieren también antes del infinitivo usado como sustantivo.

Ejemplos

Vamos a *empezar* nuestra presentación muy pronto.
We're going *to start* our presentation soon.

Tan pronto como termine de *estudiar,* iré a *ver*te.
As soon as I finish *studying,* I'll go *to see* you.

Sin *examinar* todos los reglamentos del concurso, el joven salió mal.
Without *examining* all the contest rules, the young man did badly.

GRAMMAR NOTE

Let's review some infinitives as objects of verbs that require prepositions before the infinitive: *a, de, en.*

°**a** after verbs of movement, such as *ir, venir, subir, salir. (Salimos **a** jugar al tenis.)*

°**a** after other verbs, such as *detenerse, empezar, aprender, acostumbrarse, ayudar. (Han empezado **a** construir la nueva carretera.)*

°**de** after verbs meaning "to finish," such as *acabar, terminar, parar, dejar. (Ellas dejaron **de** hablar cuando yo entré.)*

°**de** after other verbs, such as *acordarse, olvidarse, tratar. (¿Te acordaste **de** hablar con el director?)*

°**en** after limited verbs, such as *empeñar, emplearse. (Su tiempo libre fue empleado **en** ayudar a los niños.)*

Since the infinitive can act as a noun, it can also be the object of a preposition, such as the following:

°**por** and **para** (See Unidad 10 for *para* and Unidad 11 for *por.*)

°**a, antes (de), después (de), sin, hasta**, and many others

*Mis tíos salieron **sin** despedirse de mí.*

***Después de** hablar con el maestro, entiendo mejor este concepto.*

Práctica

Choose the appropriate verb phrase or preposition that completes the meaning of the sentence. Write it in the space in each sentence as shown in the examples. Notice the context in which the infinitive is used as the object of a preposition.

Mis padres me detuvieron al salir de casa ___para___ darme este reloj. (para, antes de)

Los españoles ___trataban de___ impedir que los ingleses atacaran sus naves. (querían a, trataban de)

1. A pesar de todo, nos _____ reunirnos en Guayaquil para el vuelo a Nueva York.

    (quedamos en, negamos a)

2. La maestra _____ recibir la nominación de "Maestra del año". (termina para, acaba de)

3. Muy poco después de la independencia, _____ separarse los nuevos estados latinos.

    (dejaron de, se ayudaron a)

4. _____ exagerar, mi novia es la más bella de sus hermanas. (Sin, Antes de)

5. España se había apoderado de Europa _____ perder la gran armada naval. (después de, hasta)

6. Es posible que _____ visitar a los abuelos para la Navidad. (salgamos a, bajemos a)

7. En casa, cada hijo tiene sus quehaceres _____ jugar con los amigos. (antes de, sin que)

8. En una iglesia de Cholula en México hay dibujos de arena en el suelo que nadie _____ desarreglar. (viene a, trata de)

9. Mis hermanas _____ cerrar la puerta con llave cuando salieron. (comenzaron a, se olvidaron de)

10. Finalmente, esos amigos míos _____ comer más vegetales. (han empezado a, han dejado de)

Escenario

Con el mecánico

Llene los espacios para completar el diálogo entre Ud. y un mecánico. Al final del diálogo hay una lista de las selecciones para cada espacio. Las selecciones corresponden a las letras que siguen los espacios.

—Déjeme explicarle lo que ocurre _____[a¹] _____[a²] el motor. Empieza a sonar como ...

—Basta _____[b¹] _____[b²] los sonidos. _____[c¹] _____[c²] un auto, empiezo _____[d¹] _____[d²]. _____[e¹] _____[e²] examinado por los instrumentos electrónicos, hay que _____[f] las llantas ...

—¿Las llantas? Hombre, _____[g¹] _____[g²] de eso, arranque el auto _____[h¹] _____[h²] el ruido que hace.

—¿Es usted experto en autos? Pues, usted puede _____[i] conmigo y con mi experiencia. Hágame el favor _____[j¹] _____[j²] en la sala de espera.

Selecciones:

[a¹] sin, al; [a²] comenzar, arrancar; [b¹] de, en; [b²] explicar, imitar; [c¹] para, con; [c²] fijar, reparar; [d¹] de, por; [d²] arrancarlo, lavarlo; [e¹] para, hasta; [e²] ser, estar; [f] revisar, llenar; [g¹] antes de, después de; [g²] hablar, mirar; [h¹] sin, para; [h²] ver, oír; [i] prestar, contar; [j¹] a, de; [j²] dejar, esperar

TAREA ESCRITA

Ahora, escriba por lo menos cuatro oraciones sobre una conversación entre un dependiente de una tienda y un cliente. Se puede utilizar algunas frases de los ejercicios como modelo para sus oraciones. Al fin, compare sus oraciones con las de otros estudiantes.

Choices

Read the following examples. First, fill in the blank with an infinitive that completes the meaning of the sentence. Clues to the context are sometimes provided by the other sentence(s). (Note that many of these sentences are more open-ended than usual, so use your imagination.) Then revise each sentence by choosing alternative infinitives or prepositions. *It is not necessary to fill in all the blanks for choices.* Write your revised sentences on a separate sheet of paper. You may have to change the original sentence slightly to accommodate your choices.

¡Esa chica! Después de ___mirar___ la foto, no me dijo que mi nieto era bonito.

Choices: ___echar un ojo a___ , ___examinar___ , ___al___ .

Mucha gente sufre de insomnio. Para ___dormirse___, es importante saber descansar por completo.

Choices: ___quedarse dormido___ , ___poder dormir___ , ___antes de___ .

1. La nene se calló después de _____ por dos horas. ¡Qué lindo es el silencio!

   Choices: _____ , _____ , _____ .

2. Cortés no habría conquistado México si sus hombres pudieran regresar a Cuba. Sin

   _____ los barcos en Veracruz, todos habrían regresado.

   Choices: _____ , _____ , _____ .

3. Jamás he tenido ganas de _____. Sin embargo, aquí estoy en un rancho, rodeado de

   vaqueros.

   Choices: _____ , _____ , _____ .

4. En esta escuela se niegan a _____ trofeos por la excelencia académica. Se ganan

   estos premios sólo en los deportes.

   Choices: _____ , _____ , _____ .

5. Antes de _____ las malas noticias. Los policías pidieron que nos sentáramos.

   Choices: _____ , _____ , _____ .

6. Tú eres muy terco. Siempre te empeñas en _____ cuando los demás no están de

   acuerdo.

   Choices: _____ , _____ , _____ .

7. Un grupo de charros mexicanos visitaron la clase. Se veían muy elegantes; sin embargo, nos enseñaron

   a _____.

   Choices: _____, _____, _____.

8. Antes de _____ una fiesta, es importante seleccionar a las personas que servirán de

   choferes para los que beban demasiado.

   Choices: _____, _____, _____.

PRÁCTICA AVANZADA

Escoja un tema de interés sobre sus pasatiempos o deportes preferidos. Escriba por lo menos cuatro oraciones, utilizando las preposiciones y los infinitivos. Trate de emplear cambios de persona, conjunto y contexto.

III. Otros usos

Forma y contexto

En el mundo hispano, se emplea el infinitivo para definir unas cuantas cosas por su uso. Por ejemplo, antes de las computadoras, todo el mundo usaba las *máquinas de escribir.* El infinitivo describe el uso de la máquina. El infinitivo también sirve para indicar obligación o algo que queda por hacer. Se hace en combinación con otro verbo: *haber* más *de.* Por ejemplo, *Ha de entregar el trofeo al nuevo campeón.* Esto significa qué va a ocurrir por una obligación. (Vea otras obligaciones en la Unidad 16.)

Otra combinación de palabras que utiliza el infinitivo nos permite expresar otro modo del pasivo (que examinará en la Unidad 15). Por ejemplo, en la oración *Cortés hizo desmantelar las naves,* no sabemos quiénes las desmantelaron. La acción, expresada por el infinitivo, es pasiva porque no se indica el agente de la acción. También, en este ejemplo, *Oyeron proclamar al director que el baile del sábado está cancelado,* no se indica precisamente quiénes oyeron la proclamación del director. Examine los usos del infinitivo en los ejemplos de abajo y preste atención a su contexto.

Ejemplos

> Recibí una nueva *caña de pescar.*
> I got a new *fishing rod.*

> *Hemos de recobrar* todos los gastos del accidente más el saldo del daño al auto.
> *We're due to collect* all of the costs of the accident and even payment for the damage to the car.

> Estas chicas *se dejaron convencer.*
> These girls *let themselves be convinced.*

GRAMMAR NOTE

A special use of the infinitive with the preposition *de,* and sometimes *para* (see Unidad 10), is to state certain kinds of definitions. With the preposition *de,* the things are defined by their action. For example, a writing machine is a "machine of writing," or more commonly, a typewriter *(una máquina de escribir);* an electric shaver is *una maquinilla de afeitar eléctrica.* (Think of others that you know.)

Another common use of the infinitive is to imply the future or probability and, depending on the infinitive, with varying degrees of expectation, determination, or obligation. (Obligations of different kinds are examined in Unidad 16.)

The infinitive as the object of **haber + de:**

°With **ser,** it expresses the expectation of something to occur: ***Ha de ser*** *una tormenta.*

°With **estar,** it expresses probability (relative to the future or conditional): *Después de la derrota, el entrenador* ***ha de estar*** *muy desilusionado.*

°With **tener,** the meaning is similar to that with *estar:* ***Han de tener*** *mucho dinero por lo que pagan por los autos.*

°With infinitives that connote obligatory action, such as: *entregar* (hand over), *guardar* (care for, guard), *mandar* (order), *pagar* (make payments)

°With infinitives that connote determination: *recobrar* (get back, recover), *empeñarse* (persist)

°**No hay para qué** + infinitive (see Unidad 10).

The passive mode is explained in detail in Unidad 15. Some indirect passives using the infinitive are included here to indicate an action when the agent or actor is unknown or indefinite:

°**hacer:** to have something done + infinitive. For example, *El tirano* ***se hizo temer***. ("The tyrant made himself feared." The people (agents or actors) who are fearing him aren't specified.)

°**dejarse:** to let or allow oneself to be + infinitive. For example, *La actriz* ***se dejó halagar***. ("The actress let herself be flattered." Again, the agents (the ones doing the flattering) aren't specified.)

°**mandar:** similar meaning to *hacer* above, but also with the sense of "order." For example, *Los López* ***mandaron componer*** *la radio.* ("The López family had the radio fixed." The agent is not specified.)

°**oír:** to be heard doing + infinitive: *La clase* ***oyó pronunciar*** *el discurso.* ("The class heard the speech being given.")

Práctica

Choose the appropriate context of the infinitive and write it in the space in each sentence as shown in the examples. Notice that the focus is on the context, not on the infinitive itself.

Se estaba dejando inmigrar a cantidades de europeos a los Estados Unidos durante el siglo XIX. (se estaba dejando, se estaba mandando)

Han de investigar el robo de computadoras de la escuela. (Hacen, Han de)

1. Por casualidad, _____ tocar a los gitanos en una plaza de la ciudad. (mandamos, oímos)

2. No he visto esa película, pero _____ muy buena. (se deja hacer, ha de ser)

3. Las mujeres sudamericanas a menudo _____ sus vestidos en las modisterías. (mandan hacer, han de tener)

4. Como un regalo de cumpleaños, quiero una _____ afeitar. (máquina de, dispositivo de)

5. En Cuzco, los conquistadores españoles _____ fundir las estatuas de oro. (harían, hicieron)

6. En el campeonato del año pasado, les _____ ganar por cierto. (había de, hubiera de)

7. Antes de las calculadoras, se usaban las máquinas _____ para hacer los cálculos. (de subir, de sumar)

8. En la vida actual, no _____ dejarse quitar los derechos ilegalmente. (no hay que, no hay para qué)

9. Pedro se desanima muy fácilmente si algo no le sale bien en el primer intento. _____ más. (Ha de estar, Ha de empeñarse)

10. En su trabajo con las pandillas urbanas, el policía _____. De otro modo, no hubiera podido lograr estas mejoras. (se hacía desdeñar, se hacía respetar)

Escenario

Mensajero de malas noticias

Hubo un incendio en la tienda donde usted trabaja después de la escuela. Ya es necesario identificar las cosas destruidas por el incendio. Llene los espacios para completar el diálogo entre Ud. y el dueño de la tienda. Al final del diálogo hay una lista de las selecciones para cada espacio. Las selecciones corresponden a las letras que siguen los espacios.

—Bueno, _____[a] una lista de las cosas quemadas. ¡Caray! Me

_____[b] de hacer un viaje con mis nietos. Y, ¡mira lo que ha pasado! Del equipo

electrónico para las oficinas, ¿perdimos las _____[c]?

—Sí, tres. He mandado _____[d] los aparatos domésticos que los bomberos lograron

sacar de la tienda.

—Muy bien hecho. Oí _____[e] el incendio por las noticias y me entró un pánico. Pero, ahora, veo que tú _____[f] todo en mano. Me alegro.

—Pues, muchas gracias. Ha _____[g] terrible estar tan lejos y recibir noticias como éstas. Pero, no hay _____[h]. Por lo visto, sólo se ha quemado unas cuantas cosas.

Selecciones:

[a] has de preparar, tienes que copiar; [b] mandó convencer, dejé convencer; [c] máquinas de lavar, máquinas de escribir; [d] contar, destruir; [e] anunciar, reportar; [f] has de temer, has de tener; [g] de ser, de tener; [h] de preocuparse, para qué preocuparse

TAREA ESCRITA

Ahora, escriba por lo menos cuatro oraciones sobre un mensaje desagradable que Ud. ha tenido que contar a otra persona. Puede ser verdadero o ficticio. Se puede utilizar algunas frases de los ejercicios como modelo para sus oraciones. Al fin, compare sus oraciones con las de otros estudiantes.

Choices

Read the following examples. First, fill in the blank with an infinitive or phrase that completes the meaning of the sentence. Clues to the context are sometimes provided by the other sentence(s). Then revise each sentence by choosing alternative infinitives or expressions. *It is not necessary to fill in all the blanks for choices.* Write your revised sentences on a separate sheet of paper. You may have to change the original sentence slightly to accommodate your choices.

Se tardará en publicar el folleto porque __la máquina__ de copiar está descompuesta. Eso pasa a menudo con las máquinas hoy día.

Choices: __el equipo__, __la maquinaria__.

__No hay para qué__ pensar que el maestro aceptará esa tarea desordenada. Pues, ¡ni en los sueños! Había cuatro semanas para completarla.

Choices: __Te dejas__, __Ud. ha de__, __Me hagas__.

1. Para las vacaciones, mis padres me _____ visitar a unos parientes. Cuando tenga veintiún años, voy a hacer solamente lo que yo quiero.

   Choices: _____, _____, _____.

2. No es posible _____ componer el globo de cristal. Está en mil pedazos.

   Choices: _____, _____, _____.

3. Después de que lleguemos al hotel, _____ cambiar las reservaciones. Llegamos un día antes de nuestros amigos.

   Choices: _____, _____, _____.

4. "No _____ buscar el oro, señor Cortés; está perdido." ¿Sería posible que Cuauhtémoc le hubiera dicho esto a Cortés después de esconder el oro?

   Choices: _____, _____, _____.

5. Antes de que salgas de la casa para tu nuevo apartamento, te voy a regalar una _____ de _____.

   Choices: _____, _____, _____.

6. El coche estaba patinando anoche, pero no había llovido mucho. Por eso, ellos van a _____ cambiar las llantas.

   Choices: _____, _____, _____.

7. Felipe II _____ de _____ sus navíos de guerra, la *Armada Invencible,* contra los ingleses. Esta pérdida resultó ser desastroso para España.

   Choices: _____, _____, _____.

8. Ahora que tienes computadora, ¿quieres vender tu _____?

   Choices: _____, _____, _____.

PRÁCTICA AVANZADA

Escoja un tema de interés sobre los deberes o los quehaceres de un ciudadano. Escriba por lo menos cuatro oraciones, utilizando expresiones con el infinitivo. Trate de emplear cambios de persona, conjunto y contexto.

 IV. ¡Escriba con estilo!

SELECCIONES DE MODO

Explicación y modificaciones

Lea la primera selección de abajo. Busque las palabras difíciles en un diccionario y apúntelas en un cuaderno de nuevas palabras. Analice la construcción de las oraciones para entender el sentido o significado básico del autor, y la función estilística del infinitivo como sustantivo, después de preposiciones y en otras expresiones. También, examine la primera modificación basada en la selección original. Es una composición nueva con solamente sustituciones de vocabulario.

Selección original:

(Renán, un ensayista) «recordando ... que el fin de la criatura humana no puede ser exclusivamente saber, ni sentir, ni imaginar, sino ser real y enteramente 'humano', define el ideal de perfección a que ella debe encaminar sus energías como la posibilidad de ofrecer en un tipo individual un cuadro abreviado de la especie.» (Pasaje de *Ariel,* por José Enrique Rodó, pág. 47.)

Primera modificación:

Renán, un ensayista, recordando que el término del ser humano no puede ser solamente la sabiduría, ni los sentidos, ni la imaginación, sino ser real y totalmente 'humano', define el modelo de excelencia a que ella debe dirigir sus potencias como la posibilidad de presentar en un tipo singular una imagen esencial de su clase.

Ahora, examine la segunda modificación. Es un ejemplo de la tarea de esta sección: escribir una nueva composición basada en su selección de algunos párrafos de estilo literario.

Segunda modificación:

El filósofo, recordando que el objeto de la campaña política no puede ser cínicamente ganar, ni apoderarse, ni legislar, sino ser real y totalmente libre, define la perspectiva de nuestros antepasados en que ésta debe a sus ciudadanos como la posibilidad de manifestar en un tipo nacional la libertad plena del pueblo.

Análisis:

Por toda la selección original se ve el infinitivo como sustantivo. La primera idea, por ejemplo, incluye tres conceptos: *saber, sentir* e *imaginar,* los cuales el filósofo niega como suficiente para ser *enteramente humano.* Se da un plan para llegar al término esperado: *debe encaminar sus energías.*

TAREA ESCRITA

Ahora, escriba en un papel una composición nueva basada en la selección original con sustituciones de vocabulario. Mantenga la forma y las ideas de la original. Después, trate de escribir otra composición semejante sobre un tema de interés personal. Se puede cambiar el vocabulario necesario para expresar sus propias ideas.

Práctica

The following are simplified versions of the selections listed below. Complete the exercises by underlining the appropriate word that completes the meaning of the sentence.

1. Durante su movimiento, las feministas hicieron su papel al (ayudar, estudiar) la medicina en los hospitales y (ejercer, sacar) la medicina en las aldeas y (aprovecharse, quitarse) de las carreras que se les abrían.

2. Por lo general, el Gobernador tiene que (mandar, solicitar) y (exhortar, ejecutar) las leyes del estado porque para hacerlo requiere diversos talentos.

3. El pueblo latinoamericano resultó del (rechazar, entrelazar) de dos (series, poderes) humanos: el europeo y el indio y había de (modificarse, separarse) por (recibir, alojar) muchos otros inmigrantes, aún del África y de China.

4. La memoria puede ser flaca por no (poder, poner) (alojarse, acordarse) de todas las cosas pasadas.

5. Al ver (volar, pasar) muchos gentes y navíos armados, los señores leales lo dijeron al rey quien envió a (decir, mandar) al mayor del puerto que guardara su ciudad.

Ejercicios

Analice las selecciones siguientes. Busque las palabras difíciles en un diccionario. Después, escriba nuevas composiciones al sustituir las palabras subrayadas. Cambie el vocabulario para expresar sus propios pensamientos. Compare sus composiciones con los modelos y con las composiciones de otros estudiantes. Si quiere, puede trabajar en un grupo o en pareja. (Mínimo: dos selecciones)

1. (Sobre la emancipación feminina) «El lado serio del movimiento fue estudiar, arrojarse a las carreras que les abrían, portarse muy valerosamente en los hospitales, ... lucirse en la clínica y desempeñar la medicina en las aldeas con abnegación, formalidad y acierto.» (Pasaje de *Iberoamérica: Su historia y su cultura* por Américo Castro, pág. 111)

2. «El oficio del Gobernador es premiar, castigar, alabar, reprender, exhortar, atemorizar, mandar, vedar, amenazar y ejecutar las penas de las leyes ...» (De la filosofía de P. Juan Márquez en *La antología de sus ideas* por Manuel C. Iracheta, Editorial Nacional, pág. 62)

3. «Iberoamérica es, pues, en gran parte un resultado del entrelace de la manera de ser de los pueblos de la Península Ibérica con la manera de ser de los indios que poblaron la tierra americana antes de llegar a ella los españoles y portugueses. También debe tenerse en cuenta que algunas naciones iberoamericanas han modificado algo sus rasgos tradicionales a causa de haber recibido grandes contingentes de inmigrantes europeos ...» (Sobre las raíces de Latinoamérica. *Iberoamérica: Su historia y su cultura,* pág. 6.)

4. La memoria de los hombres es muy flaca, y no se puede acordar de todas las cosas que acaecieron en el tiempo pasado. (Pasaje modernizado de la *Crónica de Don Pedro,* por Don Francisco Cerda y Rico, pub. 1797, pág. 29.)

5. Los señores leales al rey vieron pasar muchas gentes armadas y también navíos y enviaron a decírselo al rey quien envió luego a mandar al mayor del puerto que armase su flota y fuese a guardar el estrecho del mar. (Pasaje modernizado de la *Crónica del Rey D. Alfonso el Onceno,* Parte I, 2.da ed., por Don Francisco Cerda y Rico, pág. 196, Pub. 1797.)

V.   Vocabulario

EJERCICIO DE VOCABULARIO

En esta unidad, Ud. ha buscado los significados de varias palabras. Ahora, vamos a ampliar el vocabulario al examinar las relaciones entre familias de palabras. También vamos a ver cómo se puede extender el significado mediante la correspondencia de un conjunto de palabras. Se presentan unas cuantas familias y conjuntos a continuación. En los conjuntos, las palabras subrayadas son sinónimos o antónimos. Para entenderlas mejor, consulte un diccionario.

Familias	Conjuntos
recelar/recelo/receloso	flaco/delgado/estrecho/<u>gordo</u>
exagerar/exagerado/exageración/exagerador	abstener/negar/abnegar/<u>aceptar</u>
danzar/danza/danzante/danzarina	confundir/engañar/ofuscar/<u>aclarar</u>

Familias y conjuntos

INSTRUCCIONES: El vocabulario de una lengua consiste, en gran parte, en agrupaciones o conjuntos de palabras. Estilísticamente, el escritor necesita una familia grande de palabras para desarrollar sus pensamientos. Experimente con las palabras de algunas familias o algunos conjuntos de arriba.

TAREA ESCRITA

En un papel, escriba por lo menos cuatro oraciones sobre un tema y use cualesquiera de las frases anteriores que Ud. prefiera.

Familias y conjuntos

En las selecciones y los ejercicios anteriores, aparecen otras familias de palabras con que Ud. puede practicar. Aquí se indica el valor gramatical de las palabras: verbo, sustantivo, adjetivo, adverbio, etc.) Busque otros ejemplos en un diccionario. Escriba oraciones sobre sus experiencias o sobre las experiencias de otros conocidos. (Mínimo: cuatro oraciones)

transitar	transición	tránsito	transitorio	transitoriamente
(verbo	sustantivo	sustantivo	adjetivo	adverbio)

calentar	calentador	calentura	calenturón	caliente
(verbo	sustantivo	sustantivo	sustantivo	adjetivo)

vigilar	vigilancia	vigilante	vigilia
(verbo	sustantivo	sustantivo, adjetivo	sustantivo)

pesar	pesa	pesadez	pesadilla	pesado	pesadumbre
(verbo	sustantivo	sustantivo	sustantivo	adjetivo	sustantivo)

V. Grammar as Culture and Style

In the Spanish-speaking world, the infinitive is more than just the word you look up in a dictionary. It is used in myriad ways. Spanish has a variety of contexts in which the infinitive plays different roles: as the subject of a sentence, the direct object of a verb, the complement of the verb "to be," and the object of several prepositions.

In its function as a noun, the infinitive may stand alone as the subject of a sentence, frequently at the beginning, or it may act as a predicate nominative: *Ser cobarde es vivir sin mucha esperanza.* Notice the use of *vivir* as the complement of the main verb, that is, the predicate nominative. The infinitive may often look like a normal noun with its attendant article, *el: De todos modos, **el conversar** en otra lengua es lo más difícil.* As a noun, the infinitive may be modified in most of the ways which are known to you already.

Possessive (although not much used if there is already a noun from the infinitive):

*El andar **suyo** era irregular.*

Adjective (similar to the use of an adjective pronoun to indicate possession):

*El vivir **pobre** es común en muchos países del mundo.*

As a predicate nominative, the infinitive has no article:

*Ser es **vivir**.*

Is is worth noting that over the course of time, some infinitives have become nouns that stand alone: *el poder, el deber, el ser (humano), el amanecer, el anochecer, el pesar,* among others.

As an object, the infinitive responds differently, depending on whether it is the object of a verb or a preposition:

Object of a verb. Even here, there are variations:

°When there is no change of subject in a sentence with interacting verbs:

Quiero ir *a España.*

If the main verb requires a preposition before a noun, it will require one before the infinitive, also:

*Voy **a** ir al centro. / Voy **al** centro.*

°When there is a change of subject, the subjunctive, not the infinitive, is used:

*Quiero que Ud. **vaya** a España.*

The following verbs generally use no preposition after the infinitive:

Spanish	English	Spanish	English	Spanish	English	Spanish	English
ser	be	esperar	hope	impedir	impede	recordar	remember
oír	hear	temer	fear	prohibir	prohibit	resolver	resolve
sentir	feel	negar	deny	decidir	decide	saber	know how
mirar	look	aconsejar	advise	olvidar	forget	preferir	prefer
deber	ought to	dejar	let, allow	parecer	seem	prometer	promise

poder	be able	**desear**	wish	**permitir**	permit, allow
querer	**want**	**hacer**	make		

°When an infinitive is the object of a preposition, it may be due to one of the following situations:

1.   It is the object of a verb that always has a preposition before an infinitive, for example, with some verbs of motion, such as *ir, venir, salir, entrar.* Other verbs that require a preposition, such as *a, de,* or *en,* include the following:

subir	rise	**quedarse**	remain	**detenerse**	stop oneself
bajar	lower	**pararse**	stop	**sentarse**	sit down

2.   It is the object of a verb that requires a preposition before a noun.

3.   It is the object of a preposition in any other case:

Antes de (después de, sin, hasta) **salir**, *es necesario prepararse.*

Además de **nadar** *y* **correr**, *nos enseñan a patinar.*

Infinitives are also used in the following cases:

°As the object of the preposition *de* to define the function of something:

máquina de escribir	typewriter	**hoja de afeitar**	razor blade
máquina de coser	sewing machine	**caña de pescar**	fishing rod
saco de dormir	sleeping bag	**tabla de planchar**	ironing board

°   As the object of the verb *haber de* to indicate a variety of aspects of the future without using the future tense:

Haber de + infinitive, meaning obligation: ***Hemos de entregar*** *los informes cuanto antes.*

    Haber de + *ser*, meaning expectation of something: ***Ha de ser*** *un examen.*

    Haber de + infinitive, meaning determination: ***Ha de recobrar*** *las fuerzas.*

    Haber de + *estar*, indicating probability: ***Ha de estar*** *ahora en la cárcel.*

    No hay para qué + infinitive, indicating a negative action: ***No hay para qué vender*** *la casa.*

°As the object of a few verbs which indicate an indirect passive context:

dejarse	let oneself	mandar	to order
hacer	to make, have	oír	to hear

UNIDAD 14

EL PARTICIPIO

I. El participio como adjetivo

Forma y contexto

Uno de los elementos que forma los tiempos compuestos —el participio— tiene otros usos. Tanto el participio pasado como el participio presente sirven para expresar varios conceptos.

Uno de los usos principales del participio pasado es como adjetivo. Los hispanos ven las acciones o los estados en forma no muy diferente de otras culturas. Algo que se termina, *está terminado*. Alguien que se interesa en una actividad, *está interesado*. (Se explicó algo de esto al hablar del uso del verbo *estar* en la Unidad 1.) También, se puede decir: *la casa pintada de blanco, las actrices renombradas, el cuello torcido, los pantalones manchados.* Claro, estos adjetivos resultan de acciones explícitas o implícitas. En plan de adjetivo, el participio pasado también corresponde al número y género de la palabra que modifica. Hasta los participios de verbos irregulares cambian para corresponder a los sustantivos.

Ejemplos

Los torneos *jugados* en nuestro estadio eran emocionantes.
The games *played* in our stadium were exciting.

Los indios de hoy en Latinoamérica representan las civilizaciones *conquistadas.*
The Indians of today in Latin America represent the *conquered* civilizations.

Eché los vasos *rotos* a la basura.
I threw the *broken* glasses in the trash.

Los libros *impresos* en Alemania valen mucho.
The books *printed* in Germany are valuable.

Esta forma, también, sirve para introducir la proposición o cláusula principal de una oración en español. En este caso, la frase con un participio indica que hay una acción ya terminada. Como una faceta estilística, este uso del participio pasado se ve principalmente en la escritura. Ya que exploramos el estilo español, es justo incluir ejemplos de esta formación aquí.

Ejemplos

Acabados dos juegos, los equipos viajaron al otro estadio.
Two games *finished*, the teams traveled to another stadium.

La guerra *terminada,* los soldados celebraron.
The war *ended,* the soldiers celebrated.

Expulsados los españoles, los colonos no establecieron países unidos.
Having expelled the Spaniards, the colonists did not establish united states.

Las mujeres, *influidas* por el discurso, levantaron una protesta.
The women, *affected* by the speech, started a protest.

GRAMMAR NOTES

Recall from Unidad 4 that the regular endings for the past participle are *-ado* and *-ido.* Since these endings end in *o,* you can see how the agreement of these adjectives-made-from-verbs maintain consistency with the people, places, things, and ideas they modify.

*dinero **ganado**   juegos **perdidos***   *sala **pintada**   casas **construidas***

Naturally, there are exceptions. Irregular past participles retain their irregular forms even when acting as adjectives:

ventana **rota** (from *romper*)   ensayo **escrito** (from *escribir*)

puertas **abiertas** (from *abrir*)   huevos **revueltos** (from *revolver*)

escenas **vistas** (from *ver*)   ángeles **caídos** (from *caer*)

palabra **dicha** (from *decir*)   libros **impresos** (from *imprimir*)

Note that even the irregular past participles change their endings to agree with the nouns they modify.

Práctica

Choose the appropriate form of the participle/adjective and write it in the space in each sentence as shown in the examples. Notice the context in which the participle is used.

Aquí está la lista de las personas ___invitadas___ a la boda. (invitadas, invitada)

Algunos deportistas muy ___adorados___ en México son los jugadores de fútbol. (adorados, adoradas)

1. La fiesta _____ para celebrar la victoria del equipo fue cancelada. (planeadas, planeada)

2. Vamos a buscar una tienda _____. Necesito película. (abierto, abierta)

3. ¡Uf! Cortar la caña es trabajo muy _____. (aburrido, aburrida)

4. Los guaraníes de Panamá eran casi _____ por los españoles. (destruidos, destruida)

5. Los billetes _____ para la lotería no son caros. (vendidos, vendida)

6. A veces, la lengua _____ difiere de la lengua _____. (hablado, hablada / escrito, escrita)

7. _____ los movimientos de la independencia, los revolucionarios huyeron del país. (fracasada, fracasados)

8. _____ por el comité, la exposición incluyó el arte precolombino. (Organizado, Organizada)

9. La balsa aquí es auténtica, _____ en México. (hecho, hecha)

10. No todas las mujeres _____ en las compañías internacionales son bilingües. (empleadas, empleada)

Choices

Read the following examples. First, fill in the blank with the past participle/adjective of the infinitive given in parentheses. Clues to the context are sometimes provided by the other sentence(s). Then revise each sentence by choosing alternative words to replace the participle form of the verb in parentheses. *It is not necessary to fill in all the blanks for choices.* Write your revised sentences on a separate sheet of paper. You may have to change the original sentence slightly to accommodate your choices.

> __Terminada__ la guerra en Cuba, no todos los soldados españoles regresaron a su patria. Muchos se quedaron en la Florida. (terminar)
>
> *Choices:* __Acabada__ , __Ganada__ , __Perdida__ .
>
> Informes __ignorados__ sobre los peligros a la salud son presagios de problemas futuros. ¿Ha desdeñado Ud. esos informes? (ignorar)
>
> *Choices:* __publicados__ , __descuidados__ , __atendidos__ .

1. Un patio _____ en el centro de la casa y rodeada de habitaciones es típico de muchas casas hispanas. (situar)

   Choices: _____, _____, _____.

2. El joven no quiere hablar con las chicas _____ en el matrimonio. Mejor que él se dedique a otros intereses. (interesar)

   Choices: _____, _____, _____.

3. Los productos _____ en este mercado son ejemplos de la artesanía indígena. (exponer)

   Choices: _____, _____, _____.

4. Para la nación es debilitante la juventud _____ a la indiferencia. Y, ¿cómo se sentirán cuando lleguen a ser adultos? (disponer)

   Choices: _____, _____, _____.

5. La embarcación de pesca, _____ por una familia de marineros, se hundió en el mar. (arrendar)

   Choices: _____, _____, _____.

6. Debido al suministro _____ de medicinas, hasta el médico se acudió al curandero. Quería aprender más de las plantas medicinales. (limitar)

   Choices: _____, _____, _____.

7. Me gustan los mercados _____ los domingos en los Estados Unidos. En mi país, no se abren las tiendas los domingos. (abrir)

   Choices: _____, _____, _____.

8. ¡Qué raro es ver estas pinturas _____ durante siglos. Han sido protegidas por las cuevas de Altamira desde 20,000 a. de C. (preservar)

   Choices: _____, _____, _____.

TAREA ESCRITA

Ahora, escriba por lo menos cuatro oraciones sobre su vecindario o ciudad. Se puede utilizar algunas frases de los ejercicios como modelo para sus oraciones. Al fin, compare sus oraciones con las de otros estudiantes.

Continuación

Complete el siguiente párrafo sobre la emancipación de los sexos en el mundo del trabajo. Utilice los verbos en la lista, cambiándolos a participios/adjetivos. Se puede sustituir los verbos de la lista con otros, pero guarde el sentido del párrafo.

Las mujeres, anteriormente _____ a quedarse en casa, han entrado en el mundo del

trabajo. Hoy, las responsabilidades _____ por el sexo han ido cambiándose. Tanto los

hombres como las mujeres han disfrutado de la emancipación de las ideas y actitudes _____.

Los hombres _____ pueden trabajar en casa mientras sus esposas trabajan afuera. Hay

muchos hombres _____ como enfermeros y en otros oficios antes _____

para mujeres. Después de todo, las divisiones _____ del pasado ya no existen en gran parte,

y todos han beneficiado.

Lista: anticuar, acostumbrar, designar, dividir, emancipar, emplear, marcar

PRÁCTICA AVANZADA

Escoja un tema de interés sobre las actitudes o las costumbres sociales que están cambiándose. Escriba por lo menos cuatro oraciones, utilizando los pretéritos como adjetivos. Trate de emplear cambios de persona, conjunto y contexto.

Respuestas

In this exercise, you will use participles as adjectives in response to a question or statement. Study the examples, paying close attention to the context of the sentence. Complete the exercise by referring to the English words and the infinitive in italics. To avoid direct translation, the English words are given out of order. Some items begin with a few words in Spanish to help you along.

—Mire cuántas figuras hay en ese templo antiguo de los aztecas.

—Sí, es la biblioteca. Allí están simbolizados importantes aspectos de la cultura azteca.

(yes,/library/it is. / there/of the aztec/important aspects/are/culture.   *simbolizar*)

—¿No es cierto que este vecindario ha cambiado mucho?

—Cómo no. Las obras realizadas por el gobierno han sido asombrosas.

(of course. / by the government/astonishing/the works/have been.   *realizar*)

1. —En Madrid me dijeron que podemos quedarnos en una habitación medieval. ¿Cómo?

    —Muchos paradores _____.

    (many inns/during the Middle Ages/to the public/were famous/open.   *abrir*)

2. —¡Qué camisa tan elegante! Me gusta mucho. Es muy diferente.

    —Gracias. _____.

    (thanks. / a guayabera/it's. / they're/along the coasts/very well/of the Caribbean.   *conocer*)

3. —Estás animado por tu viaje al río Amazonas, ¿no?

    —Sí, _____.

    (yes,/we're/routes/going/ancient mariners/to follow/by   *navegar*)

4. —La ciudad de México queda a gran altitud en la meseta central del país.

    —Claro, pero _____.

    (of course, but/Quito/and Cuzco/even more/are.   *elevar*)

5. —Me gusta mucho ir de compras en Las Ramblas aquí en Barcelona.

    —A mí también. _____.

    (me, too. / I/the stores/in the outdoors/especially/like.   *abrir*)

6. —¿Dónde está ese auto nuevo de que me has hablado tanto?

    — _____.

    (not/it's/here. / mine/the car/is/near the corner.   *estacionar*)

Aplicación

Escriba un breve informe sobre unos edificios famosos en España. Utilice el párrafo en inglés para reunir detalles que puede utilizar en su párrafo. Luego, consulte la lista de palabras para vocabulario útil.

Contexto

Dominated by the Moors for almost eight centuries, Spain is a country influenced heavily by the Arabic culture. Especially influenced was the style of architecture. Many structures in Spain have elements contributed by both cultures, Hispanic and Arabic, called *arábigo-hispano* in Spanish. An example of this influence is the Giralda tower constructed in the twelfth century in Sevilla. The mesquite, also, is a typical example of this mixed style, especially the patio surrounded by doorways which lead to many different parts of the building.

Lista: árabe, arquitectura, mezquita, moros, pórticos, torre

EXPERIENCIAS

En un papel, escriba por lo menos cuatro oraciones sobre un edificio que le gusta mucho o que detesta. Después, compare sus oraciones con los modelos y con las de otros estudiantes.

II. El participio para indicar acciones y condiciones progresivas

Forma y contexto

Ya que hemos revisado los hechos pasados, vamos a explorar cómo los hispanos expresan las acciones o condiciones *en progreso* (que están ocurriendo) y que sirven para el contexto de una oración. Aquí prestamos atención a la acción como un contexto para el sentido principal de la oración. Es posible empezar una oración con frases o cláusulas subordinadas que describen o proveen el contexto. Con estas posibilidades, las ideas del orador o escritor no tienen límites. Además, esta frase o cláusula subordinada puede colocarse en varias posiciones dentro de la oración, con tal de que el sentido sea claro. Por ejemplo, considere la siguiente oración:

Sí: La niña, *bailando felizmente en el jardín,* pisotea las preciosas flores.

Sí: *Bailando felizmente en el jardín,* la niña pisotea las preciosas flores.

No: La niña pisotea las preciosas flores *bailando felizmente en el jardín.*

La frase, *bailando felizmente en el jardín,* utiliza el participio presente, o sea, el gerundio, y describe las acciones en progreso de la niña. Pero en el tercer ejemplo, la frase está lejos de lo que describe y resulta en la confusión porque indica que las flores están bailando, no la niña. Así que, hay que tener cuidado de emplear estas frases claramente para no confundir al lector. Examine los siguientes ejemplos:

Ejemplos

Aquí me encontraste, *contemplando* la furia del mar.
Here you found me, *contemplating* the sea's fury.

Entró enfadado, *tirando* papeles por todas partes.
He came in angry, *throwing* papers everwhere.

Así pasaban la tarde, *charlando, leyendo* revistas y *bebiendo* limonadas.
And thus they spent the afternoon, *chatting, reading* magazines, and *drinking lemonade.*

GRAMMAR NOTE

Unlike the past participle, the ending of the present participle does not change, since it refers to the verb, not the noun: *entró ... tirando papeles.* Let's review its construction and the few irregularities:

Present participle of regular **-ar** verbs add *-ando* to the stem of the verb; **-er** and **-ir** verbs add *-iendo* to the stem: *cantar, cantando; comer, comiendo; vivir, viviendo.*

The odd ones are *ir,* **yendo**; and others, such as *influir, construir, caer,* and *leer,* that add *-yendo* to the stem (*influyendo, cayendo*).

Práctica

Convert the infinitive at the end of each sentence to the present participle form and write it in the space in each sentence as shown in the examples. Then underline the word or phrase that the present participle is describing. Notice the context in which the present participle is used.

   ___Tocando___ los ritmos favoritos, los <u>mariachis</u> andan por la plaza. (tocar)

   La procesión pasa, con veinte <u>hombres</u> ___sosteniendo___ la carroza. (sostener)

1. _____ el patio, la familia hispana goza mucho de la naturaleza. (mirar)

2. Los niños van _____ tiempo con los juegos electrónicos. (perder)

3. El policía perseguía al joven que iba _____ el auto a gran velocidad. (conducir)

4. _____ de salvar a la niña, el marinero perdió el barco en el mar. (tratar)

5. Los turistas pasaron media hora en el banco, _____ los cheques americanos. (cambiar)

6. _____, los indios expresan su interés en la vida social del país. (votar)

7. Los jóvenes se divierten mucho, _____ a bailar la salsa en la discoteca. (aprender)

8. _____ mayor atención a sus estudios, Mariela mejoró sus calificaciones. (prestar)

9. Los padrinos tienen un papel importante, _____ consejos y regalos a sus ajihados. (dar)

10. _____ el hijo mayor, yo me encargué de hacer los arreglos para el aniversario de mis padres.   (ser)

Escenario

Llene los espacios para completar el diálogo en que dos estudiantes describen lo que pasó cuando regresaban de vacaciones durante un huracán. Al final del diálogo hay una lista de las selecciones para cada espacio. Las selecciones corresponden a las letras que siguen los espacios.

—Y así, _____[a] por la costa, oímos las noticias. Los meteorólogos habían identificado

un huracán _____[b] en el Atlántico y _____[c] a México. Llamado Jorge,

les oí por la radio _____[d] al huracán como una tormenta de fuerza histórica. De pronto

percebía mis planes _____[e].

—Bueno, pasamos una noche _____[f] de llamar a nuestras familias por teléfono.

—Pues, _____[g] seguros en la península, nos quedamos allí, _____[h]

por un día entero a ser rescatados. Nos sacaron finalmente y regresamos a casa.

Selecciones:

[a] compartiendo, conduciendo; [b] creciendo, haciendo; [c] dirigiéndose, andando; [d] descubriendo, describiendo; [e] convirtiéndose, cambiándose; [f] tratando, buscando; [g] estando, siendo; [h] esperando, mirando

Tarea escrita

Ahora, escriba por lo menos cuatro oraciones sobre una tormenta u otro fenómeno de la naturaleza que Ud. ha experimentado. Se puede utilizar algunas frases de los ejercicios como modelo para sus oraciones. Al fin, compare sus oraciones con las de otros estudiantes.

Choices

Read the following examples. First, fill in the blank with the present participle of the verb given in parentheses. Clues to the context are sometimes provided by the other sentence(s). Then revise each sentence by choosing alternative words to replace the present participle used as an adjective or adverb. *It is not necessary to fill in all the blanks for choices.* Write your revised sentences on a separate sheet of paper. You may have to change the original sentence slightly to accommodate your choices.

   __Conduciendo__, se goza de la belleza de nuestro país. La patria se aprecia mejor cuando recorremos sus territorios en carro. (conducir)

Choices: __viajando__, __caminando__, __volando__.

Los campesinos sólo se ganaban la vida __trabajando__ en las haciendas. Pues, no tenían tierras propias. (trabajar)

Choices: __quedándose__, __viviendo__, __labrando__.

1. _____ esos mercados, vimos varios productos indígenas. Una visita corta no es

suficiente para apreciar la artesanía. (visitar)

Choices: _____, _____, _____.

2. Conocí a unos artistas mexicanos, _____ retratos en San Miguel de Allende. Prefiero conocer al pintor cuando compro un cuadro.   (pintar)

    Choices: _____, _____, _____.

3. "Estamos aquí en Galicia _____ evitar las lluvias. ¡No es un lugar conveniente para llevar zapatos nuevos!" Saludos, D.W.G.   (tratar de)

    Choices: _____, _____, _____.

4. Ella llegó a ser famosa _____ las noticias del día por la televisión.   (leer)

    Choices: _____, _____, _____.

5. _____ sus ídolos indígenas, algunos indios mantienen la fe primitiva. La cuestión de la religión politeísta no terminó con la conquista.   (adorar)

    Choices: _____, _____, _____.

6. La capital de México es enorme, _____ cada vez más con la llegada de más habitantes. (crecer)

    Choices: _____, _____, _____.

7. Los obreros, _____ aún otro rascacielos, dejaban de sentir orgullo en sus esfuerzos. (construir)

    Choices: _____, _____, _____.

8. No debes creer a ese chico, _____ chismes a todo el mundo. Un día de esos se arrepentirá de ser chismoso.   (contar)

    Choices: _____, _____, _____.

PRÁCTICA AVANZADA

Escoja un tema de interés sobre la vida en una gran ciudad o en un pueblito. Escriba por lo menos cuatro oraciones, utilizando los participios presentes. Trate de emplear cambios de persona, conjunto y contexto.

Aplicación

Escriba una lista de los encantos y las molestias de la vida diaria. Utilice las indicaciones en inglés como modelo para el informe.

Contexto	Español
Waiting in line in the cafeteria.	... en el comedor de la escuela.
Waiting for your turn in the bathroom.	... turno ...

Relaxing with a good book and an apple.	... con ...
Dancing with your significant other.	... novio (novia).
Being in the right place at the right time.	... afortunado ...
Enjoying life to the fullest.	... de la vida ...
Losing your favorite CD.	... disco compacto ...
Having a few good and true friends.	... pocos ... verdaderos

EXPERIENCIAS

En un papel, escriba por lo menos cuatro oraciones más sobre los encantos y las molestias de la vida. Después, compare sus oraciones con los modelos.

III. El participio para expresar continuación

Forma y contexto

En la segunda unidad, se habla de algo que comienza en el pasado pero que no tiene fin determinado. Pues, con el participio presente, se puede expresar el sentido de la continuación. Por lo general, se utiliza un verbo —por ejemplo, *continuar, seguir, quedarse, ir, salir, venir, llevar*— y el participio presente de otro verbo. De esta manera, la cultura hispana distingue entre las acciones con detalles específicas.

Ejemplos

Los administradores *continúan peleando* con los estudiantes sobre las nuevas restricciones.
The administrators *continue fightng* with the students over the new restrictions.

Nos quedamos hablando toda la noche.
We kept talking all night long.

Ellos *siguieron dirigiéndose* hacia el accidente, a pesar de las advertencias.
They *continued heading* toward the accident in spite of the warnings.

Los jesuitas trataban de convertir a los poblanos al catolicismo y *siguen convirtiéndolos* hasta la fecha.
The Jesuits tried to convert the villagers to Catholicism, and they *continue converting them* to this day.

Llevamos dos días *estudiando* este capítulo.
We've been studying this chapter for two days.

GRAMMAR NOTE

The present participle is similar to the infinitive in that object and reflexive pronouns may be attached to the end. As a result, an accent mark is needed to indicate the correct stress on the word.

Infinitive: *¿La carta? Bueno, voy a **escribirla** mañana.*

Present Participle: *¿La carta? Sí, estoy **escribiéndola** ahora mismo.*

Add this bit of knowledge to the use of the present participle to express continuation, and the result is a range of possibilities for expressing yourself:

*Los libros estaban dispersos por el suelo mientras el gerente iba **identificándolos**.*

Velázquez *llevó* treinta y siete años *pintando* la familia real.

Note that in constructions with *llevar, pasar,* and similar verbs, the length of time, either definite or indefinite, is usually specified.

Práctica

Convert the infinitive at the end of each sentence to the present participle form and write it in the space in each sentence as shown in the examples. Notice the context in which the present participle is used.

Al contrario de lo que dicen las noticias médicas, muchos jóvenes siguen <u>requemándose</u> en la playa. (requemarse)

Los turistas se entusiasmaron y estuvieron <u>aplaudiendo</u> después del flamenco. (aplaudir)

1. Los colonos españoles seguían _____ a los indios en las minas de plata. (explotar)

2. Algunos grupos de granjeros llevan décadas _____ a la tecnología moderna. (negar)

3. Por segunda vez, los deportistas continuaron _____ después de la decisión del árbitro. (pelear)

4. En los países hispanoamericanos, los políticos siguen _____ la cuestión de la unificación. (discutir)

5. Mire que sus amigos van _____ de forma cómica. Se parecen a payasos. (vestirse)

6. No he descansado ni un minuto en el hospital. Pues, pasé toda la tarde _____ visitas. (recibir)

7. ¿Por qué sigues _____ estos aretes? Sabes muy bien que no te gustan. (ponerse)

8. Durante Semana Santa, la procesión se adelanta _____ por las calles de Sevilla. (culebrear)

9. Los niños se quedaban _____ en el jardín, mientras los adultos entraron en la casa. (divertirse)

10. Los partidarios opuestos al gobierno manejaban por los pueblos _____ boletines políticos. (repartir)

Escenario

¡Todo se cambia!

Llene los espacios para completar el diálogo entre alguien que ha faltado muchas clases y otro estudiante. Al final del párrafo hay una lista de las selecciones para cada espacio. Las selecciones corresponden a las letras que siguen los espacios.

—_____[a] el horario, ¿qué pasa?

—¿No supiste? Alguien _____[b] las campanas para señalar los cambios de clase. Los administradores sospechan que hay un "hacker" que _____[c] los programas computarizados.

—Y, ¿qué _____[d] los directores? ¿_____[e] el horario sin el sistema electrónico?

—¡Qué va! _____[f] que se canse el "hacker". Los administradores, con la ayuda del congreso estudiantil, _____[g] el caso.

Selecciones:

[a] siguen cambiando, dejan cambiando; [b] entiende interrumpiendo, va interrumpiendo; [c] sigue alterando, se queda admirando; [d] van haciendo, se quedan reaccionando; [e] vienen estableciendo, continúan manteniendo; [f] continúan esperando, van pidiendo; [g] siguen preguntando, siguen investigando

TAREA ESCRITA

Ahora, escriba por lo menos cuatro oraciones sobre alguna actividad clandestina, tal como la de un "hacker". Se puede utilizar algunas frases de los ejercicios como modelo para sus oraciones. Al fin, compare sus oraciones con las de otros estudiantes.

Choices

Read the following examples. First, fill in the blank with the present participle of the verb given in parentheses. Clues to the context are sometimes provided by the other sentence(s). Then revise each sentence by choosing alternative words to replace the present participle used to express a continued action. *It is not necessary to fill in all the blanks for choices.* Write your revised sentences on a separate sheet of paper. You may have to change the original sentence slightly to accommodate your choices.

> Durante los días de la corrida en Pamplona, los hombres todavía siguen __corriendo__ delante de los toros. (correr)
>
> *Choices:* __tirándose__, __huyendo__, __arriesgándose__.
>
> Los turistas van __comprando__ artículos y recuerdos sin cesar debido a la devaluación de la moneda. Por eso, se ha mejorado la economía local. (comprar)
>
> *Choices:* __adquiriendo__, __llevando__, __examinando__.

1. España sigue _____ las mejores naranjas. Este año, la cosecha cuenta entre las más abundantes. (producir)

    Choices: _____, _____, _____.

2. Por días los cielos han continuado _____ y acabando con la feria. Ese clima tan feo ha hecho que la gente cancele sus planes de ir a la feria. (llover)

    Choices: _____, _____, _____.

3. Los niños iban _____ jugar al béisbol. Esperan algún día poder jugar profesionalmente. (aprender a)

    Choices: _____, _____, _____.

4. De mis amigos, nadie continúa _____. No queremos perjudicar la salud. (fumar)

    Choices: _____, _____, _____.

5. A mis hermanas les encantaba tanto la alta costura que se quedaron toda la tarde _____ la ropa de los diseñadores más famosos. (ponerse)

    Choices: _____, _____, _____.

6. El perro suyo lleva tres días _____ a mi gatito. Deténgalo. (perseguir)

    Choices: _____, _____, _____.

Continuación

Complete el siguiente párrafo sobre la Semana Santa en Sevilla. Utilice un verbo de la lista A y uno de la lista B para expresar la continuación. No es necesario utilizar todos los verbos. Se puede sustituir los verbos de las listas con otros, pero guarde el sentido del párrafo.

En la celebración de Semana Santa en Sevilla, un suceso muy interesante es la procesión por las calles. Los hombres _____ en los hombros las carrozas enormes. Ellos _____ las carrozas sin poder ver adónde andan. Sólo reciben instrucciones de un conductor. Muchos _____ de ropa negra para simbolizar sus pecados. _____ por las calles con los pies descalzos. La gente _____ casi hasta la madrugada.

Lista A: continuar, ir, quedarse, seguir, venir

Lista B: andar, cargar, celebrar, llevar, ponerse, vestirse

Escoja un tema de interés sobre cómo se festeja un día de fiesta en su comunidad. Escriba por lo menos cuatro oraciones, utilizando el participio presente para expresar la continuación. Trate de emplear cambios de persona, conjunto y contexto.

 IV. ¡Escriba con estilo!

SELECCIONES DE MODO

Explicación y modificaciones

Lea la primera selección de abajo. Busque las palabras difíciles en un diccionario y apúntelas en un cuaderno de nuevas palabras. Analice la construcción de las oraciones para entender el sentido o significado básico del autor, y la función estilística de los dos participios (el pasado y el presente). También, examine la primera modificación basada en la selección original. Es una composición nueva con solamente sustituciones de vocabulario.

Selección original:

«Cansado de jugar «al Tigre» ..., Mario se ha salido al portón del fondo de la quinta y allí bajo el sol meridiano y apoyado en uno de los viejos pilares, mira la calle esperando pacientemente que el otro (su hermano), encaramado aún en la rama más alta de una higuera ..., se canse (del juego) ... cuando un espectáculo inesperado le llena de agradable sorpresa.» (Pasaje de "El potrillo roano" de Benito Lynch en *Galería hispánica*, ed. por Robert Lado et al., pág. 258.)

Primera modificación:

Agotado de jugar «al Solitario», Juan se ha ido al porche del fondo de la villa y allí bajo el sol de mediodía e inclinado en uno de las antiguas columnas, ojea el camino esperando resignado que el mayor (su hermano), asentado aún en el tronco más alto de un higo, se aburra del juego, cuando una diversión imprevista le ocupa con una agradable anticipación.

Ahora, examine la segunda modificación. Es un ejemplo de la tarea de esta sección: escribir una nueva composición basada en su selección de algunos párrafos de estilo literario.

Segunda modificación:

Interesado en jugar a los naipes, el chico ha entrado en la sala del fondo de la casa y allí bajo el alumbrado moderno y sentado en una de las sillas antiguas, examina las paredes esperando lánguidamente que el padre, ocupado aún en un negocio muy importante de su compañía lo acabe, cuando una voz delicada le toca con agradable dulzura.

Análisis:

Aquí tiene una mezcla de las formas con que Ud. ha practicado en esta unidad: el resultado de acción (*cansado, encaramado, apoyado*) y la coloración con el progresivo (*esperando*). Note que esta palabra *esperando* es el punto de equilibrio entre las dos secciones de todas las selecciones: la acción pasada (*se ha salido, se ha ido, ha entrado*) y la dinámica producida por algo inesperado (*cuando un espectáculo, cuando una diversión, cuando una voz*).

TAREA ESCRITA

Ahora, escriba en un papel una composición nueva basada en la selección original con sustituciones de vocabulario. Mantenga la forma y las ideas de la original. Después, trate de escribir otra composición semejante sobre un tema de interés personal. Se puede cambiar el vocabulario necesario para expresar sus propias ideas.

Práctica

The following are simplified versions of the selections listed below. Complete the exercises by: (1) underlining the correct form which is similar to that used in the style selections, or (2) writing the correct form of the verb given in parentheses in the space provided.

1. Madrid, (situado, situada) casi en el centro del país, sugiere un oasis (cerradas, rodeado) de tierras áridas.

2. _____ los judíos y _____ los moros, los reyes católicos iniciaron una nueva época en España. (expulsar, derrotar)

3. (Tomada, Tomando) a la niña en los brazos, la besaba alegremente y (agarrando, agarrado) la mano de mi padre, la besó también.

4. (Empleado, Empleando) un tono grave, le dijo que no tenía informes (detallados, detallando) acerca de esa persona.

5. En corto tiempo, mejoró su manera de vestirse, (valido, valiéndose) de las buenas sugerencias de su patrón.

Ejercicios

Analice las selecciones siguientes. Busque las palabras difíciles en un diccionario. Después, escriba nuevas composiciones al sustituir las palabras subrayadas. Cambie el vocabulario para expresar sus propios pensamientos. Compare sus composiciones con los modelos y con las composiciones de otros estudiantes. Si quiere, puede trabajar en un grupo o en pareja. (Mínimo: dos selecciones)

1. «La capital de España, Madrid, situada casi en el centro geográfico de la Península y rodeada de tierras áridas y hoscas, nos ofrece la inesperada sorpresa de un oasis moderno.» (*Calidoscopio español*, ed. por Robert D. O'Neal y Marina García Burdick, pág. 38.)

2. «Expulsados los judíos, derrotados los moros, se encontraron los reyes como cabezas de la última —¿o la primera?— cruzada victoriosa...» (Reino de Carlos V, *España: Síntesis de su civilización* de Jerónimo Mallo, pág. 82.)

3. «Ella <u>recibió</u> la carta de <u>libertad</u> ..., y tomando a <u>la niña</u> en <u>los</u> <u>brazos</u>, la cubrió <u>de besos</u>. <u>Asiendo</u> después una mano de mi padre, <u>tocóla</u> con sus <u>labios</u> y le acercó <u>llorando</u> a los de su hijo.» (Pasaje de *María* por Jorge Isaacs, pág. 219.)

4. «<u>Empleando</u> entonces el mismo <u>tono</u>, ... (dijo): Por mi <u>parte</u>, señorita, ayer <u>sentí</u> en <u>el alma</u> no poder <u>dar</u> a Ud. más circunstanciados <u>informes</u> sobre <u>la</u> <u>persona</u> que parece <u>interesarla</u>.» (Pasaje de *María*, pág. 57.)

5. «... en su <u>corto</u> tiempo de <u>permanencia</u> ... Rivas había <u>mejorado</u> <u>notablemente</u> sus <u>prendas</u> del <u>vestuario</u>, valiéndose de una <u>industria</u> indicada por Rafael San Luis... <u>De este modo</u> podía ya <u>presentarse</u> con <u>decencia</u> necesaria, habiendo <u>dejado</u> ocho pesos para <u>atender</u> a sus otros <u>gastos</u> <u>mensuales</u>.» (Pasaje de *Martín Rivas,* por Blest Gana, pág. 60.)

V. Vocabulario

EJERCICIO DE VOCABULARIO

En esta unidad, Ud. ha buscado los significados de varias palabras. Ahora, vamos a ampliar el vocabulario al examinar las relaciones entre familias de palabras. También vamos a ver cómo se puede extender el significado mediante la correspondencia de un conjunto de palabras. Se presentan unas cuantas familias y conjuntos a continuación. En los conjuntos, las palabras subrayadas son sinónimos o antónimos. Para entenderlas mejor, consulte un diccionario.

Familias	**Conjuntos**
rama/ramada/ramaje/ramal	apoyar/gravitar/descansar/sostener/<u>ignorar</u>
espectáculo/espectacular/especta dor/espectacularidad	encaramar/levantar/ encarecer/alabar/<u>bajar</u>
portón/portada/portal/portazo/portería	dulzura/bondad/docilidad/<u>amargura</u>
dulzura/dulce/dulcificar/dulzón	pared/muro/muralla/<u>portal</u>

Familias y conjuntos

INSTRUCCIONES: El vocabulario de una lengua consiste, en gran parte, en agrupaciones o conjuntos de palabras. Estilísticamente, el escritor necesita una familia grande de palabras para desarrollar sus pensamientos. Experimente con las palabras de algunas familias o algunos conjuntos de arriba.

TAREA ESCRITA

En un papel, escriba por lo menos cuatro oraciones sobre un tema y use cualesquiera de las frases anteriores que Ud. prefiera.

Familias y conjuntos

En las selecciones y los ejercicios anteriores, aparecen otras familias de palabras con que Ud. puede practicar. Aquí se indica el valor gramatical de las palabras: verbo, sustantivo, adjetivo, adverbio, etc.) Busque otros ejemplos en un diccionario. Escriba oraciones sobre sus experiencias o sobre las experiencias de otros conocidos. (Mínimo: cuatro oraciones)

nominar	nominado	nominación	nombre	nómina
(verbo	sustantivo	sustantivo	sustantivo	sustantivo)

orar	oración	orador	orante	oral	oratorio
(verbo	sustantivo	sustantivo	adjetivo	adjetivo	sustantivo, adjetivo)

desplazar	desplazo	desplazado	desplazamiento
(verbo	sustantivo	adjetivo	sustantivo)

Palabras en contexto

Observe las combinaciones de las siguientes familias y sus clasificaciones. Note que se identifican las palabras mediante su sentido o sus usos, no por su descripción gramatical. El sentido de una palabra depende, en mayor parte, de nuestro entendimiento de su uso en la oración. Busque el significado de las palabras desconocidas.

tratar	trato	tratante	tratamiento	tratado	tratable	trata
(acción	asunto, acuerdo	persona	método	asunto, resultado	condición	asunto)

parar	parada	paradero	parado	parador
(acción	estación, acción	estado	condición	lugar)

Tarea escrita

Ahora, describa a algunos jóvenes o miembros de su familia de manera personal, empleando algunas palabras de la sección de vocabulario.

VI. Grammar as Culture and Style

In Unidad 2 it was demonstrated how an action, which was in progress at a certain point in time, is handled in the Hispanic culture (*estar* + present participle). Unidad 4 presented the concept of the compound tense, using the past participle with a helping verb to describe a situation in one time frame, which had reference to another that had happened previously. In this unit, we explore the use of past and present participles as descriptors (adjectives and adverbs) in the Spanish-speaking world. These descriptors indicate conditions that result from an action either in the past or the present. One section deals with the past participle in the role of an adjective *(las puertas cerradas)*. Note that *cerradas* fulfills its role as an adjective, and agrees in number and gender with the noun it modifies. Note also that irregular past participles, in their role as adjectives, also agree in number and gender with the word or words they describe.

Past participles have other uses as well, in addition to being adjectives. For example, they may introduce adjective phrases or clauses:

1.   With a preposition of time *(una vez, ya, apenas, después, antes)*, the past participle concentrates on the completion rather than the results: ***Apenas comenzado,*** *el concierto fue interrumpido por un estallido.*

2.   Placed at the beginning of a clause using the object of the action, the past participle conveys the sense that one thing has been completed, and another will or may begin: ***Comprados los dulces,*** *los niños salieron de la tienda.*

3.   The past participle gives a sense of the action while being used as an adjective: *Los juegos* ***realizados*** *durante la huelga no cuentan en la temporada autorizada.*

4.   The past participle is used in passive constructions (see Unidad 15).

The progressive or present participle is also used as an adjective, but more often gives the flavor of something going on, without using a conjugated verb: *Aterrizando en Dallas, el avión patinó sobre la lluvia que había caído en la pista.* vs. *El avión aterrizó en Dallas y patinó...* Placement of the adjective phrase must be done carefully, otherwise confusion may result or even produce humorous reactions:

>   *Hablando con el vecino, María acariciaba el perrito.* (clear)

>   *María acariciaba el perrito, hablando con el vecino.* (unclear; Was the puppy or María talking?)

The other use of the present participle in its "action" sense as an adverb is to describe the means, course, time, or condition of other actions.

1.   "*Flying* over time boundaries, one gains or loses time."

2.   "He was caught *leaving* the scene of the accident."

3.   "They were happy *dancing* together."

4.   "*Enjoying* his visit thoroughly, he did not want to leave."

Placement of the adjective or adverb phrase or clause must be done carefully; otherwise, the phrase or clause may result in confusion or even produce humorous reactions:

>   *Hablando con el vecino, María acariciaba el perrito.* (clear)

>   *María acariciaba el perrito, hablando con el vecino.* (unclear; Was the puppy or María talking?)

When object pronouns are associated with the action in progress, they are attached to the end of the present participle: *Las jóvenes en el desfile pasaron con muchas flores,* ***tirándolas*** *a la gente.*

LA VOZ PASIVA Y LOS MODOS REFLEXIVOS

I. *Se:* Pronombre reflexivo

A. El pronombre reflexivo como objeto

Forma y contexto

Los hispanoparlantes explican varios asuntos, especialmente las acciones, sin dar enfoque directo al actor o al agente, si hay alguno. Este es el sentido pasivo, y la lengua lo refleja mediante diferentes maneras. De mayor uso es la voz pasiva con *se* y el verbo activo. Observe cómo se utiliza esta forma pasiva en los ejemplos siguientes.

Ejemplos

No *se explica* el accidente en los periódicos.
The accident *wasn't explained* in the newspapers.

Se presenta la película a las seis.
The movie *is shown* at six.

Se destruyeron muchos edificios en el terremoto.
A lot of buildings *were destroyed* by the earthquake.

GRAMMAR NOTE

The reflexive pronoun *se,* together with an active verb, reflects the concept of something being done without specifying the doer—that is, the agent. This construction has become the most widely used way to express the passive in the Spanish-speaking world. Very frequently, this passive construction begins a sentence (especially a short one, as seen in the examples above), although introductory expressions should precede the passive form. More often than not, it precedes the object. When the object is plural, the verb in the passive construction is plural, also. The reflexive substitute for the passive is used in all tenses in Spanish.

Práctica

Choose the appropriate form of the reflexive as passive and write it in the space in each sentence as shown in the examples. Notice the context in which the construction is used.

<u>Se establecieron</u> varias reglas sobre el comportamiento de los estudiantes. (Se establecieron, Están estableciendo)

Al traducir de una lengua a otra, <u>se pierde</u> algo del significado. (se perdería, se pierde)

1. En esta escuela _____ colas para asistir a muchas funciones. (se forman, se beben)

2. El Castillo de Chapultepec en México _____ como escuela militar. (se luchaba, se usaba)

3. _____ limpiado todas las estatuas en el museo de arte regional. (Se han, Se están)

4. Aquí en esta escuela _____ chistes regularmente. (se cuentan, se cuestan)

5. _____ muchos servicios públicos en las afueras de Lima. (Se mejoraron, Se alzaron)

6. _____ muchos galeones llenos de riquezas durante el período colonial. Ahora, los buceadores los están buscando. (Se hundieron, Se pintaron)

7. No _____ ninguna ventana cuando los estudiantes tiraban bolas de nieve a la casa. (se limpiaba, se quebró)

8. En los mercados al aire libre, _____ productos agrícolas y artísticos. (se venden, se vienen)

9. La semana pasada _____ de pronto los estandartes para la competencia en matemáticas. (se cambiaban, se elevaron)

10. En un pueblo de la Mancha, _____ el molino de viento al que "lanceó" don Quijote. (se preserva, se están desmantelando)

Escenario

Fijándose en las reglas

Llene los espacios para completar el diálogo entre un turista y el empleado de un teatro. Al final del diálogo hay una lista de las selecciones para cada espacio. Las selecciones corresponden a las letras que siguen los espacios.

—Un momento, señor. No _____[a] grabadoras en el teatro.

—¿Es una regla nueva? ¿Por qué no _____[b] las reglas en alguna parte?

—Ud. se ha equivocado, señor. _____[c] las reglas en muchas publicaciones. Mire que en este casillero _____[d] las grabadoras y las cámaras. Por favor, deje su equipo aquí antes de entrar.

—Pero, no quiero que _____[e] mi grabadora.

—No se preocupe. _____[f] todas las cosas contra ladrones. Ahora, señor,

_____[g] el telón. Pase usted.

Selecciones:

[a] se permite, se permiten; [b] se alquilan, se anuncian; [c] Se han publicado, Se han arreglado; [d] se rompen, se guardan; [e] se me robe, se me permita; [f] Se protege, Se protegen; [g] se levantan, se levanta

Tarea escrita

Ahora, escriba por lo menos cuatro oraciones sobre una conversación en el cine, el estadio u otro lugar que tenga reglas para el público. Se puede utilizar algunas frases de los ejercicios como modelo para sus oraciones. Al fin, compare sus oraciones con las de otros estudiantes.

Choices

Read the following examples. First, fill in the blank with the correct passive form with *se*, using the infinitive given in parentheses. Clues to the context are sometimes provided by the other sentence(s). Then revise each sentence by choosing alternative words to replace the verb used in the passive construction. *It is not necessary to fill in all the blanks for choices.* Write your revised sentences on a separate sheet of paper. You may have to change the original sentence slightly to accommodate your choices.

Sólo ___se habían jugado___ tres partidos antes de la huelga de los deportistas. (jugar)

Choices: ___se terminaron___, ___se habían ganado___, ___se perdieron___.

Desde el aire ___se ven___ algunas figuras gigantescas en el desierto del Perú. No era posible que los artesanos hubieran visto sus obras finales. (ver)

Choices: ___se observan___, ___se pueden distinguir___, ___se destacan___.

1. "El cóndor pasa" es una canción que _____ en el Perú. Es popular porque está basada en una antigua melodía incaica. (tocarse)

   Choices: _____, _____, _____.

2. ¿_____ paquetes por correo aéreo en esta ventanilla? Necesito enviar estas cosas tan pronto como sea posible. (mandar)

   Choices: _____, _____, _____.

3. En la actualidad, _____ las responsabilidades de los padres entre los sexos. Ahora se rechazan los estereotipos. (compartir)

   Choices: _____, _____, _____.

4. _____ el volcán Orizaba desde muchísimos lugares de México. Es el pico más

alto de México. (ver)

Choices: _____, _____, _____.

5. Espero que me manden pronto las solicitudes para la universidad. Si no _____ en

mayo, tardarán demasiado en llegar. (enviar)

Choices: _____, _____, _____.

6. Hace muchos siglos, _____ la Giralda en Sevilla de dos estilos: el árabe y el

español. Las dos culturas contribuyeron sus propios elementos únicos. (construir)

Choices: _____, _____, _____.

7. _____ bebidas alcohólicas en los partidos de fútbol. Esta prohibición es necesaria

para impedir las peleas. (prohibir)

Choices: _____, _____, _____.

8. A la llegada de los españoles al Perú, _____ informes de su presencia. Los indios

de otras tribus comunicaron las noticias. (comunicar)

Choices: _____, _____, _____.

Continuación

Complete el siguiente párrafo sobre las figuras en los llanos de Nasca en el Perú. Utilice la construcción de la voz pasiva con *se*. Se puede sustituir los verbos de la lista con otros, pero guarde el sentido del párrafo.

Un día nos llevaron en avión a observar unas figuras enormes que _____ del aire como animales. Estas figuras _____ en épocas preincaicas, pero no sabemos exactamente cuándo fueron hechas ni quiénes las hicieron. _____ algunas teorías sobre sus orígenes. Una teoría tiene que ver con seres extraterrestres. Como base de este punto de vista, _____ planes exactos y la capacidad de observar los diseños desde una gran altura. En estas figuras _____ la teoría moderna con el pasado místico. ¡Qué emocionante!

Lista: formar, hacer, mezclar, necesitar, saber, ver

PRÁCTICA AVANZADA

Escoja un tema de interés sobre un fenómeno inexplicable, por ejemplo, los platillos volantes. Escriba por lo menos cuatro oraciones, utilizando la forma pasiva con *se*. Trate de emplear cambios de persona, conjunto y contexto.

B. La forma pasiva con personas como objetos

Forma y contexto

Una persona puede ser el objeto de acciones sin saber el actor o agente. La persona afectada aun parece ser el actor, pero no es así. Para decirlo simplemente, el actor está sobreentendido en esas expresiones. Considere el ejemplo: *Se nombró a la señorita Mijares como la maestra del año.* En esta oración, la señorita Mijares recibe el beneficio de la acción, *nombrar,* pero no sabemos quién es el agente, o sea, no sabemos quién la nombró. Esta forma se usa siempre en la tercera persona singular y se requiere la *a* personal antes de la persona que recibe la acción.

Ejemplos

Se presentó al guitarrista con una fanfarria increíble.
The guitarist was introduced with an incredible fanfare.

Se corrió a los empleados que no estaban satisfechos con el gerente.
The employees who weren't satisfied with the manager *were fired.*

Choices

Read the following examples. First, fill in the blank with the correct passive form with *se*, using the infinitive given in parentheses. Clues to the context are sometimes provided by the other sentence(s). Then revise each sentence by choosing alternative words to replace the verb used in the passive construction. *It is not necessary to fill in all the blanks for choices.* Write your revised sentences on a separate sheet of paper. You may have to change the original sentence slightly to accommodate your choices.

   __Se eligió al__ presidente, por primera vez, democráticamente. Sin embargo, no votaron tantos como podían. (elegir)

Choices: __Se seleccionó al__ , __Se inauguró al__ , __Se derrumbó al__ .

En todas las tribunales, __se condena a__ los ladrones lo más pronto posible. Una vida de crímenes tiene sus consecuencias a fin de cuentas. (condenar)

Choices: __se encarcela a__ , __se juzga a__ , __se enjuicia a__ .

1. En Sudamérica, _____ los indios durante el dominio colonial de los españoles. (explotar)

   Choices: _____, _____, _____.

2. En las escuelas, no _____ los estudiantes delincuentes. Cuando los jóvenes cometen faltas, siempre hay alguien para ayudarlos. (abandonar)

   Choices: _____, _____, _____.

3. Según la policía, no _____ los terroristas por sus rehenes. No deben ganar los terroristas por sus víctimas. (pagar)

   Choices: _____, _____, _____.

4. Durante la feria, _____ los turistas a todas las fiestas particulares. Todos recibieron una invitación para gozar de la celebración de carnaval. (invitar)

    Choices: _____, _____, _____.

5. Ayer _____ mi hermano el premio mayor. Lo merecía mucho por sus estudios y su trabajo como voluntario. (presentar)

    Choices: _____, _____, _____.

6. Muchas veces _____ María que ella lleve a su hermano a la playa. Pero, tan pronto como llegan, él se pone molesto. (obligar)

    Choices: _____, _____, _____.

7. De vez en cuando, _____ los estrellas del deporte como superiores a la ley. Pero la realidad ha probado que siempre han sido seres humanos como los demás. (considerar)

    Choices: _____, _____, _____.

8. Raras veces _____ autor del poema cuando se canta "Guantanamera". Hoy en día, muchos no saben quién era José Martí. (mencionar)

    Choices: _____, _____, _____.

PRÁCTICA AVANZADA

Escoja un tema de interés sobre la fama o el estado anónimo. Escriba por lo menos cuatro oraciones, utilizando la construcción pasiva con personas como objetos. Trate de emplear cambios de persona, conjunto y contexto.

Respuestas

In this exercise, you will use the passive construction in response to a question or statement. Study the examples, paying close attention to the context of the sentence. Complete the exercise by referring to the Spanish phrases in parentheses and the infinitive in italics.

—¿Por qué se trata a Pablo con tanto desdeño?

—Bueno, no es posible que se respete a un dormilón en la clase.

(bueno,/en la clase/no es posible/un dormilón   *respetar*)

—No son adecuados los servicios públicos en las regiones rurales en muchos países.

—Es cierto. Además, se considera a los médicos con desconfianza.

(es cierto. / los médicos/con desconfianza/además   *considerar*)

1. —¿Dónde estaban los fugitivos cuando los policías los encontraron?

   _____

   (finca/en una/lejana/los fugitivos.   *esconder*)

2. —¿Por qué hay un artículo sobre Amalia en el periódico?

   _____

   (Amalia/por rescatar/de un incendio/a unos niños.   *honrar*)

3. —¿Qué han publicado últimamente acerca de la depresión?

   _____

   (anualmente/de cada cien/seis/individuos/en los Estados Unidos.   *afectar*)

4. —¿Qué hizo el concejo municipal cuando llegaron los ministros del gobierno?

   _____

   (la llave/ellos/de la ciudad/primero.   *dar*)

5. —Hijita mía. ¿Por qué le prestaste tus ahorros a ese chico que no conoces bien?

   _____

   (por/habría/cualquiera/su manera de ser.   *engañar*)

Aplicación

Escriba un informe sobre las actitudes de los estadounidenses hacia las guerras. Utilice las indicaciones en inglés como modelo para el informe.

Contexto	Español
Generally, wars were supported in the U.S.	En general ...
Naturally, people were divided in the Civil War.	... la Guerra Civil.
They opposed entering World War I until the *Lusitania* was sunk.	... oponían a ... el *Lusitania*.
When Pearl Harbor was attacked, reaction was strong.	... Pearl Harbor ... las reacciones ...
The U.S. was drawn into World War II.	... la Segunda Guerra Mundial ...
Neither the Korean war nor the Vietnam war was won by the U.S.	Ni la guerra en Corea ...
Public support of the armed forces was heightened during a recent conflict.	El apoyo público ...
Presidents have not always been supported in their decisions about war.	... los presidentes ... decisiones ...

En un papel, escriba por lo menos cuatro oraciones sobre algún conflicto verdadero o ficticio que condujo a la guerra. Después, compare sus oraciones con los modelos y con las de otros estudiantes.

II. El pasivo: La forma regular

Forma y contexto

Ahora vamos a examinar la construcción pasiva regular. No se usa tanto en español como se usan las otras formas. Cuando describen al actor o agente, los hispanos usan la construcción activa más que la pasiva. Note el contraste entre las frases siguientes:

> Activa: Los votantes *eligieron* al candidato favorito del primer distrito.
>
> Pasiva: *Se eligió* al candidato favorito del primer distrito.
>
> Pasiva: El candidato favorito *fue elegido* por los votantes en el primer distrito.

En la construcción activa, se ve claramente el agente *(los votantes)* y el objeto *(el candidato)*. En la primera construcción pasiva, se sobreentiende *votantes*, y el sentido de esto se ve en la expresión: *del primer distrito*. En la segunda construcción pasiva, se identifican los electores, *los votantes*. Así, se expresa el actor o agente con la preposición *por.*

Algunas veces, cuando se sobreentiende el actor o agente, los hispanos simplemente no lo expresan. Pero, si es importante identificar al actor o agente, se expresa por medio de una frase con *por* y, raras veces, con *de.* (Vea la advertencia acerca del acuerdo necesario con esta construcción en la "Grammar Note".)

Ejemplos

> Las becas *son conferidas* en la primavera por muchas universidades.
> Scholarships *are conferred* in the spring by many universities.
>
> El partido de béisbol *fue postergado* por el árbitro cuando empezó a llover.
> The baseball game *was delayed* by the umpire when the rain started.
>
> Estos ensayos *han sido escritos* por los alumnos de primaria.
> These essays *have been written* by the grade-school students.

GRAMMAR NOTE

The regular passive construction in Spanish has more to it than just a reflexive pronoun and a verb. It uses the appropriate tense of *ser,* the appropriate past participle (matched to the gender and number of the object or, in English, the subject) and sometimes a prepositional phrase with *por* (and only occasionally *de*) to express the agent of the action in the verb (participle). This pattern is not used that much by Hispanic people in conversation. The pattern is not superfluous, however, because the "real" passive is needed for clarity and style, too, quite often in writing. Let's review quickly:

ser (any tense) **+ past participle** (in agreement with) **+ object of verb +** (sometimes) **por + actor(s)**

Note: *por* + the agent/actor is not always required if it is understood by just about anyone or if the agent is irrelevant to the principal thought in the sentence. For example, *En el derrumbe, fueron enterradas muchas casas.* The other parts of the sentence can be arranged as stylistic form requires. Note that in any case, the past participle agrees in number and gender with the object. Of course, to make your writing interesting and varied, the passive construction adds variety; however, it should never be overused. The active voice has more punch.

Práctica

Change the infinitive in parentheses to the regular passive construction and write it in the space in each sentence as shown in the examples. Notice the context in which the passive construction is used, with or without the expression of the agent with *por*.

Muchos caminos de España ___fueron construidos___ por los romanos. (construir)

Después de la conquista, los incas ___fueron utilizados___ para todo el trabajo en las minas y las tierras. (utilizar)

1. Después de inspeccionar la casa, Raúl averiguó que no _____ el servicio de plata por el ladrón. (robar)

2. Aun en la actualidad, debido a la falta de dinero, muchos niños _____ servicios para la salud. (negar)

3. Según mi novio, en nuestro matrimonio, no _____ las responsabilidades ni por papel ni por sexo. Las compartiremos igualmente. (dividir)

4. En México algunas pirámides _____, unas encima de otras, como había sido la costumbre en las épocas antiguas. (construir)

5. Las aguas del río _____ por sustancias químicas tóxicas. Los niveles de contaminación han sido alarmantes. (contaminar)

6. Es una lástima que la tierra _____ a mano en muchas regiones pobres. A la gente les faltan las máquinas agrícolas modernas. (cultivar)

7. Ni Cortés ni Pizarro _____ virreyes. Las intrigas políticas les rodeaban. (proclamar)

8. José Martí _____ todavía por la mayoría de los cubanos. (querer)

9. A menos que _____ el baile por el director, quiero llevarte. He oído rumores de que el director está disgustado con los estudiantes. (cancelar)

10. En mi último viaje por avión, mis maletas _____ a otra ciudad por la aerolínea. (mandar)

11. Después de años, _____ las conversaciones del presidente expulsado. Estarán en las librerías dentro de poco. (publicar)

12. La primera novela en castellano _____ por Cervantes. Claro está llegó a ser más conocido por *Don Quijote*. (escribir)

13. En esta escuela hay consejeros para cada interés o necesidad. _____ al mejor futuro posible para los estudiantes. (dedicar)

14. ¿Qué cosa mala le ha pasado a la familia de Rosario? La casa _____. (vender)

15. Estoy enfadado de que no haya habitaciones de lujo en el hotel. _____ por los futbolistas durante la semana del campeonato. (reservar)

Escenario

España en la historia

Llene los espacios para completar el párrafo sobre unos acontecimientos en la historia de España. Al final del párrafo hay una lista de las selecciones para cada espacio. Las selecciones corresponden a las letras que siguen los espacios.

Hasta casi la segunda década del siglo VIII, España _____[a] por los moros. Estos habían invadido la península desde sus tierras en el África. La primera victoria de la reconquista española

_____[b] por el rey Pelayo en Covadonga. Pelayo _____[c] por los pocos nobles cristianos todavía libres de la ocupación árabe. Ya sabemos que la última reconquista

_____[d] por los reyes católicos, Fernando e Isabel. Esto sucedió antes de que las Américas

_____[e] _____[f] Cristóbal Colón.

Selecciones:

[a] fue invadido, fue invadida; [b] era ganada, fue ganada; [c] fue elegido, había sido elegido; [d] había asegurado, fue asegurada; [e] fue descubierta, fueron descubiertas; [f] por, de

Tarea escrita

Ahora, escriba por lo menos cuatro oraciones sobre un líder histórico importante de las Américas. Se puede utilizar algunas frases de los ejercicios como modelo para sus oraciones. Al fin, compare sus oraciones con las de otros estudiantes.

Choices

Read the following examples. First, fill in the blank with the regular passive construction, using the infinitive given in parentheses. Clues to the context are sometimes provided by the other sentence(s).

Then revise each sentence by choosing alternative words to replace the verb used in the passive construction. *It is not necessary to fill in all the blanks for choices.* Write your revised sentences on a separate sheet of paper. You may have to change the original sentence slightly to accommodate your choices.

Después del huracán, las redes telefónicas ___serán restauradas___ por el gobierno. Tantas líneas caídas demorarán la restauración del servicio. (restaurar)

Choices: ___serán conectadas___, ___serán renovadas___, ___serán limitadas___.

En tiempos antiguos, muchos herejes ___fueron perseguidos___ por la Inquisición. Ellos no aceptaron la fe oficial. (perseguir)

Choices: ___fueron matados___, ___fueron encarcelados___, ___fueron atormentados___.

1. La guerra entre España e Inglaterra _____ por el oro y la plata de América. Sin tanta riqueza, muchas cosas habrían sido diferentes. (financiar)

   Choices: _____, _____, _____.

2. Los judíos _____ de España por Fernando e Isabel en el siglo XV. Expulsaron a mucha gente de diferentes culturas. (expulsar)

   Choices: _____, _____, _____.

3. En los Estados Unidos muchas parejas _____ después de pocos años. Se separan algunos casados sin tener en cuenta sus juramentos. (divorciar)

   Choices: _____, _____, _____.

4. En el Siglo de Oro _____ el teatro por Lope de Vega y por Calderón de la Barca. No se disminuyó mucho su influencia a través de los siglos. (enriquecer)

   Choices: _____, _____, _____.

5. Para que el proyecto _____ a buena hora, trabajamos sin parar todo el fin de semana. (terminar)

   Choices: _____, _____, _____.

6. Es posible que los aparatos eléctricos _____ por el rayo. Es posible que ese rayo haya dañado el cortacircuitos. (romper)

   Choices: _____, _____, _____.

7. En general, los dictadores siempre _____ por la libertad. Siempre han restringido la prensa, por ejemplo. (intimidar)

   Choices: _____, _____, _____.

8.   Cada año muchos jóvenes _____ por algunos estudiantes que les parecen amigos.

No se trata así a los verdaderos amigos. (engañar)

Choices: _____, _____, _____.

Continuación

Complete el siguiente párrafo sobre varias víctimas antiguas. Utilice la construcción pasiva y, cuando sea necesario, la preposición *por* para indicar el agente o los agentes. Se puede sustituir los verbos de la lista con otros, pero guarde el sentido del párrafo.

Cuando los aztecas _____ por los españoles, también

_____ a poner fin a la práctica del sacrificio humano. El pueblo azteca era muy

belicoso. Cuando los prisioneros _____ _____ los aztecas, muchos

_____ _____ sus mismos captores. En estas ocasiones, las víctimas

_____ algunas veces hasta la cumbre de una pirámide en Tenochtitlán, la capital

azteca. Allí el corazón _____ con un cuchillo de vidrio. Pero hasta los guerreros

aztecas llegaron a ser víctimas. _____ como esclavos _____ los españoles.

Lista: capturar, conquistar, llevar, obligar, quitar, utilizar, victimizar

PRÁCTICA AVANZADA

Escoja un tema de interés sobre una cultura indígena. Escriba por lo menos cuatro oraciones, utilizando la construcción pasiva. Trate de emplear cambios de persona, conjunto y contexto.

III. Otros usos del reflexivo: Verbos y pronombres
A. Los usos fundamentales del verbo reflexivo
Forma y contexto

Hasta ahora se ha examinado la manera de expresión pasiva que utiliza la forma gramatical y algunas sustituciones basadas en la palabra *se*. Se usa esta palabra en diferentes situaciones comunicativas en el mundo hispano. Entonces, se puede examinar el uso de la palabra mediante los significados reflexivos. Esto quiere decir, en general, que una acción del sujeto refleja directamente en el sujeto mismo, es decir, el sujeto es agente y objeto a la vez: *La abuela se levanta de la silla.*

Se forma el reflexivo con el verbo en activo y uno de los pronombres personales (*me, te, se, nos, os*). Estudie la nota gramatical a continuación para saber más detalles sobre el verbo reflexivo y sus usos.

En general, mediante las formas reflexivas, los hispanos pueden comunicarse en muchísimas maneras para expresar sus pensamientos y quehaceres. En algunos casos, el verbo siempre es reflexivo (por ejemplo, *atreverse*). En otros casos, la forma reflexiva añade un sentido diferente al significado fundamental de una palabra (por ejemplo, la diferencia entre *hacer* y *hacerse*). La forma reflexiva es muy útil para los anuncios públicos y las instrucciones generales: *Se entra por detrás. Regístrense para las elecciones.*

Ejemplos

Tu hermano *se atrevió* a subir la montaña.
Your brother *dared* to climb the mountain.

Uds. deben *prepararse* bien para el campeonato.
You ought to *prepare yourselves* well for the championship.

Generalmente *me levanto* temprano porque *me acuesto* temprano.
Generally, *I get up* early because *I go to bed* early.

El béisbol *se ha hecho* muy popular en Nicaragua.
Baseball *has become* very popular in Nicaragua.

Sin duda, los niños *se quejarán* de su castigo.
Undoubtedly the children *will complain* about their punishment.

GRAMMAR NOTE

Let's review the various meanings of the reflexive verb in Spanish. There are two parts to it: (1) reflexive verbs and (2) the reflexive pronouns used to create other connotations.

Reflexive Verbs

1. Some verbs are always reflexive: *quejarse, arrepentirse, atreverse, tullirse,* etc. (Others are listed at the end of the unit.)

2. Other conditions and/or connotations:

a. **Reflecting the subject** (to, for, at oneself): *me veo, me compro, te olvidas*

b. **Action taken by the subject on or to oneself** (especially when the action taken refers to articles of clothing or to the body): *lavarse, afeitarse, bañarse*

c. **Action taken when the self is understood**: *levantarse, despedirse, acostarse, ponerse*

d. **Variation which gives special meaning to the understood self**: *llamarse, dormirse, morirse*

3. Accentuating or adding interest: *quedarse, desayunarse, comerse, irse*

4. Impersonal expressions when the result of the verb is more indirect to the self: *olvidarse (de), ocurrirse (a), caerse*

5. Announcements: *Se venden boletos. Se habla español.*

6. General instructions: *Quítense la basura. Inscríbase hoy.*

Reflexive Pronouns

1. *Se* + almost any verb, to express the passive voice.

2. Reciprocal (to, for each other): *se* + almost any verb and two or more subjects: *Las hijas se abrazan. Se cuentan chistes los niños.* (Sometimes a phrase such as *entre sí* or *uno a otro* is needed for clarity.)

3. With reflexive verbs (*me, te, se, nos, os, se*): *me atrevo, te arrepientes*

Práctica

Choose the appropriate form of the reflexive and write it in the space in each sentence as shown in the examples. Notice the context in which the reflexive form is used.

Lope de Vega ___se hizo___ sacerdote después de la muerte de su esposa. (se hizo, se hará)

En México no ___se burlaban___ de mis errores linguísticos. (se burlaban, se burlaba)

1. En la oscuridad de la cueva en Altamira, no pude _____ en el cuadro. (fijarse, fijarme)

2. Pocos jóvenes rebeldes _____ a sí mismos como nosotros los vemos. (se ven, se visten)

3. Durante las vacaciones, los hijos no _____ generalmente hasta las once. (se levantaron, se levantaban)

4. Nosotras hoy _____ como "bikers". (nos vestimos, nos vestíamos)

5. Inmediatamente después de pelear con mi novia, _____. (me arrepiento, me arrepentí)

6. Los españoles llevaban barbas porque era difícil _____ entre batallas. (se afeitaban, afeitarse)

7. El niño tropezó corriendo en el pasillo y _____ como un globo de plomo. (se caerá, se cayó)

8. Me gustan los pantalones de los gauchos que _____ tanto. (se abolsan, se abolsarán)

9. Después de la clase, siempre _____ de la maestra en español. (nos despedimos, nos despediremos)

10. Siempre _____ de dar de comer al perro. Ese perro ha de ser mío, no tuyo. (se olvida, te olvidas)

Escenario

Un día típico

Llene los espacios para completar el párrafo sobre un día típico en casa antes de ir a la escuela. Al final del párrafo hay una lista de las selecciones para cada espacio. Las selecciones corresponden a las letras que siguen los espacios.

Generalmente, _____ [a] a las seis. Me gusta escuchar la radio un poco antes de

_____ [b]. Luego, _____ [c] para _____ [d]. Si

_____ [e] tarde, tengo que esperar hasta que _____ [f],

_____ [g] y totalmente _____ [h] mi hermana mayor.

_____ [i] en el baño casi una hora, todos los días. ¡Qué lata! Entonces,

_____ [j] antes de _____ [k]. En mi familia todos _____ [l]

juntos. Poco después, _____ [m] a la escuela.

Selecciones:

[a] levanto, me despierto; [b] me levanto, levantarme; [c] me levanto, se levanta; [d] bañar, bañarme; [e] me levanto, me acuesto; [f] se bañe, se acueste; [g] se levante, se peine; [h] se visite, se vista; [i] se quedó, se queda; [j] me visto, vestirme; [k] me desayuno, desayunarme; [l] nos desayunan, nos desayunamos; [m] me saldré, me voy

TAREA ESCRITA

Ahora, escriba por lo menos cuatro oraciones sobre un sábado o un lunes típico. Se puede utilizar algunas frases de los ejercicios como modelo para sus oraciones. Al fin, compare sus oraciones con las de otros estudiantes.

Choices

Read the following examples. First, fill in the blank with the correct form of the verb given in parentheses. Clues to the context are provided by the other sentence(s). Then revise each sentence by choosing alternative words to replace the verb in parentheses. *It is not necessary to fill in all the blanks for choices.* Write your revised sentences on a separate sheet of paper. You may have to change the original sentence slightly to accommodate your choices.

Las tropas ___se desbandaron___ ante el ataque feroz de los enemigos. (desbandarse)

Choices: ___se separaron___, ___se huyeron___, ___se apartaron___.

Con esfuerzos y sacrificios, ésta ___se pondrá___ la mejor compañía comercial del mundo. Se necesita mayor esfuerzo para hacerse famosa. (ponerse)

Choices: ___se hará___, ___llegará a ser___, ___se atreverá a ser___.

1. _____ mi padre mucho por los gastos de la universidad. Le voy a recompensar por los

    sacrificios que ha hecho por mí. (abnegarse)

    Choices: _____, _____, _____.

2. Siendo tarde, Enrique _____ al correr por la entrada de la clase. Le protegió la

    alfombra de mucho daño. (tumbarse)

    Choices: _____, _____, _____.

3. Lástima que tantos propietarios _____ del gobierno. Tal vez tengan razón si los

    impuestos vuelvan a subir. (quejarse)

    Choices: _____, _____, _____.

4. ¡_____! El examen es para hoy, no para mañana. No estoy preparado.

    (equivocarse)

    Choices: _____, _____, _____.

5. Julio _____ el abrigo de golpe y salió corriendo tras el autobús. Ni siquiera tomó el

    desayuno. (ponerse)

    Choices: _____, _____, _____.

6. Estos chicos _____ los mejores cantantes del mundo y sí son, ¡si los demás se ponen

    los audífonos! (creerse)

    Choices: _____, _____, _____.

7. _____ mucho la influencia de la Iglesia en algunos países sudamericanos. No ha sido

    realista la religión que no reconozca los cambios de la vida. (cambiarse)

    Choices: _____, _____, _____.

8. El capitán _____ en el jefe enemigo y lo atacó. Lo vieron los otros y lanzaron al

    ataque. (fijarse)

    Choices: _____, _____, _____.

Continuación

Complete el siguiente párrafo sobre los fines de semana. Utilice las formas reflexivas. Se puede
sustituir los verbos de la lista con otros, pero guarde el sentido del párrafo.

   Si _____ tarde la noche de viernes, no _____ muy temprano el sábado.

Algunas veces no quiero _____. ¿Qué hay de malo en no tener hambre por la mañana? Los

fines de semana siempre me _____ ropa vieja y arrugada si no tengo que ir a una tienda, o si no _____ con mis amigos. ¡Un día de estos voy a _____ rico y

_____ de trapos!

Lista: acostarse, desayunarse, hacerse, levantarse, ponerse, reunirse, vestirse

PRÁCTICA AVANZADA

Escoja un tema de interés sobre los pasatiempos o el tiempo libre. Escriba por lo menos cuatro oraciones, utilizando la forma reflexiva. Trate de emplear cambios de persona, conjunto y contexto.

B.   Otros usos del reflexivo

Forma y contexto

Ahora, mediante los ejercicios, se explorará los verbos que cambian de significado cuando se usan en la forma reflexiva, por ejemplo: *dormirse, aburrirse, sentarse, colocarse.*

Práctica

Choose the appropriate form of the reflexive and write it in the space in each sentence as shown in the examples. Pay special attention to the context of the sentence in which the reflexive verb is used.

     __Se durmió__ dos veces durante la ópera. (Se durmió, Se dormía)

     El novio de mi hija __se come__ todo lo que le prepara mi esposa. (se comió, se come)

1. En la clase, Jorge _____ siempre opuesto a las discusiones. (se mostraría, se muestra)

2. Al oír del accidente, _____ pronto el padre a buscar a su hijo. (se fue, se ve)

3. No _____ los españoles en el trabajo manual. (se interesaran, se interesaban)

4. En los Andes, los campesinos _____ andinos. (se llaman, se llama)

5. El niño ávido _____ el anzuelo del embebecerse de las artes. (se tragó, se trajo)

6. Por su belleza, la cantante _____ muchos piropos al andar en el parque. (se ha llevado, se engañó)

7. Al oírme gritando como loco, los ladrones _____ y salieron corriendo de la casa. (me asusté, se asustaron)

8. Ojalá que mis alumnos no _____ de mis cuentos del pasado. (me aburra, se aburran)

9. En su acto, el domador _____ delante del león sin tener nada para defenderse. (se coloca, se colocará)

10. Si no encuentro algo de comer, _____ de hambre. Lo más probable es que bajaré de peso. (me murió, me moriré)

Ahora, escriba por lo menos cuatro oraciones utilizando algunos verbos de la Práctica. Se puede utilizar algunas frases de los ejercicios como modelo para sus oraciones. Al fin, compare sus oraciones con las de otros estudiantes.

Choices

Read the following examples. First, fill in the blank with the correct form of the verb given in parentheses. Clues to the context are provided by the other sentence(s). Then revise each sentence by choosing alternative words to replace the verb in parentheses. *It is not necessary to fill in all the blanks for choices.* Write your revised sentences on a separate sheet of paper. You may have to change the original sentence slightly to accommodate your choices.

Usted puede ___servirse___ a su gusto. No hay prisa. (servirse)

Choices: ___irse___, ___salirse___, ___bañarse___.

A mí ___me llaman___ "Profesor". Me dieron ese apodo porque leo tantos libros. (llamarse)

Choices: ___me han nombrado___, ___Se refieren a mí como___, ___me gritan___.

1. Espero que Uds. _____ de la enfermedad común en ese país. No se olviden de pedir agua purificada, hasta para limpiarse los dientes. (guardarse)

   Choices: _____, _____, _____.

2. Dentro de tres meses, _____ esquiando en los Pirineos. Siendo novicios en el deporte, probablemente nos quebraremos algo. (divertirse)

   Choices: _____, _____, _____.

3. El día de "tianguis" en México, mucha gente _____ trajes tradicionales por costumbre. Algunos continúan llevando esa ropa, pero muchos prefieren los trajes modernos. (ponerse)

   Choices: _____, _____, _____.

4. Después de la conquista de México, _____ los sacrificios humanos. Luego empezaron las muertes debido a las enfermedades europeas. (pararse)

   Choices: _____, _____, _____.

5. _____ de la fecha del cumpleaños de mi novia y, ¡se me enfadó! Siendo humano, soy falible. Por eso, no me recordé. (olvidarse)

   Choices: _____, _____, _____.

6. Sí puedo reunirme contigo a las ocho. Mi programa favorito _____ a las siete y media. (acabarse)

   Choices: _____, _____, _____.

7. Los domingos para los hispanos son días en que _____ las familias. Es agradable andar en el parque con toda la familia. (pasearse)

Choices: _____, _____, _____.

8. ¡Qué va! Los deportistas _____ todos los refrescos. ¿Es que tenían tanta sed? (beberse)

Choices: _____, _____, _____.

PRÁCTICA AVANZADA

Escoja un tema de interés sobre los clubes o las asociaciones. Escriba por lo menos cuatro oraciones, utilizando las formas reflexivas de los verbos. Trate de emplear cambios de persona, conjunto y contexto.

C. Otros usos del reflexivo: Anuncios e instrucciones

Forma y contexto

Ya estamos deteniéndonos en la exploración de significados reflexivos. Ahora, continuemos con algo más sencillo: los anuncios, las instrucciones, las acciones espontáneas y las relaciones recíprocas (entre uno y otro). Hay semejanzas con el sentido pasivo.

Ejemplos

Se prohíbe fumar en el hospital.
No smoking in the hospital.

A Juan *se* le *quebró* la pierna esquiando peligrosamente.
John *broke* his leg skiing dangerously.

Escríbase la información solamente en inglés.
Write the information only in English.

Los veteranos *se mostraban* sus condecoraciones.
The veterans *showed each other* their medals.

Las hermanas *se abrazaron* al enterarse de la tragedia.
The sisters *hugged one another* on learning of the tragedy.

Práctica

Choose the appropriate reflexive form and write it in the space in each sentence as shown in the examples. Notice the context in which the reflexive form is used.

___Se reventó___ una llanta y chocamos con un árbol. (Se reventó, Se reventaba)

___Se entra___ por la puerta de la derecha. Camine con cuidado. (Se entró, Se entra)

1. Ahora _____ en los vuelos para el extranjero. (se embarcan, se embarcaban)

2. _____ precipitadamente el mercado de valores. (Se caía, Se cayó)

3. Entre los novios, _____ el uno a la otra con las palabras y las miradas.

    (se acariciaban, se alejaban)

4. Durante un huracán _____ la nave española, *Nuestra Señora de Atocha*. Fue un

    desastre. (se hundirá, se hundió)

5. Al arquero del equipo de fútbol _____ el tobillo cuando se lanzó hacia el balón.

    (se lo quebró, se le quebró)

6. Aquí _____ español. Consulte con nuestros abogados bilingües.

    (se habla, se está hablando)

7. Con un golpe militar, _____ el gobierno del país. (se cambiaba, se cambió)

8. Con su poca sabiduría, temo que él _____ el anzuelo de un mentiroso. (se trague,

    se tragará)

9. Que _____ los votantes en líneas por su distrito y su nombre. (se ponen,

    se pongan)

10. Esos hermanos siempre _____ contra los prejuicios futuros. (van a defenderse,

    se defendieron)

TAREA ESCRITA

Ahora, escriba por lo menos cuatro oraciones que sirven para anuncios o instrucciones a los estudiantes en su escuela. Se puede utilizar algunas frases de los ejercicios como modelo para sus oraciones. Al fin, compare sus oraciones con las de otros estudiantes.

Choices

Read the following examples. First, fill in the blank with the correct reflexive form of the verb given in parentheses. Clues to the context are provided by the other sentence(s). Then revise each sentence by choosing alternative words to replace the verb in parentheses. *It is not necessary to fill in all the blanks for choices.* Write your revised sentences on a separate sheet of paper. You may have to change the original sentence slightly to accommodate your choices.

> Durante el verano __se alquilan__ cuartos solamente por semana. Las rentas están elevadas, también. (alquilar)
>
> *Choices:* __se limpian__ , __se arriendan__ , __se ofrecen__ .
>
> De broma, __se decían__ mentiras los gemelos aunque eran iguales sus pensamientos. Gozaron mucho de tratar de engañarse, el uno al otro. (decir)
>
> *Choices:* __se contaban__ , __se relataban__ , __se repetían__ .

1. _____ en España y nos encontramos otra vez por casualidad en Nueva York. Otra

    vez nos divertimos con ellos. (despedirse)

    Choices: _____, _____, _____.

2. Por costumbre, _____ los buenos amigos al encontrarse. Se expresan con mucha emoción. (abrazarse)

   Choices: _____, _____, _____.

3. Al ver la sangre, _____ el niño. Se volvió en sí después de una hora. (desmayarse)

   Choices: _____, _____, _____.

4. No _____ el coche frente a la estación de bomberos. Esto puede causar un accidente. (detenerse)

   Choices: _____, _____, _____.

5. No se _____ bailar delante de la iglesia durante ese festival. Los sacerdotes no quieren que se practiquen las costumbres no religiosas. (poder)

   Choices: _____, _____, _____.

6. Al subir el telón, _____ el mago sin sostén visible. Había de ser una ilusión realizada con espejos. (levantarse)

   Choices: _____, _____, _____.

7. _____ pedidos comerciales por detrás del hotel. Hay que entregarlos por otra puerta, por favor. (recibirse)

   Choices: _____, _____, _____.

8. Los buenos esposos _____ uno por el otro. El cuidar al otro indica la madurez de uno. (sacrificarse)

   Choices: _____, _____, _____.

Respuestas

In this exercise, you will use the reflexive verb form in response to a question or statement. Study the examples, paying close attention to the context of the sentence. Note that you have some freedom in formulating your responses. Complete the exercise by referring to the English words and the verb in italics. You are not expected to translate the sentences directly. Some items begin with a few words in Spanish to help you along.

—Siempre están trabajando juntos los miembros de esas familias.

—Se ayudan en las familias unidas.

(In strong families, they help each other. *ayudar*)

—¿Son caros los boletos para el teatro en este pueblo?

—No, aquí se venden boletos baratos.

(They sell cheap tickets here. *vender*)

1. —¡Caramba! ¡Qué puerta tan grandiosa! No hay manera de abrirla.

    —Claro. _____.

    (You're right. We go in that little one on the right.   *entrar*)

2. —¿Por qué están corriendo tantas personas en la plaza?

    —¿No oíste? _____.

    (Didn't you hear? The bishop fainted.   *desmayar*)

3. —¿No quieres ponerte la chaqueta nueva hoy?

    —¿Qué? ¡Hoy! _____.

    (What? Today! Lockers get cleaned out!   *limpiar*)

4. —¿Cuántos ejercicios necesitamos escribir para la tarea?

    _____.

    (Let's read the directions on the blackboard. All of them are written there!   *escribir*)

5. —¿Cómo funciona ese mercado libre bajo las restricciones del gobierno?

    _____.

    (The small farmers trade products among themselves.   *intercambiar*)

Aplicación

Escriba una lista de las reglas y los anuncios importantes para los estudiantes recién matriculados en su escuela. Utilice las indicaciones en inglés como modelo para el informe.

Contexto	**Español**
No one can enter the building before 7 a.m.	... en la escuela ...
No running in the halls.	... en los corredores.
No smoking anywhere on campus.	... fumar ...
Place trash in trashcans.	... basura en ...
Lunch is served after your fourth-period class.	... después de ...
Nonstudents are not allowed inside the school.	... que no sean estudiantes ...

EXPERIENCIAS

En un papel, escriba por lo menos cuatro oraciones sobre las reglas y los anuncios. Después, compare sus oraciones con los modelos y con las de otros estudiantes.

IV. ¡Escriba con estilo!
SELECCIONES DE MODO

Explicación y modificaciones

Lea la primera selección de abajo. Busque las palabras difíciles en un diccionario y apúntelas en un cuaderno de nuevas palabras. Analice la construcción de las oraciones para entender el sentido o significado básico del autor, y la función estilística de la construcción pasiva o reflexiva. También, examine la primera modificación basada en la selección original. Es una composición nueva con solamente sustituciones de vocabulario.

Seleccion original:

«Yo soy <u>voluntario</u>, pero me he <u>tirado</u> <u>una plancha</u>. Lo que <u>en tiempos</u> de <u>paz</u> no <u>se hace</u> en toda <u>una vida</u> de <u>trabajar</u> como <u>una mula</u>, hoy se puede <u>hacer</u> en unos <u>cuantos</u> <u>meses</u> de <u>correr</u> <u>la sierra</u> con <u>un fusil</u> a <u>la espalda</u>.» (Pasaje de *Los de abajo* por Mariano Azuela, pág. 19.)

Primera modificación:

Yo soy <u>animado</u>, pero (me) he <u>metido</u> <u>la pata</u>. Lo que <u>en días</u> <u>sin luchas</u> no <u>se puede hacer</u> en todos <u>los años</u> de <u>labrar</u> como <u>un burro</u>, hoy se puede <u>coger</u> en unos <u>pocos</u> <u>meses</u> de <u>caminar</u> por <u>la montaña</u> con <u>un rifle</u> a <u>la mano</u>.

Ahora, examine la segunda modificación. Es un ejemplo de la tarea de esta sección: escribir una nueva composición basada en su selección de algunos párrafos de estilo literario.

Segunda modificación:

Yo soy <u>atlético</u> (atlética), pero me he <u>aflojado</u> en <u>el entrenamiento</u>. Lo que <u>durante la</u> <u>temporada</u> de <u>competencia</u> no <u>me disgusta</u> en <u>todo</u> <u>el período</u> de <u>practicar</u> como <u>un</u> <u>campeón</u>, hoy se puede hacer <u>cansador</u> en unas <u>pocas</u> <u>semanas</u> de <u>gozar</u> de <u>las fiestas</u> con una amiga (un amigo) <u>al lado</u>.

Análisis:

Aquí se ve el uso del reflexivo como pasivo en un contraste entre tiempos, desde entonces hasta el presente, (*en tiempos de paz no se hace en toda la vida, hoy se puede hacer en unos cuantos meses*). Fíjese, también, en el contraste entre las acciones por las cuales se realizan distintos resultados: *trabajar/correr; labrar/caminar; practicar/gozar.*

TAREA ESCRITA

Ahora, escriba en un papel una composición nueva basada en la selección original con sustituciones de vocabulario. Mantenga la forma y las ideas de la original. Después, trate de escribir otra composición semejante sobre un tema de interés personal. Se puede cambiar el vocabulario necesario para expresar sus propias ideas.

Práctica

The following are simplified versions of the selections listed below. Complete the exercises by: (1) underlining the correct form which is similar to that used in the style selections, or (2) writing the correct form of the verb given in parentheses in the space provided.

1. En la plaza (se encontraban, se encontraron) amigos, (se reunían, se reunieron) familias y, un día se proclamó la Independencia.

2. Los cristianos no vencidos por los árabes (se reunían, se reunieron) para iniciar la lucha contra los moros. El líder (se proclamó, fue proclamado) el rey por los nobles.

3. Se les obligó a los judíos a que _____ o _____. (convertirse, desterrarse)

4. Casals abandonó su país y (se establece, se estableció) en un pueblo que (se convirtió, se convertía) en un centro musical.

5. La clase media _____ desarrollando en Latinoamérica y sus vecindades _____ haciendo una vista común. (estar, estar)

Ejercicios

Analice las selecciones siguientes. Busque las palabras difíciles en un diccionario. Después, escriba nuevas composiciones al sustituir las palabras subrayadas. Cambie el vocabulario para expresar sus propios pensamientos. Compare sus composiciones con los modelos y con las composiciones de otros estudiantes. Si quiere, puede trabajar en un grupo o en pareja. (Mínimo: dos selecciones)

1. «En la plaza se encontraban los viejos amigos, se reunían las familias. Después del mercado, se emborracharon los pobres. Delante del cabildo, en cabildo abierto, se proclamó la Independencia.» (La plaza. *Latinoamérica: El continente de siete colores* de Germán Arciniegas, pág. 81.)

2. «Los pocos cristianos no vencidos se reunieron en el Valle de Covadonga. Allí, bajo el mando de Pelayo, lucharon contra los moros y lograron ganar la batalla de Covadonga (718). Pelayo ... fue proclamado primer rey de Asturias por los nobles y los obispos refugiados.» (Los asuntos críticos del desarrollo de España, *Calidoscopio español,* ed. por Robert D. O'Neal y Marina García Burdick, pág. 39.)

3. «A los judíos, ... se les obligó a que se convirtieran o se desterraran ... En un principio se les había permitido a los moros ciertas libertades y privilegios, incluyendo el derecho de seguir practicando sus meses para convertirse al catolicismo o ser desterrados.» (Sobre el gobierno español acerca de los 1500. *Calidoscopio español,* pág. 93-4.)

4. (Pablo Casals) «Salió de su país natal durante la guerra civil y se estableció en un pueblo en el sur de Francia que se convirtió en un centro para festivales musicales.» (Sobre la vida de Pablo Casals,

violoncelista extraordinario de Cataluña. Ref. *Historia breve de la literatura española*, Editorial Playor, pág. 722.)

5. «Con la creciente población en Latinoamérica que se están haciendo los trabajadores hábiles en la industria y el aumento de la gente profesional, la clase media se está desarrollando. Vecindades de los trabajadores de la clase media se están haciendo una vista común en todos los países.» (Ref. *Pictoral Images of Mexico today,* A teacher's guide, 1977, pág. 79.)

V. Vocabulario

EJERCICIO DE VOCABULARIO

En esta unidad, Ud. ha buscado los significados de varias palabras. Ahora, vamos a ampliar el vocabulario al examinar las relaciones entre familias de palabras. También vamos a ver cómo se puede extender el significado mediante la correspondencia de un conjunto de palabras. Se presentan unas cuantas familias y conjuntos a continuación. En los conjuntos, las palabras subrayadas son sinónimos o antónimos. Para entenderlas mejor, consulte un diccionario.

Familias	**Conjuntos**
irritar/irritación/irritante/irritable	contar/referir/narrar/relatar/callar
crecer/crecido/crecida/creciente/crecimiento	afectar/fingir/simular/aparentar/considerar
activar/actividad/activo/activista	beneficio/servicio/favor/gracia/perjuicio

Familias y conjuntos

INSTRUCCIONES: El vocabulario de una lengua consiste, en gran parte, en agrupaciones o conjuntos de palabras. Estilísticamente, el escritor necesita una familia grande de palabras para desarrollar sus pensamientos. Experimente con las palabras de algunas familias o algunos conjuntos de arriba.

TAREA ESCRITA

En un papel, escriba por lo menos cuatro oraciones sobre un tema y use cualesquiera de las frases anteriores que Ud. prefiera.

Familias y conjuntos

En las selecciones y los ejercicios anteriores, aparecen otras familias de palabras con que Ud. puede practicar. Aquí se indica el valor gramatical de las palabras: verbo, sustantivo, adjetivo, adverbio, etc.) Busque otros ejemplos en un diccionario. Escriba oraciones sobre sus experiencias o sobre las experiencias de otros conocidos. (Mínimo: cuatro oraciones)

vender	vendedor	vendimia	venduta	vendeja	// venta	ventaja	ventajoso
(verbo	sustantivo	sustantivo	sustantivo	sustantivo	// sustantivo	sustantivo	adjetivo)

ordenar	orden	ordenado	ordenanza	ordenarse
(verbo	sustantivo	participio, adjetivo	sustantivo	verbo reflexivo)

morder	mordida	mordaz	mordacidad	mordaza	mordedor
(verbo	participio, sustantivo	adjetivo	sustantivo	sustantivo	adjetivo, sustantivo)

VI. Grammar as Culture and Style

The Passive Voice

What does *passive* mean to you, not speaking up on important matters? As a part of language, it basically shows that something gets done without a particular reference to who or what got it done. In the Spanish-speaking culture, the passive voice is used very frequently. In fact, naming the agent of an action is done infrequently. When it is, it looks like this:

*La hora de exámenes **fue interrumpida por una falsa alarma** de incendios.*

(A false fire alarm [the agent] interrupted the exam period.)

Rather than use this form of the passive voice, Spanish-speaking people use the reflexive pronoun to communicate a sense of the passive. To continue the example: ***Se interumpió*** *la hora de exámenes.* Of course, the exam period didn't interrupt itself. Notice that the reflexive pattern began the sentence. That's especially true of short utterances: *Se venden boletos en la ventanilla.* Introductory expressions should, however, precede the passive construction: *Por la mañana, se oyeron cañonazos.* Also, notice that the verb agrees with the object which, in English, is the subject. The only endings for this form of the passive, are third-person singular and plural.

When the object is a person, two exceptions apply to what has been stated above: (1) the personal *a* is used before the person (remember, in the Hispanic mind, the person is the object of the verb in a passive sentence, not the subject); and (2) use only the third-person singular form of the verb. For example: *Se adora a los músicos.*

A very regular passive, using the reflexive again, is used for making announcements or giving directions. As directions, the command form is used: *Escríbanse los detalles en los espacios apropiados.*

The Reflexive Forms

Beyond the passive, there is a rich area of Hispanic culture to be mined in the "real" reflexive verbs, when the action is usually started by the actor, and the actor is the subject. It works much as the passive does except that all persons are used, no masculine or feminine agreements apply, and the richness is due to the many connotations found in the reflexive forms. See the Grammar Note for a list of uses of the reflexive verb form and the reflexive pronouns.

Some verbs are always reflexive. The following are some of them. Look for others as you expand your horizons:

quejarse	complain	**atenerse**	rely on, accept
arrepentirse	repent, regret	**arrobarse**	be entranced
tullirse	become crippled	**arrellanarse**	sprawl, lounge, be self-satisfied
gloriarse	glory (in), delight (in)	**apegarse**	become attached (to)
encapricharse	be stubborn	**atreverse**	dare (to)

Other verbs can be made to reflect the subject (to, for, or at oneself). They're made-for-yourself reflexives: *me veo, te mientes, me hablo.* (The list is endless!) Review the list of uses in the Grammar Note in the section on basic uses of the reflexive. You will find that the reflexive forms enrich the many ways to express yourself in Spanish.

LAS MODALIDADES DE OBLIGACIÓN

I. Expresiones de obligación

A. Expresiones de necesidad

Forma y contexto

¿Cuáles son sus obligaciones, deberes o quehaceres? En esta vida todos tenemos obligaciones, o sea, deberes con los cuales debemos cumplir. Los hispanoparlantes expresan obligaciones, deberes y quehaceres mediante diferentes modalidades según la importancia de la obligación. Si un asunto es necesario, podemos decir que alguien *tiene que* hacerlo. Si no es absolutamente necesario, lo expresamos como corresponde al grado de obligación. Por ejemplo, hay esperanzas que pueden considerarse como deberes. Hay que explicar aquí que se expresa el modo de obligación en todos los tiempos y modalidades lingüísticas. (Vea la lista de expresiones obligatorias en la nota gramatical y también las unidades 11, 13 y 15.)

Ejemplos

¡Canastos! *Tenemos que* regresar a casa más temprano.
Blast it! We *have to* go home earlier.

En la vida, *ha de* aceptar los cambios de buena gana.
In life, one *needs to* accept changes with good grace.

Te faltan unos dólares más por ahorrar y acabarás con la deuda.
You've only *got* a few more dollars *left* to save and you'll finish off the debt.

GRAMMAR NOTE

In the use of expressions of obligation, there are no new tenses or endings to bother about, except as the time and person dictate. In fact, you have run across many of them in other units. However, here you should look at the connotations in order to get a sense of real necessity. (In the next section, obligation is presented as a variation of expectations, responsibilities, and concerns that can influence the way we express ourselves in Spanish.)

Obligation as necessity:

tener que + infinitive = *to have to* + infinitive

deber + infinitive = *to be supposed to* + infinitive

haber que	+ infinitive	=	*to be necessary to*	+ infinitive
necesitar	+ infinitive	=	*to be necessary to*	+ infinitive
precisar	+ infinitive	=	*to be necessary to*	+ infinitive
forzar a	+ infinitive	=	*to be forced to*	+ infinitive
obligarse	+ infinitive	=	*to be obligated to*	+ infinitive
hacer falta	+ infinitive	=	*to need to, to be lacking*	+ infinitive
faltar por	+ infinitive	=	*to still . . . to be*	+ infinitive

Several expressions are formed with *ser* to express obligation:

ser necesario/preciso/obligatorio   + infinitive

ser necesario/preciso/obligatorio   + **que** + verb in the subjunctive

---

Práctica

Choose the appropriate expression of necessity and write it in the space in each sentence as shown in the examples. Notice the context in which the sense of obligation is reinforced.

___Tenemos que___ limpiar los platos antes de salir para el partido. (Tenemos que, Es preciso que)

Si prefieres comprar cosas más baratas, ___debes___ hacer comparaciones entre ellas. (ha que, debes)

1. Como siervos de los españoles, los indios _____ trabajar en las minas. (les faltaban por, tenían que)

2. Para mantener la balanza comercial internacional, _____ eliminar ciertas restricciones. (hay que, tienen que)

3. _____ leer este libro para mejorar mi calificación, pero prefiero salir con mis amigos. (Debo, Tengo que)

4. ¡Silencio, por favor! _____ montones por repasar antes del examen final. (Nos obligamos, Nos faltan)

5. _____ cambiar las monedas en una ventanilla especial en el banco. (Hace falta, Es preciso)

6. Para luchar contra la ignorancia, _____ mantener un sistema excelente de educación. (tiene que, habrá que)

7. Por falta de gasolina, los turistas _____ quedarse en el pueblo hasta que se abriera la gasolinera. (tuvieron que, debieron)

8. "Pero, señor Colón, _____ sacar a los moros de España antes de que le ayudemos." (teníamos que, hay que)

9. Por la salud, _____ vivir en un clima árido, pero mi trabajo está aquí. (debo, me obligo)

10. _____ hacer reservaciones en el hotel para la Semana Santa. (Necesitamos, Es preciso que)

11. _____ vayamos a Mérida porque los parientes de Mónica nos esperan. (Hace falta, Es necesario que)

12. A causa de su accidente, los padres de Amelia le _____ a vender su carro. (harán falta, forzaron)

13. Si me asocio con esas muchachas, _____ beber, pero no lo quiero hacer. (será obligatorio, precisarán)

14. _____ perdonarles esta injusticia en visto de lo que ya habían sufrido ellos. (Hay que, Había que)

15. Para tomar las decisiones, _____ uno se entere de todos los hechos del caso. (necesita, es preciso que)

16. Como artista, mi imaginación vuela alto, pero _____ mantener un pie sobre la tierra. (necesito, se debe)

17. Con la enorme importación nuestra, nos _____ encontrar la manera de disminuir la deuda. (es preciso, hace falta)

18. Según la nueva ley, _____ que continuemos asistiendo a la escuela para poder manejar el coche. (es necesario, falta)

19. Si la vida es breve, nos _____ a gozar de ella. (obligamos, faltan)

20. Antes de cocinar la cazuela, _____ dejar que se caliente el horno. (es obligatorio que, hay que)

Escenario

Un acuerdo mutuo

Llene los espacios para completar el diálogo entre una esposa (E) y su marido (M) sobre las responsabilidades domésticas. Al final del diálogo hay una lista de las selecciones para cada espacio. Las selecciones corresponden a las letras que siguen los espacios.

E: —Debido a mi ascenso al puesto de vice presidenta, _____[a] dividir las responsabilidades del hogar entre nosotros. No es justo que yo me _____[b] a mantener dos empleos.

M: —Tienes razón. _____ tanto _____[c] hacer que no puede hacerlo una sola

persona. _____[d] con algo. En estos días

_____[e] dejar las actitudes anticuadas sobre los sexos y sus papeles

tradicionales. Pero, no hay formularios adecuados. _____[f] proceder con cuidado.

E: —No, hombre. Lo que _____[g] hacer tú es echar la ropa sucia en el canasto. Además,

_____[h] ánimos por lavar el perro. Y, _____[i] sacar la

basura más a menudo. ¡Después, podemos formular un plan!

Selecciones:

[a] necesitamos, hacemos; [b] obligues, obligue; [c] Ha ... que, Hay ... que; [d] Debo ayudarte, Tendría que; [e] es preciso, hace falta; [f] tenemos que, forzamos; [g] tengo que, tienes que; [h] te han faltado, hacía falta; [i] es necesario que, debes

TAREA ESCRITA

Ahora, escriba por lo menos cuatro oraciones sobre cómo Ud. va a dividir el tiempo durante este fin de semana entre las diversiones y las obligaciones. Se puede utilizar algunas frases de los ejercicios como modelo para sus oraciones. Al fin, compare sus oraciones con las de otros estudiantes.

Choices

Read the following examples. First, fill in the blank with the modality of obligation indicated by the verb in parentheses. Clues to the context are sometimes provided by the other sentence(s). Then revise each sentence by choosing alternative words to replace the expression that indicates obligation. *It is not necessary to fill in all the blanks for choices.* Write your revised sentences on a separate sheet of paper. You may have to change the original sentence slightly to accommodate your choices.

La puerta estaba cerrada con llave y __tuvimos que__ entrar por una ventana. ¡Había que evitar despertar a nuestros padres! (tener que)

Choices: __era necesario__ , __nos forzó__ , __había que__ .

Para poder comprender la cultura taína, __hay que__ visitar las cuevas en el Lago Enriquillo en la República Dominicana. Es la única manera de apreciar estos símbolos pintados hace siglos. (haber que)

Choices: __es preciso__ , __uno tiene que__ , __necesitamos__ .

1. Hace pocos años, las muchachas hispanas _____ ser acompañadas en sus citas.

    En muchos países todavía no pueden salir solas con un muchacho. (tener que)

    Choices: _____, _____, _____.

2. Durante mi juventud, la familia _____ trasladarse por el empleo de mi padre. Tenía

    que trabajar en distintas regiones del país. (necesitar)

    Choices: _____, _____, _____.

3. Por conseguir el premio para nuestro club, _____ aumentar los esfuerzos. Todos

    sabemos cuánto nos falta. ¡Vamos a cumplir nuestra cuota! (haber que)

    Choices: _____, _____, _____.

4. En general, _____ mucho por ayudar a las víctimas del huracán Andrés. El gobierno se tardó

    demasiado en responder a las necesidades. (faltar)

    Choices: _____, _____, _____.

5. Aunque _____ descansar por su enfermedad, Lucía fue al baile y se desmayó. ¡Qué cabeza

    más dura! Según el doctor, ella se vería obligada a quedarse en casa por dos meses. (tener que)

    Choices: _____, _____, _____.

6. Según sus órdenes, _____ que Cortés regresara a Cuba, pero no lo hizo. Por toda la

    historia surge el héroe que ignora sus deberes y quehaceres. (ser preciso)

    Choices: _____, _____, _____.

7. Naturalmente, no es posible que _____ a los inmigrantes a aprender a hablar inglés.

    Pero, cada ciudadano estadounidense no sólo debe hablar inglés sino otro idioma también. (obligarse)

    Choices: _____, _____, _____.

8. Es imposible mirar todos los partidos de la Copa Mundial por la televisión. _____ suscribirse

    a un servicio de cable. (ser necesario)

    Choices: _____, _____, _____.

Continuación

Complete el siguiente párrafo sobre la filosofía de los aztecas hacia la muerte. Utilice las modalidades
de obligación de la lista. (Es posible utilizar una frase más de una vez.) Se puede sustituir las frases de
la lista con otras, pero guarde el sentido del párrafo.

Un concepto común de los seres humanos sobre la muerte es que todos somos _____ a

aceptarla. Según lo que creían los aztecas, _____ sacrificar a los seres humanos porque los

dioses _____ recibir la vida contenida en la sangre y en el corazón de estas víctimas. Los

aztecas creían que los dioses _____ luchar contra los elementos naturales para poder

asegurar la vida al hombre. Lógicamente, _____ que el hombre sostuviera la energía de los

dioses. Por ejemplo, Huitzilopochtli, el dios del sol, _____ luchar contra las fuerzas de la

noche, las estrellas y la luna para darle otro día de vida al hombre.

Lista: forzar, haber que, necesitar, ser preciso, tener que

PRÁCTICA AVANZADA

Escoja un tema de interés sobre una cultura que sea diferente de la suya. Escriba por lo menos cuatro oraciones, utilizando las modalidades de obligación. Trate de emplear cambios de persona, conjunto y contexto.

Aplicación

¿Se acuerda del matrimonio del Escenario? Ahora, necesitan que les ayude a escribir un plan sobre la división de las tareas domésticas. Utilice las indicaciones en inglés como modelo para el plan.

Contexto	**Español**
We agree that we have to share these tasks.	Estamos de acuerdo de que ...
We are obliged to discuss problems that need to be resolved.	Nos ... hablar de los problemas ...
Both the husband and the wife have to establish a schedule.	Tanto el esposo ... un horario.
No one forces the other else to his/her job.	Nadie ... a hacer ...
This plan lacks specific details because it's necessary to be flexible.	... los detalles específicos ...

EXPERIENCIAS

En un papel, escriba por lo menos cuatro oraciones sobre un plan para realizar un proyecto cualquiera en que los participantes comparten las tareas. Después, compare sus oraciones con los modelos y con las de otros estudiantes.

B. Otras modalidades de obligación

Forma y contexto

La explicación de la obligación empezó con expresiones de sentidos definitivamente obligatorios. Ahora se necesita explicar otras varias expresiones que son de obligaciones menos fuertes y hasta más fuertes: *Me hizo* (o *mandó) salir de la clase. Él me debe 10 dólares.* Hay, también, modismos de significados semejantes a éstas. (Véase la nota gramatical.) Otras expresiones tratan de diferentes niveles de deberes, esperanzas, intenciones y condiciones en que la obligación es más suave o puede ser supuesta. Examine los siguientes ejemplos.

Ejemplos

Ando atrasado. *Debo estar* en el consultorio del dentista ahora mismo.
I'm running late. *I'm supposed* to be at the dentist's office right now.

Todos en la clase *están esperando* que yo cante en la graduación.
Everyone in class *is expecting* me to sing at graduation.

Ustedes *se encargaron* de componer el coche para el sábado.
You *undertook the resposibility* of fixing the car by Saturday.

GRAMMAR NOTE

Many of the following expressions have been covered in other units; however, here they are grouped with other general expressions of duties, expectations, intentions, and conditions. Depending on the context of the sentence in which each is used, the degree of obligation or implied obligation may vary. For example, consider the difference between *we should* and *we must*. The former is "softer," implying a lesser degree of obligation; the latter is "harder," implying a higher degree of obligation. (Look for contrasts between the expressions listed below and those in the first Grammar Note.)

deber ser/estar = *should be*

estar por + infinitive = *to be about to* (not yet completed, as obligation)

estar para + infinitive = *to be about to* (intention, obligatory purpose)

haber de + infinitive = *should, ought* (expected outcome as obligation)

debiera/debería + infinitive = *ought to* + infinitive

deber + amount of money = *to owe* + amount of money

esperar + infinitive = *to expect* + infinitive

esperar que + subjunctive = *to expect that* (someone/something) + verb

obligar a +infinitive = *to obligate, oblige* + infinitive

estar obligado a + infinitive = *to be obliged* (on one's own) + infinitive

quedar agradecido a + noun = *to be grateful to* + subject (person or personal
                                                                pronoun)

hacer/mandar + infinitive = *to order, make to* + infinitive

ir a + infinitive = *to be going to* (intention) + infinitive

estar destinado + prepositional phrase = *to be intended, destined* + prepositional
                                                                            phrase

estar endeudado (con) = *to be indebted (to)*

tener (someone/something) **a su (mi, tu) cargo** = *to have the responsibility for*
                                                          (someone/something)

hacerse cargo de = *to take charge of*

cargar con = *to burden with, bear the burden of; to take, shoulder* (responsibility)

encargarse de + infinitive or noun = *to be in charge of* = verb or noun

Práctica

Choose the appropriate expression of obligation and write it in the space in each sentence as shown in the examples. Notice the context in which the expression is used.

_____Ha de_____ hacer mucho frío mañana según los   informes. (Ha de, Esperan que)

Cortés _____cargó_____ a Alvarado con mantener la paz en Tenochtitlán. (cargó, se hizo cargo)

1. Según su itinerario, mis amigos _____ en Tampico para el domingo. (deben ser, deben estar)

2. Por mis treinta horas de trabajo, la compañía me _____ más de $200. (hace, debe)

3. Por luchar tanto por toda Europa, España _____ con muchos prestamistas. (estaba endeudada, estaba destinada)

4. En efecto, los padres _____ escuchar más atentamente a sus hijos. (cargan con, debieran)

5. Los niños están bien. La señora los _____ a su cargo. (está obligada, tiene)

6. Me falta el dinero para una fiesta después de graduarnos, pero la están _____ los amigos. (esperando, debiendo)

7. Debido a la colaboración de los clubes, hemos reunido mucha comida que _____ a las familias pobres de la ciudad. (tiene cargo, está destinada)

8. La universidad recibió una donación anónima y _____ otorgarles becas a muchos estudiantes. (debe, va a)

9. Cuidado con _____ personas de pocos escrúpulos. Te pueden robar. (estar endeudado con, quedar agradecido a)

10. ¿Los préstamos estudiantiles? No _____ pagarlos inmediatamente. (estamos por, habemos de)

Escenario
Obligaciones sugeridas

Llene los espacios para completar el diálogo entre dos amigas. La una ha de estar agradecida a la otra, pero surge una situación incómoda. Al final del diálogo hay una lista de las selecciones para cada espacio. Las selecciones corresponden a las letras que siguen los espacios.

—Así que me _____[a]. Por sacarte de esa situación con el director, _____[b] me ayudes.

—¡No hables más del director! _____[c] para siempre por tu ayuda. ¿Qué _____[d]? _____[e] y cumpliré con mis deberes.

_____[f] servirte.

—Bueno, mis padres me _____[g] con limpiar las ventanas, arreglar el garaje y cuidar a mi hermanito.

—No hay problema. Yo _____[h] de las ventanas.

—Ya están limpias. Y he empezado a arreglar el garaje.

—¡No me digas que quieres que _____[i]? ¿El diablito? ¿La bomba atómica humana? ¡Caray! Te debo un favor, no la vida.

Selecciones:

[a] debes estar, debes un favor; [b] te obligues, espero que; [c] Quedo agradecida, Debo; [d] está para hacer, ha de hacer; [e] Mándame, Hágame; [f] Estoy para, Estoy a; [g] cargaron, hicieron; [h] estoy destinado a limpiar, me encargaré de; [i] tenga tu hermano a mi cargo, te haces cargo de tu hermano

TAREA ESCRITA

Ahora, escriba por lo menos cuatro oraciones sobre una obligación importante que Ud. u otra persona ha tenido. Se puede utilizar algunas frases de los ejercicios como modelo para sus oraciones. Al fin, compare sus oraciones con las de otros estudiantes.

Choices

Read the following examples. First, fill in the blank with the correct form of the expression in parentheses. Clues to the context are sometimes provided by the other sentence(s). Then revise each sentence by choosing alternative words to replace the expression that indicates obligation. *It is not necessary to fill in all the blanks for choices.* Write your revised sentences on a separate sheet of paper. You may have to change the original sentence slightly to accommodate your choices.

Alicia ___debería___ dejarme llevarla al baile. Si no va conmigo, ¡se quedará en casa! (deber)

Choices: ___debe___, ___espera___.

El rey de España ___obligó___ a Velázquez a pintar muchos cuadros de su familia. Por su empleo, le dio pensión completa y le pagaba también. (obligar)

Choices: ___mandó___, ___cargó a Velázquez con pintar___

1. _____ examinarse dos capítulos antes del fin del año. La maestra espera que los acabemos lo más pronto que podamos. (Estar por)

   Choices: _____, _____, _____.

2. Mi hermano mayor le _____ a su amigo porque éste le ha ayudado algunas veces. (deber favores)

   Choices: _____, _____, _____.

3. Al dividir la herencia, el abogado _____ analizar a los herederos. Tenía que ser preciso con sus cálculos. (hacerse cargo de)

   Choices: _____, _____, _____.

4. Ese país _____ pagar al fin su deuda a los bancos cuando hubo una revolución. Sus intenciones eran válidas, pero todo fracasó. (ir a)

   Choices: _____, _____, _____.

5. Por la ayuda que me han dado, _____ mis abuelos. ¡No disminuirá la gratitud con el tiempo! (quedar agradecido a)

   Choices: _____, _____, _____.

Continuación

Complete el siguiente párrafo sobre una costumbre hispana. Utilice los verbos y las frases de la lista para formar las expresiones de obligación. Se puede sustituir las palabras de la lista con otras, pero guarde el sentido del párrafo.

Una costumbre muy española es la de las acompañantes de mujeres jóvenes al andar afuera de la casa. _____ acompañadas hasta que se casen. Las jóvenes _____ ir con la madre o una tía o con una hermana o una prima mayor. A veces la madrina _____ de acompañar a la señorita. Es interesante que no se _____ los hombres sean acompañados. Sería una buena idea iniciar esta costumbre en los Estados Unidos, ¿no?

Lista: deber ser, encargarse, esperar que, estar obligado a

PRÁCTICA AVANZADA

Responda a la sugerencia al final del párrafo y explique por qué sí o por qué no está Ud. de acuerdo. Escriba por lo menos cuatro oraciones, utilizando las expresiones de obligación. Trate de emplear cambios de persona, conjunto y contexto.

Aplicación

Escriba una lista de las obligaciones de vivir en "la comunidad mundial". Utilice las indicaciones en inglés como modelo para la lista. Utilice los diccionarios u otras fuentes para formular los conceptos en español.

Contexto

Everyone ought to be prepared for changes.

Each person is obliged to take care of himself/herself.

However, we all should have the responsibility for others.

Nuclear weapons will be destined for the scrap heap to ensure world peace.

Rich countries should help poorer countries.

Those who receive help are obligated to become independent and self-sufficient.

The countries of the world ought to learn to get along.

EXPERIENCIAS

En un papel, escriba por lo menos cuatro oraciones sobre cómo los jóvenes pueden mejorar el mundo. Después, compare sus oraciones con los modelos y con las de otros estudiantes.

 ## II. ¡Escriba con estilo!
SELECCIONES DE MODO

Explicación y modificaciones

Lea la primera selección de abajo. Busque las palabras difíciles en un diccionario y apúntelas en un cuaderno de nuevas palabras. Analice la construcción de las oraciones para entender el sentido o significado básico del autor, y la función estilística de las expresiones de obligación. También, examine la primera modificación basada en la selección original. Es una composición nueva con solamente sustituciones de vocabulario.

Selección original:

«El sol llenaba mi camarote al despertar. No sé cuánto he dormido. ... He estado en cama desde ayer a las cuatro, aprovechando de que no tenemos gran cosa que hacer.» (Pasaje de "Mar amargo" de Benjamin Subercaseaux en *Cuentos y narraciones*, ed. por Harriet de Onís, pág. 198.)

Primera modificación:

El sol iluminaba mi recámara al despertar. No sé cuánto he reposado. He estado en el catre desde el día anterior a las cuatro, disfrutando de que no teníamos muchas obligaciones por cumplir.

Ahora, examine la segunda modificación. Es un ejemplo de la tarea de esta sección: escribir una nueva composición basada en su selección de algunos párrafos de estilo literario.

Segunda modificación:

El hermano leía mi diario al despertar. No sé cuánto ha estado allí. He estado en casa desde el lunes al mediodía, gozando de que no hay ninguna lección que preparar.

Análisis:

Aquí se ve un punto de la narración *al despertar,* pero todo lo que pasa en este momento es (1) una condición relativa, *llenaba* (aunque no inicia la acción en la selección), o (2) una descripción de lo que ha sucedido por unas horas o unos días, *desde ayer.* Y, el concepto fundamental que justifica esta condición lánguida es que no hay nada que hacer, no hay obligación cualquiera.

TAREA ESCRITA

Ahora, escriba en un papel una composición nueva basada en la selección original con sustituciones de vocabulario. Mantenga la forma y las ideas de la original. Después, trate de escribir otra composición semejante sobre un tema de interés personal. Se puede cambiar el vocabulario necesario para expresar sus propias ideas.

Práctica

The following are simplified versions of the selections listed below. Complete the exercises by (1) underlining the correct form which is similar to that used in the style selections, or (2) writing the correct form of the verb given in parentheses in the space provided.

1. Sin nada (que escribir, de escribir), fui a la entrevista por una secreta necesidad de hablar con Villa.

2. Un día antes de salir, (debía llevar, hice llevar) mi equipaje al cuarto.

3. Además, (habrá, hemos) de mencionar ahora la poesía de los gauchos de la Argentina. Al leerla, (se debe, se va a) entender un rasgo característico de la nación.

4. Al morir su padre (está obligado, obliga) a atender los negocios de la familia a pesar de ser joven. El traspaso de éstos le _____ continuar la actividad literaria. (dejar)

5. La posición común de los comunicadores es que los medios no (deben, deben de) ser informantes y nada más. También, (hay que, tienen que) educar y entretener.

Ejercicios

Analice las selecciones siguientes. Busque las palabras difíciles en un diccionario. Después, escriba nuevas composiciones al sustituir las palabras subrayadas. Cambie el vocabulario para expresar sus propios pensamientos. Compare sus composiciones con los modelos y con las composiciones de otros estudiantes. Si quiere, puede trabajar en un grupo o en pareja. (Mínimo: tres selecciones)

1 . «Aunque no tenía nada que escribir, acudí a la oficina la tarde siguiente, después de las horas de trabajo. Me impelía una secreta necesidad de hablar con Villa; de expresarle mi agradecimiento; de mostrarle mi regocijo. Pero él ... no se apareció a la reja.» (Pasaje de "La Fuga de Villa" de Martín Luis Guzmán. *A-LM Spanish Level 4*, pág. 333.)

2. «El 14 de enero, víspera del día en que debía de dejarnos, ... hice llevar a su cuarto una parte de mi equipaje, que debía seguir con el suyo.» (Pasaje de *María* de Jorge Isaacs, pág. 233.)

3. «Como un suplemento ..., hemos de mencionar ahora la poesía gauchesca de la Argentina ... por constituir un rasgo característico de una gran nación, cuya vitalidad originaria está enlazada con la vida gauchesca.» (Sobre la poesía gauchesca. *Iberoamérica: Su historia y su cultura* de Américo Castro, pág. 223.)

4.   «La muerte de su padre le obliga a atender los negocios familiares cuando cuenta diecisiete años. (Al fin del año) el traspaso de esos negocios le deja expedito el camino de la actividad literaria.» (Pasaje sobre el escritor costumbrista, Ramón de Mesonero Ramones, Sig. XIX. Ref. *Historia breve de la literatura española,* Editorial Playor, pág. 437.)

5.   «Estamos de acuerdo, como comunicadores, que el papel de los medios de comunicación no debe ser única y exclusivamente informar. También, está el educar y entretener. En atención a este último aspecto se hace necesario introducir frivolidades ...» (Pasaje de Tele actualidad, *Venezuela gráfica,* 22 de marzo, 1987.)

III. Vocabulario
EJERCICIO DE VOCABULARIO

En esta unidad, Ud. ha buscado los significados de varias palabras. Ahora, vamos a ampliar el vocabulario al examinar las relaciones entre familias de palabras. También vamos a ver cómo se puede extender el significado mediante la correspondencia de un conjunto de palabras. Se presentan unas cuantas familias y conjuntos a continuación. En los conjuntos, las palabras subrayadas son sinónimos o antónimos. Para entenderlas mejor, consulte un diccionario.

Familias

agradecer/agradecido/agradecimiento/agradado

bronce/broncear/bronceado/bronceadora

naufragar/náufrago/naufragado/naufragio

pertenecer/perteneciente/pertinente/pertenencia

Conjuntos

precisar/fijar/determinar/definir/desordenar

rescatar/librar/recuperar/abandonar

destinar/dedicar/emplear/suspender

capitular/pactar/ajustar/concertar/pelear

Familias y conjuntos

INSTRUCCIONES: El vocabulario de una lengua consiste, en gran parte, en agrupaciones o conjuntos de palabras. Estilísticamente, el escritor necesita una familia grande de palabras para desarrollar sus pensamientos. Experimente con las palabras de algunas familias o algunos conjuntos de arriba.

TAREA ESCRITA

En un papel, escriba por lo menos cuatro oraciones sobre un tema y use cualesquiera de las frases anteriores que Ud. prefiera.

Familias y conjuntos

En las selecciones y los ejercicios anteriores, aparecen otras familias de palabras con que Ud. puede practicar. Aquí se indica el valor gramatical de las palabras: verbo, sustantivo, adjetivo, adverbio, etc.) Busque otros ejemplos en un diccionario. Escriba oraciones sobre sus experiencias o sobre las experiencias de otros conocidos. (Mínimo: cuatro oraciones)

semejante	semejanza	semejar(se)		
(adjetivo	sustantivo	verbo y verbo reflexivo)		
dividir	dividendo	división	divisoria	
(verbo	sustantivo	sustantivo	adjetivo)	
heredar	heredero	heredad	hereditario	herencia
(verbo	sustantivo	sustantivo	adjetivo	sustantivo)
aprovechar	aprovecharse de	aprovechable	aprovechamiento	aprovechado
(verbo	verbo reflexivo	adjetivo	sustantivo	adjetivo

Palabras en contexto

Observe las combinaciones de las siguientes familias y sus clasificaciones. Note que se identifican las palabras mediante su sentido o sus usos, no por su descripción gramatical. El sentido de una palabra depende, en mayor parte, de nuestro entendimiento de su uso en la oración. Busque el significado de las palabras desconocidas.

camarote	cama	cámara	camarero	camarilla
(cosa/del vapor	cosa	lugar	persona	conjunto)
entretener	entretenido	entretenimiento		
(acción	condición	presentación, resultado)		
ausente	ausentar	ausencia		
(condición	acción	asunto)		

Tarea escrita

Ahora, describa a algunos jóvenes o miembros de su familia de manera personal, empleando algunas palabras de la sección de vocabulario.

IV. Grammar as Culture and Style

Obligation comes in many forms for all peoples, beginning with absolute necessities, such as eating, sleeping, and the like. Other obligations can arise from assumed or presumed perceptions about certain outcomes: "I expect you here at five"; "You are going to clean your room." Some things we are obligated or oblige ourselves to do (owe someone a favor or money; be obliged to help out, etc.). Others are in the "should" category (I ought to I should, it's meant to go there). Still others are specific orders or charges: "I'm charged with collecting your dues." "They ordered us to open our lockers." "They forced me to do it!" Finally, obligation often arises from lacking something, such as enough money to pay a debt. Therefore, a need is identified.

The situations and conditions described above fairly well cover the range of connotations that result in the need to use expressions of obligation. If you understand the type of obligation (including its context), then you will have an idea of the type of language to expect in talking about its resolution. Consult the Grammar Notes in the unit for lists of these expressions.

APÉNDICE

Traducciones de las selecciones de modo

Unidad 1

Original selection:

The <u>mother</u> ... looks <u>attentively</u> at <u>the lodgings</u> where <u>her son</u> is and <u>clearly</u> recognizes that it is <u>the same</u> <u>room</u> where <u>the misfortune</u> <u>occurred</u>. Although it is not <u>decorated</u> like it had been, <u>she recognizes</u> <u>the furniture</u>, especially <u>the writing desk</u> that is in <u>the corner</u> under the enormous <u>window</u>.

Modification 1:

The <u>mother</u> looks <u>carefully</u> at <u>the room</u> where <u>her offspring</u> is and <u>immediately</u> recognizes that it is <u>the same</u> <u>bedroom</u> where <u>the disgrace</u> <u>took place</u>. Although it is not <u>decorated</u> like it had been, <u>she distinguishes</u> <u>the furniture</u>, especially <u>the writing table</u> that is in <u>the corner</u> under the enormous <u>window glass</u>.

Modification 2:

The <u>dog</u> looks <u>anxiously</u> at <u>the room</u> where <u>his master</u> is and <u>sadly</u> recognizes it as <u>the</u> <u>identical</u> room where <u>he chewed</u> the <u>slippers</u>. Although it is not as <u>messed up</u> as before, <u>he</u> <u>spies</u> <u>the pieces</u>, especially <u>the heel</u> that is on <u>the</u> <u>hearth</u> of the fireplace below the enormous <u>mantel</u>.

1. The <u>author</u> is <u>essentially</u> an <u>essayist</u>. His <u>work</u> and <u>thought</u> are <u>abundant</u> and <u>arise</u> from the philosophy that <u>humans</u> are <u>disposed</u> to <u>confront</u> the <u>inexorable circumstances</u> of life with reason.

2. "Of all of the <u>human sentiments</u>, <u>love</u>, perhaps, is the most <u>interesting</u>. It is everywhere, but it is <u>intangible</u>; it has many <u>forms</u> ..." but is not <u>easily</u> defined. <u>At one and the same time</u>, in different situations, it is <u>tender</u>, <u>delicate</u>, <u>sweet</u>, <u>compassionate</u>, <u>passionate</u>, <u>impetuous</u>, <u>ardent</u>, <u>incredible</u>, <u>ideal</u>, etc. It is what one <u>believes</u> it to be and how one <u>creates</u> it.

3. <u>The general</u> <u>has decided</u> <u>to get married</u> and has sent the news to his friends. The news <u>alarms</u> all of the mothers who have <u>marriageable</u> daughters and all of the girls who are <u>eligible</u> and <u>disposed</u> <u>to get married</u>. And there are not a <u>few</u> of them.

4. "I love <u>life</u>; please don't <u>take</u> my life. It is mine, very much mine, and you do not have <u>the right</u> <u>to</u> <u>snatch it away from me</u>.... <u>I rebel</u> against <u>dying</u>. I am <u>young</u>, I am <u>healthy</u>, I am rich.... Life is very <u>beautiful</u> for me...."

5. What is <u>symbolic</u> in <u>the</u> Hispanic <u>plaza</u> are two <u>buildings</u> which <u>face each other</u> like two <u>peaks</u> of the <u>political</u> and <u>religious</u> life-<u>the town hall</u> and <u>the cathedral</u>.

6. In his <u>work</u>, in which <u>the characters</u> are only <u>symbols</u> of <u>essential</u> ideas, <u>the author</u> <u>teaches</u> us that life is <u>unified</u> in a <u>divine</u> <u>presence</u>.

Unidad 2

Original selection:

"<u>Martin</u> <u>looked</u> for <u>Leonora's</u> eyes and <u>found</u> them <u>fixed</u> on him. When <u>she went</u> into <u>the</u> <u>salon</u>, <u>he was going along</u>, like <u>Leonora</u>, looking <u>for a distinct cause</u>, a <u>reason</u> for <u>the weak-</u><u>ness</u> that <u>was throwing</u> him at the feet of <u>a girl</u> that his <u>love</u> <u>was making</u> <u>an angel</u>."

Modification 1:

<u>The young man</u> <u>cast a glance</u> at <u>the young lady's</u> eyes and <u>found</u> them <u>immobile</u> on him. When <u>she was walking</u> into <u>the large hall</u>, <u>he was going</u> too, like <u>the young lady</u>, looking <u>for a</u> <u>distinct reason</u>, an <u>excuse</u> for <u>the weakness</u> that <u>was pushing</u> him at the feet of <u>a young girl</u> that his <u>ardor</u> <u>was covering</u> <u>with spirituality</u>.

Modification 2:

<u>The soldier</u> <u>pointed</u> <u>the rifle</u> at <u>the enemy</u> and <u>discovered</u> <u>his having advanced</u> toward <u>him</u>. On <u>his turning</u> <u>to the right</u>, <u>he did</u> too as did <u>the enemy</u>, <u>seeking</u> although from a distinct origin, <u>the bushes</u> that <u>were protecting</u> him from <u>the attacks</u> of <u>an enemy</u> that his <u>fright</u> <u>made</u> <u>suddenly</u> <u>bigger</u>.

1. "It seemed that the girl was fighting with her pride on expressing herself that way and she wanted to indicate to Rivas the distance that separated them, using the somewhat imperious accent of one who believes he is dealing with an inferior."

2. "In such a situation, the peasants did not cultivate their own land, but rather that which they worked, as slaves or tenants, belonged to the privileged classes who did not need to intensify production much because their rents were always plentiful."

3. During the first quarter of the century, a very important event occurred which was the movement toward independence of the Spanish colonies in America.

4. (Cervantes) Still a young man ... he enlisted in the army under Captain don Juan de Austria and went to Italy. He served and completed his duty as a soldier in such a manner that his captain praised him and gave him a letter of recommendation.

5. "One night,... I felt that my master was sleeping.... I got up very quietly and having thought during the day of what I had to do and having left an old knife where I would find it, I went to that dilapidated chest."

Unidad 3

Original selection:

"I will not return to the mansion..., nor let my horse go along the precipices of the mountain range, nor will I hear... break forth the shout of anguish that one afternoon terrified me close to the old walls...."

Modification 1:

"I will not return to the large house nor let my roan walk along the abyss of the mountain, nor will I hear rise up the shout of pain that one day horrified me close to the old walls."

Modification 2:

"I will not return to the city nor let my child walk through the streets of the poor district nor hear sound out the cry of poverty which one night made me understand misery next to the old people.

1. "Nevertheless, from time to time I feel that I would like to forget, that it would be pleasant to convince myself that I never left Mexico in order to go... to my home town...."

2. (Machado) "He married very young and in four years lost his wife. Her absence would deeply affect his spirit. His work, for example, is deep, grave, and for himself only."

3. The main plaza in Tenochtitlán was destroyed by the Spanish after the conquest of the city, but it would be discovered in modern times.

4. "I am also sure that... you will probably marry her. You will know how to return joy to her and you will take her out of this desert."

5. "She will not stop being an actress. Her career will not stop with the arrival of the baby. Neither will she become the owner of the child."

Unidad 4

Original selection:

"In his novel, the author has described an oppressive and mediocre reality running through the existence of various young girls who had become more or less frustrated.

Modification 1:

In his work, the poet has shown a restricted and ordinary situation through the presence of various young girls who have become more or less discontented.

Modification 2:

In his decision, the President has left a dangerous and menacing situation because of the pressure of various groups of terrorists which have become more or less internationalized.

1. "She suffers and hides her shame of being seen without a family, of not being rich anymore, of having to live in a hacienda that was uninhabited for a long time, of not being able to talk with anyone but country people."

2. "Also, one must keep in mind that some Iberoamerican nations have modified somewhat their traditional traits because of having received great contingencies of European immigrants...."

3. The virtuosity of Segovia "has made him famous in the entire world and there are numerous composers who have written pieces expressly conceived for him."

4. Although the Indians constructed elegant buildings and cities before the arrival of the Spanish, many had been destroyed by another warrior people who had defeated the indigenous people. Some pyramids, for example, had been covered over by another pyramid that represented the new culture.

5. The suns of seven days had set over us and late hours of their nights had found us working.

Unidad 5

Original selection:

It's necessary that we <u>do</u> everything "in order <u>to reach</u> that which is possible <u>within</u> the realization that <u>we aspire</u> to the impossible. With a <u>strong spirit</u>, everything is possible, there are no <u>insurmountable obstacles</u>."

Modification 1:

It's necessary that we <u>risk</u> everything in order <u>to attain</u> that which is possible while <u>understanding</u> the realization that <u>we aspire after</u> to the impossible. With a <u>strong will</u>, everything is possible, there are no <u>impossible obstacles</u>.

Modification 2:

It's necessary that we <u>do</u> everything in order <u>to attain</u> the <u>ecological protection</u> that is possible while <u>understanding</u> the realization that <u>we aspire after</u> an ideal. With <u>strong public cooperation</u>, everything is possible, there are no <u>insurmountable obstacles</u>.

1. Money will get you food and clothes, but to see a <u>sunrise</u> or a <u>sunset</u>, it's only necessary that one <u>is</u> at an <u>opportune</u> place.

2. What's important for a <u>dog's safety</u>, if <u>he wants to cross</u> a street, is <u>to listen</u> to <u>the noise made</u> by the automobiles humming along.

3. "I need to talk to you <u>privately today</u>, and I don't want anyone <u>in on it</u>... but, due to urgent circumstances, I hope <u>you'll favor me</u> by meeting me today at <u>the grating</u>."

4. "...I want you to <u>go with</u> me this afternoon to the mountain..."

5. <u>The man in the country insists</u> that the government <u>provide</u> for his <u>security</u>. "Security against <u>sickness, invalidity</u>, and in his <u>old age</u>."

Unidad 6

Original selection:

"I <u>was trembling</u> about the fact that the young man <u>would appear again</u> and would <u>extend</u> his <u>ghostly</u> hand into our <u>way, sprinkling holy water</u>."

Modification 1:

I <u>was shivering</u> about the fact that the young man <u>would show up anew</u> and would <u>stretch out</u> his <u>ghostly</u> hand into our <u>way, throwing baptismal water</u>.

Modification 2:

I <u>was afraid</u> that <u>the auto</u> <u>would stop</u> <u>again</u> and the complicated repair of it <u>would ruin</u> <u>our</u> <u>vacation</u> besides costing money we had <u>saved up</u>.

1. "<u>Nevertheless</u>, he replied ..., when you have <u>time</u>, come with confidence: I want you to <u>become con-nected</u> and get <u>to know</u> our society."

2. "What a <u>woman</u> that one was who knew how to <u>hit</u> so <u>strongly</u> and that, nevertheless..., in spite of her <u>strength</u>, <u>could not</u> <u>succeed</u> in making herself hated. She was crushing me, she was disdaining me but it did not follow that I <u>hated</u> her."

3. "... seized by panic, many <u>turned</u> <u>their</u> <u>horses</u> <u>around</u>, others abandoned their <u>mounts</u>.... It was <u>neces-sary</u> for the <u>leaders</u> <u>to fire</u> over the <u>fugitives' heads</u> in order to <u>re-establish</u> <u>order</u>."

4. "But <u>just as</u> there is no <u>sky</u> without <u>clouds</u>, there is no <u>beauty</u> so <u>perfect</u> that does not have its <u>defect</u>, and Doña Catalina's was to have a <u>dislocated</u> <u>leg</u> which when she walked gave her <u>an air</u> of a <u>schooner</u> <u>being rocked</u> by a <u>frolicky sea</u>."

5. <u>Rent</u> a room <u>immediately</u>... <u>in case</u> you can <u>get it</u>, <u>take it</u> by the <u>month</u>.

6. Given the <u>present</u> <u>conditions</u>, no train has <u>the obligation</u> to stop here, but no one <u>will keep</u> that from <u>happening</u>.

Unidad 7

Original selection:

"<u>Perhaps</u> <u>death</u> <u>would finally</u> look for me in this <u>place</u>, where it seemed so <u>distant</u>. Perhaps, <u>I</u> <u>would find</u> <u>love</u> in this <u>land</u> of <u>four</u> <u>planes</u>: <u>the sky</u>, <u>the sea</u>, <u>the earth</u>, <u>life</u>."

Modification 1:

<u>Perhaps</u> <u>death</u> <u>would finally</u> look for me in this <u>place</u>, where it seemed so <u>isolated</u>. Perhaps, <u>I</u> <u>would find</u> <u>love</u> in this <u>land</u> of <u>four</u> <u>dimensions</u>: <u>the sky</u>, <u>the ocean</u>, <u>the land</u>, <u>existence</u>.

Modification 2:

<u>Perhaps</u> <u>my lover</u> <u>would want</u> to look for me on this <u>beach</u> where it seemed so <u>isolated</u>. Perhaps <u>we would promise</u> <u>to marry</u> in this <u>year</u> of <u>four</u> <u>high points</u>: <u>the look</u>, <u>the meeting</u>, <u>the summer</u>, <u>the separation</u>.

1. "He <u>pushed</u> him hard a few times until he could succeed in <u>moving</u> him over and stopping him from <u>snoring</u>."

2. "In order to <u>avoid</u> his <u>troops</u> <u>returning</u> to <u>Cuba</u>, as <u>they intended</u>, he (Cortez) had them <u>burn the ships</u>."

3. "More <u>from exhaustion</u> than from <u>giving up</u>, <u>he stretched out</u> full length and closed <u>his eyes</u> <u>purposely</u> <u>ready</u> to sleep <u>until</u> his <u>ferocious guards</u> <u>woke</u> him <u>up</u> or <u>the sun</u> <u>burned</u> his ears."

4. "...<u>those</u> two <u>gentlemen</u> who <u>came</u> with him <u>stopped</u> me with their <u>hands</u> so that I <u>would not touch</u> him..."

5. "According to <u>the project</u>, the <u>recommended</u> list can be either <u>accepted</u> or <u>rejected</u> in its entirety, without bases <u>being added</u> or <u>subtracted</u>."

Unidad 8

Original selection:

"We are in a <u>fight</u>.... There's <u>no use</u> <u>thinking</u>, we need <u>to fight</u>. <u>Fighting</u> without <u>thinking</u> <u>about it</u>, as if one did not have <u>memories</u> and <u>thoughts</u>? <u>What</u>... <u>good will</u> all of this <u>do</u>?"

Modification 1:

We are in a <u>fight</u>. <u>One shouldn't</u> <u>meditate</u>; one has <u>to fight</u>. <u>Fight</u> without <u>worrying</u>, as if one did not have <u>memories</u> and <u>dreams</u>? <u>What's the result</u> of all of this?

Modification 2:

We are in an <u>earthquake</u>. It's not possible <u>to flee</u>; we need <u>to protect ourselves</u>. <u>Protect ourselves</u> without <u>having anything else to do</u> as if one did not have <u>hope</u> or <u>a way out</u>.

1. "<u>Pachi</u> was a <u>man</u> who would have <u>appeared</u> tall, except <u>for being</u> so <u>thick</u>; <u>seen</u> from the back, he was <u>square</u>, round <u>from the front</u> and <u>monstrously</u> <u>pot-bellied</u> <u>from the side</u>."

2. "<u>For God's sake</u>, friend, if I did <u>such a thing</u>, I would be a <u>false</u> friend. You have a good <u>boy</u> and I would do great <u>damage</u> if <u>I consented</u> to <u>something bad</u> for him or his <u>death</u>. <u>Certainly</u>, if he were to marry my <u>daughter</u>, he would either <u>die</u> or <u>value</u> death more than <u>life</u>."

3. "If we were given <u>to penetrate</u> into the <u>mysterious</u> <u>laboratory</u> of <u>the soul</u> and the <u>intimate</u> <u>history</u> of those (souls) from the <u>past</u> was <u>reconstructed</u> in order to find the <u>formula</u> for the <u>definite moral</u> <u>character</u>, it would be an <u>interesting</u> object of study."

4. "<u>She embraced</u> me almost <u>convulsively</u>, amazed at <u>finding me</u> <u>changed</u> into a man, as if she <u>had</u> <u>believed</u> that time would not <u>touch</u> me...."

5. "Not a single <u>stingray</u> remained (in the river) that didn't <u>receive</u> the <u>order</u> <u>to concentrate</u> <u>on the edge</u> of the <u>river</u> <u>around</u> the island... <u>to defend</u> the <u>pass</u> against <u>the tigers</u>.

Unidad 9

Original selection:

—Well, <u>my son</u>, what's <u>happening</u> with you?

—Nothing <u>special</u>. <u>The king</u> wants me <u>shot</u> and <u>his men</u> <u>are looking</u> for me <u>everywhere</u>.

Modification 1:

—Well, <u>my child</u>, what's <u>going on</u> with you?

—Nothing <u>in particular</u>. <u>The dictator</u> wants me <u>killed</u> and <u>his men</u> <u>are tracking</u> me <u>in all of my</u> <u>hideouts</u>.

Modification 2:

—Well, <u>Father</u>. What's <u>happening</u> with you?

—<u>Something</u> <u>interesting</u>. <u>The boss</u> wants <u>to promote</u> me and <u>his recommendation</u> <u>is helping</u> me <u>in</u> <u>various ways</u>.

1. "A short <u>time</u> <u>after</u> <u>arriving</u> from Europe, <u>a friend</u> <u>of his</u> <u>brought</u> him there."

2. "Raphael <u>occupies</u> <u>a position</u> very <u>different</u> from <u>mine</u>."

3. "It is our homeland.... <u>No man</u> has <u>ever</u> had a <u>homeland</u> as <u>restricted</u> as <u>ours</u>."

4. "The homeland, <u>my son</u>, is <u>a combination</u> of our <u>loves</u>. <u>It begins</u> <u>at home</u>, but does not <u>consist</u> of this alone. Our beloved friend is not at home... his homeland, <u>finally</u>, is <u>at one and the same time</u> our <u>home</u> <u>land</u>."

5. <u>The fight</u> (Bolivar's) was not <u>uniquely</u> <u>his own</u>. "Bolivar didn't defend with as much <u>fire</u> <u>the right</u> of men <u>to govern</u> themselves, as the right of America to be free."

Unidad 10

Original selection:

"<u>Darkness</u>, and soon the train for <u>Madrid</u> <u>would arrive</u>. But, <u>would he return</u>? <u>He promised</u> the <u>president</u> <u>his work</u> for <u>the year</u>, <u>no more</u>. Nevertheless, he wondered what was there <u>to</u> <u>work for</u>, where was there <u>to go</u>, and who was there <u>to live</u> for?"

Modification 1:

<u>Nightfall</u>, and soon the train for <u>Andalusia</u> <u>would come</u>. But, <u>would he return</u>? <u>He promised</u>

the <u>boss</u> <u>his labor</u> for <u>twelve months, no more</u>. Nevertheless, he wondered what was there <u>to</u> <u>strive for</u>, where was there <u>to go</u>, and who was there <u>to exist</u> for?

Modification 2:

<u>Midnight</u>, and soon the train <u>would leave</u> for <u>the border</u>. But, <u>would he survive</u>? <u>He assured</u> his <u>wife</u> of <u>his return</u> <u>by Christmas, no later</u>. Nevertheless, he wondered what was there <u>to</u> <u>worry about</u>, where was there <u>to flee</u>, and who was there <u>to die</u> for?

1. <u>In the end</u>, the number of <u>projectiles</u> is <u>more than sufficient</u> for the complete <u>destruction</u> of the world. For what, then, is <u>the impulse</u> to construct and <u>test</u> even more?

2. <u>Life</u> for <u>the peasant</u> is, <u>in general</u>, very <u>simple</u>; <u>it consists</u> basically of <u>providing</u> for his <u>survival</u>.

3. <u>Technical</u> communication has the great <u>ability</u> <u>to bring</u> <u>any</u> <u>place</u> in <u>the world</u> directly into our <u>living</u> <u>rooms</u>.

4. José is a Mexican <u>boy</u>. He is <u>fairly</u> <u>small</u> for his age of <u>12 years</u>. <u>At any rate</u>, he <u>passes for</u> <u>15</u>.

5. "Stupid! ... learn that in order to be <u>the servant</u> of a <u>blind man</u> you have to be <u>smarter</u>."

6. <u>Desert</u>! Nothing to drink or <u>to eat</u>. <u>Everywhere</u> you could see heat <u>waves</u>. There <u>appeared</u> no way <u>to</u> <u>escape</u> <u>death</u> from <u>thirst</u>. Where to go, then?

Unidad 11

Original selection:

"<u>The wavy</u>, interminable <u>cloud of dust</u> <u>stretched out</u> in <u>opposite</u> directions from <u>the village</u> in <u>a swarm</u> of <u>straw</u> hats, old <u>grimy khakis</u>, brownish green blankets and the <u>shifting</u> darkening of <u>the calvary</u>."

Modification 1:

The wavy, interminable <u>spirals of dust</u> <u>extended</u> in <u>all</u> directions from <u>the village</u> in <u>a per-</u> <u>petual movement</u> of <u>straw</u> hats, old <u>soiled uniforms</u>, brownish green blankets and the <u>growing</u> darkening of <u>the soldiers on horseback</u>.

Modification 2:

The <u>verdant</u>, interminable <u>valley</u> <u>extended</u> in <u>all directions</u> from <u>the entrance</u>, in <u>an abundance</u> of <u>spring</u> <u>flowers</u>, old <u>flowering trees</u>, <u>moss</u> blankets and the new <u>blackening</u> of the <u>black-</u> <u>berry bushes</u>.

1. "...<u>moved</u> as if by <u>a spring</u>, <u>he stood up</u>, passed <u>his hand</u> over <u>his forehead</u> as if <u>to throw off</u> <u>the fear</u> that was in <u>his head</u> and not in <u>his heart</u>..."

2. "<u>On the other hand</u>, I am sure, each <u>word</u> that <u>sprang</u> out would be a reason for a new <u>crime</u>."

3. "<u>So</u>, don't touch me. <u>It's a lie</u> to say that <u>I hand</u> you <u>my love</u> in these <u>extended arms</u>, in <u>my mouth</u>, in my <u>neck</u> ... "

4. "At last they arrived on <u>the high ground</u>, lost in <u>the solitude</u> of <u>the mountain range</u> and <u>stopped</u> <u>the car</u> in front of <u>the threshold</u> of the house. The setting sun was giving <u>the mountain range</u> a <u>dark</u> blue color; <u>on the other side</u>, having <u>played</u> their <u>role</u>, <u>the red ones</u> were disappearing.

5. "Many of <u>the tortures</u> <u>had been inspired</u> by <u>the Chinese</u>, <u>masters</u> of this art, who <u>would feel embar-</u><u>rassed</u>   before <u>the inquisitors</u> of modern <u>times</u>." (About the Spanish Inquisition.)

Unidad 12

Original selection:

"<u>A sculptor</u> is <u>admirable</u>, because he gets <u>a figure</u> out of <u>crude stone</u>; but those men who make <u>nations</u> are more than <u>men</u>. <u>They wanted</u> <u>sometimes</u> that which <u>they</u> <u>did</u> not <u>want to</u> <u>desire</u>; ... <u>Those</u> are <u>heroes</u>: the ones who <u>suffer in poverty</u> and <u>misery</u> in the cause of <u>defending</u> a great <u>truth</u>."

Modification 1:

<u>One who sculpts</u> is <u>marvelous</u>, because he gets <u>a form</u> out of <u>elemental rock</u>; but those men who make <u>nations</u> are more than <u>men</u>. <u>They wished</u> <u>at times</u> <u>for</u> that which <u>they</u> <u>did</u> not <u>want</u> <u>to exact</u>; ... <u>Those</u> are <u>benefactors</u>: the ones who <u>suffer with scarcity</u> and <u>misfortune</u> in the cause of <u>protecting</u> a great <u>truth</u>.

Modification 2:

<u>A dictator</u> is <u>repugnant</u> because he takes <u>liberty</u> away from <u>the common people</u>; but those men who make <u>revolutions</u> are more than <u>protestors</u>. <u>They pursue</u>, <u>many times</u>, that which <u>they should</u> not <u>control</u>; .... <u>These</u> are <u>deceivers</u>: the ones who <u>take advantage</u> of <u>discord</u> and <u>misery</u> for the sake of <u>carrying off</u> a grand <u>deception</u>.

1. "For the sake of <u>beauty</u>, for the sake of <u>peace</u>, for the sake of <u>progress</u>, for the sake of the <u>distant ideal</u>, for the sake of that which each one in our <u>sphere</u> could do <u>for</u> all <u>this</u>, <u>let's dedicate</u> our <u>effort</u> and our pain. This <u>ideal</u> will be the <u>tiny light</u> that will guide us in <u>our darkness</u>."

2.   (Before the <u>conquest</u> of <u>America</u>, "it <u>was inhabited</u> by a great variety of <u>races</u>. The inhabitants of the lands that <u>later</u> were <u>Ibero-America</u> were very <u>different</u> from those who populated the future <u>United States</u> .... These <u>indigenous peoples</u> <u>lacked</u> <u>the culture</u> and the strong <u>personality</u> of <u>the Mexican</u> <u>Aztecs</u>, the Mayans, ... the Peruvian Indians or the Araucanos of Chile."

3.   "<u>The poet</u> is also <u>subdued</u>, <u>fatigued</u>, <u>emaciated</u>. In these <u>verses</u> he mentions the rythmn of his life to us, all <u>work</u> and <u>fatigue</u>. Not for <u>a moment</u> can he stop <u>writing</u>. Yes, for a moment, yes. Now, is that moment. <u>Now</u>, he has a few <u>instants</u> of <u>rest</u>."

4.   "<u>Angels</u> don't <u>weigh</u> anything and the the slight <u>strength</u> of the child <u>was more than enough</u> to help that one <u>get on his feet</u>. His <u>savior</u> <u>offered</u> his arm and then one saw the <u>rarest</u> of <u>spectacles</u>, a child <u>leading</u> an <u>angel</u> along the <u>pathways</u> of this <u>world</u>."

5.   "You all <u>did not know</u> <u>Esther</u>. I had this <u>good fortune</u> by a <u>happy coincidence</u>. It was a <u>summer</u> <u>afternoon</u>, when <u>the sky</u> was its <u>bluest</u> and a <u>sea</u> breeze <u>caressed</u> the <u>port</u> city."

Unidad 13

Original selection:

(Renán) "Recalling ... <u>that the purpose</u> of <u>the human creature</u> cannot be <u>exclusively</u> <u>to know</u>, <u>to feel</u>, nor <u>to imagine</u>, but rather to be real and <u>entirely</u> 'human', defines <u>the ideal</u> of <u>perfection</u> to which one should <u>direct</u> one's <u>energies</u> as the possibility of <u>offering</u> in an <u>individual</u> type a <u>brief</u> <u>picture</u> of the <u>species</u>."

Modification 1:

(Renan) "Recalling ... that the <u>goal</u> of the human <u>being</u> cannot be <u>ultimately</u> <u>knowledge</u>, <u>feelings</u>, nor <u>imagination</u> but rather to be real and <u>totally</u> `human', defines the <u>model</u> of <u>excellence</u> to which one should <u>direct</u> one's <u>potentialities</u> as the possibility of <u>presenting</u> in a <u>singular</u>type an <u>essential</u> <u>image</u> of his <u>clase</u>."

Modification 2:

The philosopher recalling that the <u>purpose</u> of the <u>political</u> <u>campaign</u> cannot be <u>cynically</u> <u>to</u> <u>win</u>, nor <u>to take power</u>, nor <u>to legislate</u>, but to be true and <u>basically</u> a <u>liberation</u>, defines the <u>perspective</u> of our <u>forefathers</u> that it should <u>include</u> its <u>citizens</u> as the possibility of <u>revealing</u> in a <u>national</u> type, <u>the full</u> <u>liberty</u> of <u>the people</u>.

1.   (Concerning the emancipation of women) "The serious <u>side</u> of the <u>movement</u> was studying, <u>daring to</u> <u>go into</u> <u>the careers</u> that <u>were opening up</u> to them, <u>conducting themselves</u> bravely in the <u>hospitals</u>, being

successful ... in <u>the clinic</u> and <u>giving</u> medicine in <u>the villages</u> with <u>self-sacrifice</u>, <u>dignity</u>, and <u>effective-ness</u>.

2. "<u>The role</u> of the <u>Governor</u> is <u>to reward</u>, <u>punish</u>, <u>praise</u>, <u>scold</u>, <u>exhort</u>, <u>frighten</u>, <u>order</u>, <u>prohibit</u>, <u>menace</u> and <u>execute</u> <u>the penalties</u> of the laws, ..."

3. <u>Iberoamerica</u> is, then, to a <u>great degree</u> a <u>result</u> of the <u>weaving together</u> of the way of life of <u>the peoples</u> of the Iberian Peninsula with the way of <u>life</u> of the indians who <u>lived</u> on the American lands before <u>the coming</u> of the Spanish and Portuguese. Also, we have <u>to keep</u> <u>in mind</u> that some <u>Iberoamerican</u> nations <u>have modified</u> their traits somewhat because of <u>having received</u> great <u>contin-gents</u> of <u>European immigrants</u>..."

4. <u>Men's memories</u> are <u>weak</u> and one cannot <u>remember</u> all of <u>the things</u> that <u>occurred</u> in the <u>past</u>;...)

5. <u>Gentlemen</u> loyal to the king saw many <u>armed men</u> and <u>ships pass by</u> and <u>set out</u> to tell the king who <u>sent</u> orders to the mayor of the <u>port</u> for him <u>to arm</u> his <u>fleet</u> and go <u>guard</u> <u>the straits</u> from the <u>sea</u>.

Unidad 14

Original selection:

"<u>Tired</u> of playing <u>'Tiger'</u> ..., <u>Mario</u> has <u>gone out</u> to <u>the gate</u> at the back of <u>the villa</u> and there, under the <u>midday sun</u>, <u>leaning against</u> one of <u>the old pillars</u>, <u>looks at</u> <u>the street</u> waiting <u>patiently</u> for <u>the other</u> (his brother) <u>to tire perched</u> up there on the highest <u>branch</u> of a <u>fig tree</u> ... when an <u>unexpected spectacle brought</u> a pleasant <u>surprise</u> to him."

Modification 1:

<u>Exhausted</u> from playing <u>Solitaire</u> ..., <u>John</u> has <u>gone out</u> to <u>the porch</u> at the back of <u>the country house</u> and there, under the <u>noonday sun</u>, <u>inclined against</u> one of <u>the old columns</u>, <u>stares at</u> <u>the road</u> waiting <u>resignedly</u> for <u>the older one</u> (his brother) <u>to get bored</u> (of the game), <u>settled</u> still on the highest <u>trunk</u> of a <u>fig tree</u> ... when an <u>unexpected diversion occupies</u> him in pleasant <u>anticipation</u>.

Modification 2:

<u>Interested</u> in playing <u>cards</u>, ... <u>the boy</u> has <u>entered</u> the <u>living room</u> at the back of <u>the house</u> and there, under the <u>modern chandelier</u> and <u>seated</u> in one of the antique <u>chairs</u>, <u>examines</u> <u>the walls</u> waiting <u>languidly</u> for <u>his father</u>, <u>occupied</u> still with some <u>important business</u> of <u>his company</u>, <u>to finish</u>, ... when <u>a delicate voice touches</u> him with pleasant <u>sweetness</u>.

1. "The capital of <u>Spain</u>, <u>Madrid</u>, <u>situated</u> almost in the geographic <u>center</u> of <u>the peninsula</u> and <u>surrounded</u> by <u>dry</u> and <u>forbidding</u> land, offers us the <u>unexpected</u> <u>surprise</u> of a <u>modern</u> oasis."

2. "<u>Having expelled</u> <u>the Jews</u> and <u>defeated</u> the <u>Moors</u>, the <u>king and queen</u> found themselves as <u>heads</u> of the last (or the first?) victorious <u>crusade</u> . . . ."

3. "She <u>received</u> the letter of <u>freedom</u> . . . and taking the <u>little girl</u> in <u>her</u> <u>arms</u>, covered her <u>with</u> <u>kisses</u>. <u>Grabbing</u>, afterwards, one of my father's hands, <u>she touched it</u> with her <u>lips</u> and took it <u>crying</u> to those of her son."

4. "<u>Using</u> the same <u>tone</u> then ... (he said): For my <u>part</u>, Miss, <u>I was</u> <u>deeply</u> <u>sorry</u> yesterday that I was not able <u>to give you</u> more substantial <u>information</u> about <u>the person</u> who appeared <u>to interest you</u>."

5. ". . . in his short <u>stay</u> . . . Rivas had <u>notably</u> <u>improved</u> his <u>wardrobe</u>, taking advantage of a <u>skill</u> indicated by Rafael San Luis. . . . <u>In this way</u>, he could already <u>present himself</u> with the necessary <u>respectability</u>, having <u>set aside</u> eight pesos <u>to attend</u> to his other <u>monthly</u> <u>expenses</u>."

Unidad 15

Original selection:

"I am <u>a volunteer</u>, but I have <u>put myself in an awkward situation</u>. What in <u>peacetime</u> one <u>can't</u> <u>make</u> in a lifetime <u>of working</u> like <u>a mule</u>, today <u>can be done</u> in <u>a few months</u> of <u>running</u> along <u>the mountain</u> with <u>a rifle</u> on one's <u>shoulder</u>."

Modification 1:

I am <u>a volunteer</u>, but I have <u>put my foot in it</u>. What <u>during days</u> <u>without fighting</u> one <u>can't</u> <u>make</u> in a lifetime <u>of working</u> like <u>a donkey</u>, today one <u>can get</u> in <u>a few months</u> of <u>going</u> along <u>the mountain</u> with <u>a rifle</u> at one's <u>hand</u>.

Modification 2:

I am <u>athletic</u>, but I have <u>slacked off</u> in my <u>training</u>. What <u>during the season</u> of <u>competition</u> does not <u>displease me</u> in <u>the total</u> <u>period</u> of practicing like a <u>champion</u>, today can become <u>tiring</u> in a <u>few weeks</u> of <u>partying</u> with a <u>girlfriend</u> (<u>boyfriend</u>) <u>at my side</u>.

1. "<u>In the plaza</u>, old friends would meet each other, <u>families</u> <u>would get together</u>. After the market, poor people <u>got drunk</u>. In front of the <u>town hall</u>, in an open town meeting, <u>independence</u> <u>was</u> <u>proclaimed</u>."

2. "The few unconquered Christians came together in the valley of Covadonga. There, under the banner of Pelayo, they fought against the Moors and succeeded in winning the Battle of Covadonga (718). Pelayo ... was proclaimed the first king of Asturias by the refugee nobles and bishops."

3. "The Jews ... were obliged to convert or be banished.... At first, the Moors had been permitted certain liberties and privileges, including the right to continue practicing their monthly duties in order to convert to Catholicism or be banished."

4. (Pablo Casals) "left his native land during the civil war and settled in a town in the south of France that turned into a center for music festivals."

5. "With the growing population in Latin America that the skilled workers in industry are creating, and the increase of professional people, the middle class is developing. Neighborhoods of middle class workers are becoming a common sight in all countries.

Unidad 16

Original selection:

"The sun was filling my cabin when I woke up. I don't know how long I have been asleep.... I have been in bed since yesterday at four, taking advantage of the fact that we don't have anything big to do."

Modification 1:

The sun was illuminating my bedroom when I woke up. I don't know how long I have been resting.... I have been in the cot since the previous day at four, enjoying the fact that we didn't have many obligations to fulfull.

Modification 2:

My brother was reading my diary when I woke up. I don't know how long he has been here. I have been in the house since Monday at noon, enjoying the fact that there are no lessons to prepare.

1. "Although I had nothing to write, I went to the office the following afternoon after work. I was spurred by a secret need to talk with Villa; to express my appreciation to him; to show him my pleasure. But he ... did not appear at the railing."

2. "The 14th of January, eve of the day that he was supposed to leave us, ... I had a part of my baggage taken to his room that he was to follow with his own."

3. "As <u>a supplement</u> ..., <u>we</u> now <u>need</u> <u>to mention</u> <u>the gaucho</u> <u>poetry</u> of <u>Argentina</u>, ... due to (its) <u>constituting</u> a <u>trait</u> <u>characteristic</u> of a great <u>nation</u> whose <u>original</u> <u>vitality</u> is <u>linked</u> with the <u>gaucho</u> life."

4. "<u>The death</u> of his father <u>obligates</u> him to attend to the <u>family</u> <u>business</u> when <u>he turns</u> seventeen years old. (At the end of the year) <u>the transfer</u> of his business <u>let</u> him <u>expedite</u> his <u>career</u> as an <u>active</u> <u>writer</u>."

5. "We agree, as <u>communicators</u>, that <u>the role</u> of <u>the media</u> <u>should</u> not be <u>uniquely</u> and <u>exclusively</u> <u>to</u> <u>inform</u>. Also, it is <u>to educate</u> and <u>to entertain</u>. <u>With regard to</u> this last <u>aspect</u>, <u>it is necessary</u> to intro-duce <u>frivolities</u> ...."